만들어진 성장

만들어진 성장

데이비드 필링 지음 | 조진서 옮김

누구를 위한 경제성장인가?

성장은 무엇을 위한 것인가?

GDP가 3%오르면 행복할까?

이콘

나의 자랑스런 아들, 딜런과 트래비스에게

차례

서문 | 경제성장이라는 종교

지난 70여 년 동안, 지구상의 선진 사회들은 한 지표를 거울삼아 스스로를 몸단장하고, 그 안에 비친 자신의 모습을 바라보며 감탄해왔다. 그 거울의 이름은 국내총생산, 즉 GDPGross Domestic Product다. 그리고 그 거울은 우리에게 경제성장growth을 보여주며 우리의 경제와 사회가 얼마나 아름다운지 측정해주고 판단해주는 핵심 도구가 됐다. GDP가 측정하는 '경제economy'라는 건 우리 주위 어디에나 존재한다. 냄새를 맡거나 만질 수는 없지만 현대사회의 배경에 깔려있는 소음과도 같이 신문의 헤드라인에도, TV채널에도, 정치에 관한 토론회에서도 경제라는 주제는 필수적으로 등장한다. 이렇게 중요하고 또 기본적인 개념임에도 불구하고 도대체 경제라는 게 정확히 무엇을 의미하며 경제의 발전을 어떻게 측정해야 하는지에 대해 알고 있는 사람은 깜짝 놀랄 정도로 드물다. 우리가 아는 것은 그저 경제가 굶주린 상어처럼 끝없이 전진해야만 한다는 것이다.

우리는 경제를 GDP로 정의한다.* 현대에 들어서는 한 나라의 웰빙well-being, 즉 국민들이 얼마나 '잘' 사는가를 측정할 때도 GDP를 하나의 대리지표로 사용한다.** 사실 GDP를 발명한 사람은 그렇게 쓰면 안 된다고 경고했었는데도 말이다. 우리는 GDP가 성장하면 세상이 잘 돌아가고 있다고 생각하고, GDP가 떨어지면 그렇지 못하다고 여긴다. 하지만 우리가 보고 있는 이 GDP라는 거울은 세면대 거울처럼 사물을 말끔하고 또렷하게 비춰주는 도구가 아니다. GDP는 오히려 사물의 모습을 상당히 왜곡시켜 보여주는 놀이동산의 거울과 비슷하며, 이는 현실과의 괴리를 점점 키우고 있다. 우리의 경제를 비춰주는 거울은 깨진 거울이다.

요즘 우리는 이른바 '분노의 시대'에 살고 있다. 대중의 분노는 거세며 과거에 존중 받았던 각종 사회적 제도들과 사상들은 거부당하고 있다. 이 분노의 대상에는 서구식 자유주의 그 자체도 포함된다.*** 미국에서는 도널드 트럼프Donald Trump가 대통령에 당선됐고, 영국인들은 브렉시트에 찬성표를 던졌다. 유럽에서는 우파와 좌파 양쪽에서 과거와는 다른 정당들이 출현해 기존의 정치구도를 뒤흔들고 있

---

* 특별히 달리 언급한 부분을 제외하면 이 책에서는 '경제economy'와 'GDP'를 같은 의미로 썼다. 우리가 경제라는 것을 GDP의 크기로 정의하기 때문이다. 또 '국민소득national income' 역시 경제와 같은 의미로 쓴 부분도 있다. GDP 성장은 곧 경제성장, 성장을 의미한다.

** 한국에서는 '웰빙'이라는 단어가 주로 건강식, 건강한 수면 등을 뜻하지만, 영어권에서는 건강하고 행복하고 만족스러운 삶이라는 보다 일반적인 의미로 쓰인다.

*** 다음의 책을 보라. Pankaj Mishra, *Age of Anger*, Farrar Straus and Girous, 2017(한국어판 제목 판카지 미슈라, 『분노의 시대』, 강주헌 옮김, 열린책들, 2018); Edward Luce, *The Retreat of Western Liberalism*, Little, Brown Book Group, 2017.

다. 인도, 브라질, 필리핀, 터키 같은 나라에서는 대중의 봉기에 이어 정치적 경련political convulsion 현상이 일어나는 중이다.

전통적인 방식으로 측정한다면 과거 어느 때보다도 더 부유해진 나라들에서 대중의 분노가 쏟아지고 있다. 무엇이 그런 분노를 가져오는지에 대해서는 다양한 해석이 있지만 한 가지 맥락에는 모두가 동의한다. 경제학자들이 만들어내고 발표하는 공식 수치들은 대중이 느끼는 현실을 제대로 반영하지 못하고 있기 때문이다. 이는 정체성의 문제일 수도 있고, 무기력증 때문일 수도 있고, 주택 부족의 문제일 수도 있고, 공동체 의식의 붕괴 때문일 수도 있고, 정경유착에 대한 반감일 수도 있고, 악화되는 불평등inequality 문제 때문일 수도 있다. 또 '경제'와 '성장'이란 말의 정의가 더 이상 우리의 현실에 들어맞지 않기 때문일 수도 있다. 이처럼 전문가들이 말하는 우리의 삶과 우리가 실제로 느끼는 우리의 삶, 이 두 가지 그림 사이에 왜 큰 차이가 생기는지를 설명하고자 하는 것이 이 책의 목적이다.

GDP라는 말은 누구나 들어 봤을 것이다. 그런데 이 개념이 고작 1930년대에 만들어졌다는 것을 아는 사람은 별로 없다. GDP는 1930년대 대공황Great Depression에 대응하기 위해 만들어졌으며 이후 제2차 세계대전을 준비하기 위해 개정됐다. 우리가 먼저 이해해야 할 점은, 경제라는 것이 어떤 자연현상도 아니고 우리가 찾아내야 하는 절대적 진리 같은 것도 아니라는 것이다. 1930년 이전에는 '경제'라는 개념은 실질적으로 존재하지 않았다. 사탕, 자동차보험, 복식부기 회계제도 같은 것들을 인간이 만들었듯이, 경제 역시 인간이 만들어낸 개념이다.

GDP를 사람으로 비유한다면, 그는 도덕과 윤리에 전혀 관심이 없을 것이다. GDP는 좋은 것이든 나쁜 것이든 생산만 되면 무조건 측정한다. 예를 들어 GDP는 환경오염을 좋아한다. 그 오염을 청소하기 위해 돈이 투입되어야 한다면 더욱 더 좋아한다. GDP는 범죄도 좋아한다. 깨진 유리창을 수리하고 대규모의 경찰 병력을 운용하는 데 돈이 들어가기 때문이다. GDP는 허리케인 카트리나Katrina도 좋아하고 전쟁 역시 마음에 들어 한다. 전쟁을 준비하는데 필요한 총, 비행기, 폭탄 같은 것들이 GDP에 포함되고, 전쟁이 끝난 후 박살나버린 도시를 재건하는데 들어가는 노력 역시 GDP에 포함되기 때문이다. GDP는 숫자를 세는 데는 아주 능하다. 하지만 '질quality'을 측정하는 데는 형편없다. GDP의 눈으로 보면 식탁 위에 포크만 3개 놓여있든지 포크, 나이프, 스푼이 나란히 놓여있든지 별 차이가 없다.*

GDP는 돈에만 관심이 있다. 돈이 오가지 않는 거래행위에는 관심이 없다. 그래서 가사노동이나 자원봉사 활동은 기피한다. 가난한 나라에서는 대부분의 활동이 GDP에 포함되지 않는다. 왜냐하면 그것들이 돈과 무관하게 일어나기 때문이다. 슈퍼마켓에서 산 에비앙 생수 한 병은 GDP 집계에 들어가지만, 에티오피아에 사는 한 소녀가 몇 킬로미터를 걸어가서 길어온 우물물은 거기에 포함되지 않는다.

경제의 '성장growth'은 제조업 시대에 탄생한 개념이고, GDP는 물질적인 생산량을 주로 측정하기 위해 만들어졌다. 현대 사회의 서비스 경제를 다루는 데는 적절하지 않기 때문에 선진 사회에서는 이것

---

* 다음의 책에서 빌려온 표현이다. Diane Coyle, *GDP: A Brief But Affectionate history*, Princeton University Press, 2014, p. 124. (한국어판 제목 다이앤 코일, 『GDP 사용설명서: 번영과 몰락의 성적표』, 김홍식 옮김, 부키, 2018)

이 문제가 된다. 선진 사회에서는 보험, 정원조경 같은 서비스 산업이 지배적이기 때문이다. 다시 말해 GDP는 벽돌이나 철근, 자전거처럼 '발 위에 떨어뜨릴 수 있는 물건'의 생산을 측정할 때나 유용하다.* 그러나 미용실 이용, 정신과 상담, MP3 음악 다운로드 같은 것을 측정할 때는 매우 애매하다. 우리는 GDP가 문명의 발전을 측정하는 데 유용할 거라고 상상하지만 실은 정반대다. GDP의 기준에서 보면 항생제 한 알의 가치는 몇 십 원 정도다. 하지만 약 100년 전에 살았던 어떤 백만장자가 매독에 걸렸다고 해보자. 항생제가 일주일 만에 그의 병을 치료해줄 수만 있다면 그는 그 대가로 자신의 재산 절반을 주겠다고 할지도 모른다.

쉽게 얘기해, 우리는 '경제'라는 것을 상당히 불분명하게 정의하고 있다. 어떤 사람이 저자에게 이렇게 말한 적이 있다. "당신이 교통체증 때문에 차 안에 갇혀 있는 1시간은 GDP를 증가시키지만 당신이 친구네 집안일을 돕는 1시간은 GDP와 관계가 없죠. 그것만 알면 됩니다." 저자는 이 말이 틀렸다고 믿기에, 여러분이 이 책을 계속 읽어주었으면 한다.

우리 모두는 지금 뭔가 잘못됐다는 것을 본능적으로 느끼고 있다. 그런데 잘못된 게 뭔지 구체적으로 지적하기가 어렵다. 2008년 글로벌 금융위기는 경제학의 실패를 확실하게 보여준 사건이었다. 리먼 브라더스Lehman Brothers가 파산하고 불황이 시작되기 전까지, 거의 모든 서구 사회는 경제성장이라는 환상에 빠져 축제 분위기였다. 당시

---

* 나는 이 표현을 이코노미스트Economist의 전 편집장인 빌 에모트Bill Emmott의 것으로 기억한다. 그가 이런 말을 처음 쓰기 시작한 사람인지는 모르겠지만 그가 자주 사용하는 것만은 틀림없다.

미 연방준비제도이사회Federal Reserve Board** 총재였던 앨런 그리스펀 Alan Greenspan 같은 사람은 모든 것이 순조롭게 진행 중이라면서 더 많은 부富를 만들도록 금융시장을 그냥 내버려두라고 말하기도 했다.

현실은, 당시 쓰이던 경제지표들이 경제성장을 제대로 설명하지 못하는 실정이었다. 이 시기의 경제성장은 사실 폭발적으로 늘어난 가계부채와, 보너스에 눈이 먼 은행가들이 만들어낸 '똑똑한' – 이라고 쓰고 '멍청한'이라고 읽어야 하는 – 금융공학이라는 연료에 의해 가능했던 것이었다. 전문가들의 말에 따르면 선진국 경제는 '대안정기Great Moderation'라 불리는 시기에 들어섰어야 했다. 그들은 이제 테크노크라트, 즉 기술관료들이 충분히 똑똑해졌기 때문에 경기호황과 경기침체의 사이클은 역사 속으로 사라졌고, 시장은 그냥 가만히 놓아두기만 해도 항상 행복한 평형 상태로 돌아갈 것이라고 주장했다.

그러나 경제성장은 불평등의 심화나 대규모의 국가 간 무역수지 불균형에 대해 설명해주지 못했다. 금융위기가 오기까지 미국경제는 중동의 산유국들과 중국에 대해 막대한 무역수지 적자를 기록하고 있었다. 이 나라들은 미국과의 교역에서 나온 무역 수입을 가지고 다시 미국의 국채를 사는 데 활용했다. 결국 미국은 중국에게서 돈을 빌려서 중국 물건을 수입하고 있었던 것이다. 이것이 미국경제가 회전목마처럼 팽팽 돌아갈 수 있었던 이유였고 그 회전목마는 이제 멈출 수밖에 없었다. 금융위기 후 수년이 지날 때까지 유럽과 많은 서구 국가들은 2008년 이전의 수준으로 경제를 되돌리지 못했다. 그때까지

** 미국의 중앙은행

경제성장이라고 생각했던 것들은 환상이었던 것으로 드러났다.

경제성장의 한 가지 문제는, 이것이 끝없는 생산과 소비를 요구한다는 것이다. 우리가 점점 더 많은 상품과 서비스를 원하지 않는다면 성장은 멈추게 된다. 경제가 앞으로 계속 나아가기 위해서는 우리의 물욕物慾 역시 멈춰서는 안 된다. 현대 경제학은 인간의 물욕에 끝이 없다고 기본적으로 가정한다. 하지만 우리 마음속에서는, 그게 미친 생각이라는 걸 알고 있다.

수년 전 미국의 풍자 잡지 '어니언the Onion'에는 소설 하나가 실렸다. 이 소설의 주인공은 첸 시엔Chen Hsien이라는 중국인 노동자로 그가 생산하는 '플라스틱 똥'들은 미국으로 수출된다. 어니언의 전통에 맞게 이 소설은 풍자와 모욕의 경계를 아슬아슬하게 넘나들며 이 문제의 핵심을 날카롭게 보여준다. 첸은 왜 대체 미국인들이 이렇게 쓸데 없는 물건들을 만들어달라고 주문하는지 한심해하며 머리를 절레절레 흔든다. 예를 들어 샐러드에 넣을 채소를 썰어주는 도구라든가, 비닐봉지를 한 개씩 뽑아 쓰게 해주는 도구라든가, 전자레인지용 오믈렛 쿠커, 야광 처리가 된 돋보기, 크리스마스 장식이 된 파일 캐비닛, 동물 모양의 콘택트렌즈 케이스, 접착 가능한 벽고리 등이다. 첸은 다음과 같이 말한다. "제가 듣기로 미국인들은 더 이상 원하지 않는 물건은 그냥 쓰레기통에 버린다고 하더군요. 매우 낭비적이고 매우 경멸스럽습니다." 그는 비웃는다. "대체 부엌용품을 뭐 그렇게 많이 사나요. 좋은 웍 하나, 밥솥 하나, 물 끓이는 포트 하나, 조리도구 몇 개, 좋은 도자기 몇 개, 필터가 달린 찻주전자 하나, 그리고 보온병 하나 정도면 충분한 거 아닌가요? 나머지 것들은 대체 왜 사는 것이며, 그것들을 부엌 어디에 보관하는지도 모르겠어요. 타코 요리 전용 그릇을 대체 평생 몇 번이나 쓸 거라고 생각하는 건가요. '오, 이 수저통 정리함이 꼭 필요해. 이거 없으면 못 살 것 같아.' 이런 소리들을 하고 있죠. 입 닥치세요, 멍청한 미국분들아."*

첸이 쏘아대는 말은 일리가 있다. 부유한 국가에 사는 사람들 대부분은 자신이 한 번도 진정 원한 적도 없고 앞으로도 쓸 일이 없는 물건들을 끊임없이 구매한다는 걸 잘 알고 있다. 제품 광고, 그리고 친구와 이웃의 부러움을 받고 싶다는 마음 때문에 자꾸 새 물건을 사게 된다. 당신이 이 글을 읽을 때 즈음이면 내가 쓰는 아이폰5는 고물 취급을 받고 있을 것이다. 세탁기나 토스터 같은 물건들이 일부러 잘 고장 나게 설계되어 있다는 것 역시 널리 알려진 사실이다. 그래야 소비자들은 또 새 것을 사기 때문이다. 영원히 끝나지 않는 소비의 사이클이다.

위의 글에서 첸이 열거한 물건들은 한심하게 들릴 것이다. 하지만 모두 실제로 판매되고 있는 상품들이다. 항공기 안에서 판매되는 '스카이몰' 카탈로그에는 다음과 같은 아이템들이 판매 중이다. 17세기 귀족풍의 애완동물 사진(49달러), 박제된 다람쥐 머리(24.95달러), 실물 크기의 정글 원숭이 인형(129달러), 심지어 강아지용 가짜 입 분장(29.95달러)까지 있다. 경제학자들은 요즘 세계경제가 만성적인 수요 부족 문제를 겪고 있다고들 말하지만, 대체 우리가 더 무엇을 사고 싶어하는지 알 수가 없다.

---

* "Chinese Factory Worker Can't Believe the Shit He Makes for Americans", *the Onion*, 2005. 6. 15.

경제라는 관점에서 보면 세계는 과거 어느 때보다 더 좋은 상황이며 인류의 구매력 역시 사상 최대 수준이다. 1942년 최초의 국민계정 National Accounts* 이 발표된 이래 미국경제는 쉼 없이 그럭저럭 성장해왔다. 영국과 유럽의 나라들도 마찬가지다. 2008년 금융위기로 약간 주춤했지만 대부분의 경제는 다시 상승세를 이어가고 있다. 그 기세가 조금 줄어든 것은 사실이다. 그러나 느려졌다고는 해도 우리의 경제는 계속 성장하고 있다. 만일 경제성장의 누적이 인류의 웰빙을 나타내는 지표라면, 인류가 느끼는 만족 역시 지금이 역대 최고 수준이어야 할 것이다.

경제성장에 대한 과도한 믿음의 명백한 문제 중 하나는 소득의 불평등한 분배를 가려버린다는 것이다. 우리가 평균 국민소득(혹은 웰빙)을 측정할 때는 한 나라의 경제 규모를 측정한 다음에 그것을 거주 인구수로 나눈다. 그러나 평균은 심각하게 현실을 왜곡하는 함정이다. 은행가는 빵집주인보다 많이 벌고, 빵집주인은 실업자보다 많이 번다. 극단적인 예를 들자면, 한 나라의 부 전부가 딱 한 명의 개인에게 몰려있고 나머지 사람들은 아무 것도 없다고 하더라도 '국민 평균'은 괜찮게 나타날 수도 있다. 하지만 그 나머지 사람들은 굶어 죽어가고 있을 것이다.

물론 북한을 제외하면, 대부분의 나라는 그렇게까지 극단적이지는 않다. 하지만 미국 같은 나라에서도 평균치는 현실을 심각하게 왜곡할 수 있다. 잠깐 상상해보자. 매년 생성되는 부의 많은 부분이 국민 중 상위 1%, 아니면 상위 0.1%에게 돌아간다면? 너무 과격한 상

---

* 한 나라의 경제활동을 회계적으로 측정하는 것. GDP(국내총생산), GNI(국민총소득), 국제수지 등이 있다.

상 같은가? 실은, 1980년 이래 지금까지 상위 0.01%의 미국인들(고작 1만 6,000가구)이 가져가는 국부의 비율은 4배로 증가했으며 이는 19세기 말 이른바 '도금시대Gilded Age'에 상위 0.01%가 챙겼던 것보다 더 많은 비율이다.** 만일 당신이 살고 있는 나라의 경제가 성장하고는 있는데 부자들만 점점 더 부자가 되고 당신은 점점 더 많이 일하는데도 생활수준에는 변화가 없다면, 당신은 질문을 던질 수밖에 없다. 대체 이 성장이라는 건 무엇을 위한 것인가?***

많은 연구는 사람들의 행복이 절대적인 부의 양에서 오는 것이 아니라 자신 주위의 사람들과의 비교에서 온다는 것을 보여주었다. '불평등한 보상을 거부하는 원숭이들'이라는 제목의 논문에 등장하는 실험을 보자. 두 마리의 꼬리감는원숭이capuchin monkey들에게 어떤 일을 시키고 그에 대한 보상으로 오이를 잘라 주었더니 두 마리 다 매우 만족해했다. 그런데 한 마리에게 오이보다 더 맛있는 포도알을 보상으로 주기 시작하자 오이를 받는 원숭이는 분노에 휩싸여 방금까지만 해도 맛있게 먹던 오이를 조련사에게 집어던졌다.**** 포도가 오이보다 나으므로, 이 두 원숭이로 이뤄진 경제의 규모는 성장했다고 볼수 있다. 하지만 그로 인한 불평등은 불만족을 야기했다. 인간의 경우도 마찬가지다. 캘리포니아주립대 직원들에게 동료 직원들의 연봉 정보를 알려주었더니, 자신이 중앙값보다 낮은 연봉을 받는다는 걸

** Joseph Stiglitz, *The Price of Ineqality*, W. W. Norton & Company, 2012. (한국어판 제목 조지프 스티글리츠, 『불평등의 대가』, 이순희 옮김, 열린책들, 2013)

*** "The 30 Most Insane Things for Sale in Skymall", *Buzzfeed*, 2013년 7월 10일. www.buzzfeed.com

**** Sarah F. Brosnan and Frans B. M. de Waal, "Monkeys Reject Unequal Pay", *Nature*, Vol. 425. September 2003.

알게 된 직원들은 만족도가 떨어지고 이직할 자리를 알아보는 비율이 올라갔다. 중앙값보다 많은 연봉을 받는 직원들의 만족도는 거의 변화가 없었다.*

이렇게 보면 경제성장이라는 것은 개인들간의 군비軍備 경쟁이 가져오는 결과의 총합이라고 볼 수 있다. 내 이웃보다 한 발 앞서나가야만 하는 경쟁이다. 동네 식당에 갔는데, 웨이터 월급이나 주방장 월급을 받고 식당에서 일하려는 사람이 없는 경우를 생각해보자. 나의 상대적인 부는 결국 다른 사람의 상대적인 가난함 덕분에 만들어진다. 남들보다 더 앞으로 나아가려는, 혹은 남보다 계속 앞에 서있고 싶어하는 개개인의 욕구로 인해 우리는 경제라는 이름의 쳇바퀴에서 점점 더 빠르게, 더 빠르게 달리고 있다. 만일 식당 웨이터가 연봉 10만 달러를 받는다면 나는 그의 서비스를 받기 위해 20만 달러를 벌어야 한다. 웨이터가 연봉 20만 달러를 받는다면 나는 40만 달러를 벌어야 한다.

과거에도 항상 이런 식이었던 건 아니다. 지난 수천 년 동안 '성장'이란 말은 아무도 쓰지 않았다. 농경사회는 기본적으로 정적이었다. 산업혁명이 벌어지고 나서야 인류의 생산성은 천천히, 그리고 점점 빠르게 증가하기 시작했다. 처음엔 영국이, 그 다음엔 유럽이, 그 다음엔 미국과 호주와 뉴질랜드가 점차 농경사회에서 빠져나오기 시작했다. 여전히 농업에 주로 의존하고 있는 아시아, 아프리카, 라틴아메리카의 국가들은 뒤에 남겨둔 채로.

---

* David Card, Alexandre Mas, Enrico Moretti, and Emmanuel Saez, *Inequality at Work: The Effect of Peer Salaries on Job Satisfaction*, www.princeton.edu

'성장'은 인류사회에게 비교적 오래되지 않은 개념이지만, '경제'는 그보다 더욱 새로운 개념이다. GDP라는 지표가 발명되기 전까지는 경제가 무엇이라고 정의를 내리려고 해도 그렇게 하기가 상당히 어려웠다. GDP 발명 이전에는 '경제'라는 말은 비용 절감이라는 뜻으로 주로 쓰였다. 1808년 소설가 제인 오스틴이 여동생에게 보낸 편지를 보면 "나는 얼음을 먹고 프랑스산 와인을 마실 거야. 서민의 경제와 살림 그 이상을 누리며 살거야I shall eat ice and drink French wine and be above vulgar economy"**라는 말이 나온다.***

현재의 우리 모두는 경제라는 개념과 경제성장이라는 개념에 익숙하다. 이 개념들이 우리의 삶을 지배한다고 말하는 사람들도 있다. 하지만 그것들은 정확히 무엇을 의미하는가? 전문가들이 만든 시스템이 우리가 현실을 이해하는데 도움을 주지 못한다면, 정부 역시 사회를 이해하는데 필요한 지표가 없는 것과 마찬가지다. 우리가 무언가를 측정하는 방식이 잘못되었다면, 혹은 부족하다면, 거기서 얻는 방향성과 정책 역시 잘못되거나 부족하게 된다. 일반적으로 정부는 측정가능한 결과들을 극대화하기 위한 정책들을 만든다. 지난 수십 년간 이는 경제성장의 극대화를 의미했다.

영국에서는 토니 블레어Tony Blair 전 총리와 데이비드 캐머런David

** "The Cost of Living in Jane Austen's England", *Jane Austen Centre*, www. janeausten.co.uk

***economy라는 말은 '집안 살림' '알뜰하다'는 뜻에서 나왔다. 비행기의 '이코노미 클래스'가 그런 뜻이다. 그런데 19세기 후반부터 점차 국가의 살림살이를 뜻하는 말로도 쓰이기 시작했다. 그리고 19세기 후반 일본에서 서양의 학문을 들여오면서 중국 고문헌에 나오는 '경세제민(經世濟民, 세상을 다스려 백성을 구한다)'이란 구절을 이용해 'economy'를 '경제'로 번역하기 시작했다. 즉 '경제'와 'economy'의 어원은 상당히 다르다. 그러나 오늘날에는 '이 상품은 참 경제적이네' 등. 한국어의 '경제' 역시 영어의 어원처럼 '알뜰한'이란 뜻으로도 많이 쓰이고 있다.

Cameron 전 총리가 경제성장 외에 웰빙도 측정하기 위한 프로젝트를 시작한 바 있다. 이들의 시도는 공식적으로는 중단됐지만, 정책을 만드는 사람들이 경제를 바라보는 방식과 논의의 방향에 영향을 주었다. 예를 들어 영국은 국민건강과 교육 등 전통적인 경제 지표에서 과소평가되었던 분야들을 측정하기 위한 시도에서 앞서가고 있다.

프랑스에서는 중도우파 대통령이었던 니콜라스 사르코지Nicolas Sarkozy가 '경제실적과 사회진보 측정위원회'를 설립했다. 사르코지는 원래 자본주의의 근본이념에 대해 공격 성향을 가진 사람이 아니었지만 이 위원회는 진보를 위해 설립되었다. 그는 이 위원회 설립의 최종문서에 이렇게 적었다. "우리가 경제의 성과를 측정하는 방식을 바꾸지 않는 이상 우리의 행동도 변하지 않을 것입니다." 사르코지에 따르면, 우리가 국민의 웰빙은 고사하고 경제적 성과조차도 제대로 측정하지 못하고 있다는 것을 전문가들은 오래전부터 알고 있었다. "우리가 사용하는 지표들에는 한계점이 있었지만 우리는 마치 그런 한계가 존재하지 않는 것처럼 그냥 쭉 사용해왔습니다. 우리는 데이터를 숭배하는 사이비 종교를 만들었습니다. 그리고 이제는 그 데이터에 갇혀버렸습니다."*

사르코지의 말은 이후 전 세계적으로 벌어진 포퓰리즘 열풍을 예고하는 것이기도 했다. 그는 인간은 누군가 자신의 눈을 가리고 속이려 들려하면 본능적으로 이를 알아챈다고 말했다. "그렇기 때문에 어떤 분야에 전문적 지식이 있는 전문가들과 평범한 시민들이 서로를

---

* Joseph Stiglitz, Amartya Sen and Jean-Paul Fitoussi, *Mismeasuring Our Lives: Why GDP Doesn't Add Up*, The New Press, 2010.

이해하지 못하는 심리적 간극이 넓어지게 됐습니다. 시민들이 볼 때 데이터가 말해주는 스토리는 자신들이 직접 삶에서 경험하는 바와 전혀 일치하지 않습니다. 이러한 심리적 간극은 위험합니다. 시민들은 (데이터가) 자신들을 속이고 있다고 믿게 되기 때문입니다. 민주주의에 있어서 그보다 더 위험한 것은 없습니다."

우리가 살고 있는 현대사회에서 경제학자란 기술적으로 잘 훈련된, 반박 불가능한 수학 공식들을 무기처럼 휘두르는 성직자들을 모아둔 집단과 같다. 우리는 이들은 만드는 프레임 안에서 사회적 토론을 벌이며 살아간다. 교육에 얼마나 많은 세금을 쓸 것인지, 도서관과 군대에는 얼마나 돈을 쓸 것인지, 실업률은 몇 %까지가 괜찮은 건지, 돈을 찍어내서 경제를 살려야 하는지, 방만하게 운영되다 위기에 처한 은행을 구제해야 할 것인지 등을 최종적으로 결정하는 것은 이 경제학자 집단이다.

미국의 전 대통령 빌 클린턴은 선거때 "바보야, 문제는 경제야It's the economy, stupid"라는 슬로건을 내세웠다. 유권자들은 경제 상황에만 신경을 쓴다는 의미로, 당시에는 이것이 사실이었다. 경제가 무엇인지 정확하게 정의내릴 수 있는 사람은 별로 없었지만, 어쨌든 많은 사람들이 자기가 느끼는 경제적 분위기에 따라 투표를 했다. 자신의 일자리가 얼마나 안전한지, 혹은 부동산대출을 갚는 것이 어렵지 않은지 등 개인적인 경험에만 기반을 두고 판단을 내릴 수 있었다. 그러나 한편으로는 '2분기째 마이너스 성장(이것은 경기불황의 기술적인 정의이다)'과 같이 뜬구름 잡는 듯한 얘기만으로도 한 정치인의 경력이 끝나버릴 수 있었다. 유권자들은 이 추상적인 개념에 과민해진 것이다.

그 이후, 바뀐 것이 있다. 현재 우리는 세계 각국에서 서민들의 분노를 목격하고 있다. 사람들은 이제 경제학자들과, 그들이 우리 삶을 측정했던 잘못된 방법들의 수명이 다 했다고 말하고 있다. 이런 변화는 우리를 자유롭게 만들어줄 수도 있지만 우리를 큰 위험에 빠트릴 수도 있다. 교량을 건설하는 일을 비전문가에게 맡길 사람은 없다. 비전문가에게 항공기를 몰게 하거나 심장절개 수술을 맡길 수도 없다. 그렇다면 비경제학자들이 경제를 운용하게 할 것인가? 소위 경제학자들의 문제는, 그들의 직업에서는 애당초 가능하지도 않은 과학적 정밀성을 자신들이 갖고 있는 것처럼 주장한다는 것이다. 또 경제학자들은 일반 시민들의 삶의 경험을 제대로 반영하지 못하는 언어로 이야기한다. 그렇기 때문에 일반 시민들도 경제학자들이 사용하는 경제학 전문용어들의 기초 정도는 알 필요가 있다. 무슨 말인지 알아들을 수 있어야 변화를 요구할 수도 있기 때문이다.*

GDP를 변호하는 사람들은 그것이 원래 웰빙을 측정하기 위해 만들어진 지표가 아니라고 말한다. 삶에 있어서 중요한 것들을 GDP가 측정하지 못한다고 해서 이를 비난하는 것은, 줄자를 가지고 체중이나 성격을 측정할 수 없다고 비난하는 것과 마찬가지라는 입장이다. 만일 경제라는 것이 인간 사회가 어떻게 돌아가고 있는지를 측정하는 수많은 지표 중 하나에 불과하다면 그런 변명이 통할 수 있다. 하지만 경제성장에 대한 숭배는 거의 도착증의 수준에 이르렀다. 우리

---

* 이 책의 저자와 역자는 경제학자들이 쓰는 전문용어 사용을 줄이고 누구나 일상생활에서 쓰는 말을 사용해 정확한 의미를 쉽게 전달하는데 중점을 뒀다. 따라서 정부와 학계에서 쓰는 공식용어와는 다른 수도 있다.

가 신경 써야 하는 모든 것이 경제성장을 통해 나타나며, 경제성장을 위해서라면 다른 모든 것을 희생해도 된다는 생각이 우리를 지배하고 있다. 경제성장을 위해서라면 근로 시간을 더 늘릴 수도 있고, 경제성장을 위해서라면 공공서비스도 축소할 수 있으며, 경제성장을 위해서는 부의 불평등도 더 감수해야 하고, 사생활도 포기할 수 있어야 하며 '부를 만들어내는' 은행가들에게 더 많은 권한을 줘야 한다는 이야기들을 우리는 듣는다. 환경보호운동가들의 주장을 빌리자면 끝없는 경제성장의 추구는 결국 인류를 멸종으로 몰아갈 것이다. 자연 생태계가 파괴되고 이산화탄소 배출량이 지속가능한 수준 이상으로 올라가 결국에는 우리의 모든 부를 가능하게 만들어주는 지구라는 그 행성 그 자체에 타격을 주게 될 것이다. 오직 경제학이라는 분야에서만 이렇게 끝없는 확장이 선한 것으로 받아들여진다. 생물학에서는 같은 현상을 '암'이라고 부른다.**

GDP의 기술적인 측면에 대해 부드럽게 소개하는 것도 이 책의 목적 중 하나다. GDP의 여러 가능한 대안들을 소개하는 것도 마찬가지다. 부와 분배와 지속가능성에 대한 측정법들, 그리고 '주관적인 웰빙' 즉, 행복에 대한 측정법들을 설명하려 한다. 물론 아직 완벽한 지표는 없다.

이 책의 최종 목적은 경제성장에 대해 전쟁을 선포하려는 것이 아니다. 그랬다가는 비판 받기 쉽다. 이 책의 진짜 목적은 현재 우리가 사용하고 있는 경제성장 측정법의 잘못된 부분이 무엇인지를 보여주

** 조너선 프랜즌Jonathan Franzen의 소설 『자유Freedom』에 등장하는 변호사 겸 환경운동가 월터 베르글룬드Walter Berglund 역시 비슷한 말을 했다.

고, 이를 신성시하는 문화를 깨는 것이다. 현재처럼 경제를 측정하는 방식에도 나름의 논리가 있지만, 우리 사회가 점차 제조업에서 서비스로, 아날로그에서 디지털로 옮겨가면서 현재의 방법은 점점 설득력이 떨어지고 있다. 이것은 아주 좁은 지표다. 창문에 난 좁은 틈으로 바깥세상을 바라보는 것과 같다. 우리의 시각을 더 넓혀야만 현실의 삶을 좀 더 잘 반영하는 그림을 그려볼 수 있다.

저자가 이 책을 쓴 동기는, 20년 동안 오대륙에서 파이낸셜타임즈 Financial Times의 기자로 일하며 도달한 결론 때문이다. 저자는 우리가 모든 것을 '경제성장'이라는 프리즘을 통해 보려는 습관을 갖고 있고, 그 때문에 무엇이 중요한지 판단하는 시각이 왜곡되고 있다고 생각한다. 저자부터가 그렇게 배워왔기 때문에 잘 안다. 1990년대 라틴 아메리카에서 기자생활을 처음 시작할 때였다. 나는 내가 쓰는 모든 기사에 'GDP 대비…'라는 식의 표현을 집어넣었다. 기사에 권위를 더해주기 위해서였다. GDP가 정확하게 무엇인지, 그게 무얼 의미하기 위해 만들어진 지표인지에 대해서는 별로 신경쓰지 않았다.

여러 해가 지나고 나서야 나는 그에 대해 고민하게 됐다. 2000년대 중반 일본에서 일하던 시절, 나에게 중요한 계기가 찾아왔다. 통상적인 시각에 따르면 당시 일본의 경제는 정체되어 있었다. 사람들은 일본이 하나의 실패 케이스인 것처럼 치부했다. 영원한 스테그네이션 stagnation 성장도, 하락도 없는 상태에 갇혀 있고 그 비참한 상황에서 벗어나기 위해 필요한 능력을 다 써버린 나라라고 묘사하곤 했다. 나는 이런 분석이 옳다고 느끼지 않았다. 물론 일본도 자기 나름의 문제를 가진 나라였고, 1980년대 전 세계를 놀라게 했었던 기적적인 경제성장의 열기가 빠져버렸다는 것도 사실이었다. 하지만 GDP 수치상으로 볼 때 비참한 상황이어야 했던 일본이 내게는 전혀 비참하게 느껴지지 않았다. 실업률은 극도로 낮았고, 물가는 안정되거나 낮아졌으며, 시민들 생활수준은 올라가고 있었다. 미국이나 영국, 프랑스 같은 나라들과 비교해 볼 때 일본은 지역사회 역시 안정적이었다. 범죄는 드물었고, 마약은 거의 볼 수 없었고, 음식과 소비재 상품들의 품질은 세계 일류였다. 일본인의 건강상태와 기대수명은 세계 최고 수준이었다.* 그럼에도 불구하고 경제학의 프리즘으로만 바라보면 일본은 한심한 실패 국가였던 것이다.

경제학은 세계를 바라보는 시각을 왜곡시킬 수 있다. 깨끗한 공기, 안전한 길거리, 튼튼한 일자리와 건강한 마음 등 우리에게 매우 중요한 것들은 경제학의 시야 밖에 놓여있다. 물론 우리는 이 문제에서 손을 떼고 경제성장을 정확히 어떻게 측정할 것인지는 다른 사람들에게 맡길 수도 있다. 하지만 그렇게 한다면 우리는 이 논의에서 스스로를 배제시키는 꼴이 될 것이고, 우리 삶에서 중요한 모든 것을 자칭 '전문가'라는 사람들에게 맡겨버리는 결과가 될 것이다. 과거에 그렇게 놓아둠으로써 지금 우리가 어떤 상황에 처하게 됐는지를 보라.

---

* 다만, 자살률이 높았던 것은 사실이다.

PART ONE

경제성장의 문제들

THE PROBLEMS WITH GROWTH

CHAPTER 1.

사이먼 쿠즈네츠가 만든 괴물
Kuznets' Monster

우리가 별 생각 없이 '경제'라고 부르는 것이 어떻게 작동하는지는 사실 인류 역사 대부분의 기간 동안 우리의 인지범위 밖에 있었다. 실재로 '경제'라는 개념 자체도 거의 존재하지도 않았다. 여기엔 두 가지 이유가 있다. 첫째, 18세기 산업혁명 이전에는 경제가 성장하지 않았다. 그러니 경제에 대해 관심을 가질 이유도 별로 없었다. 농경사회의 생산량은 대부분 날씨의 결과였다. 비가 잘 오면 풍년이었다. 비가 잘 안 오면 흉년이었다. 또한 이 산업혁명 이전 시대에는 지역 간 생산성에 큰 차이도 없었다. 대부분의 사람들은 그저 먹고 살기 바빴다. 그러다보니 한 지역의 경제 규모는 그 지역의 인구수에 달려있었다. 서기 1000년 무렵에는 중국과 인도가 전 세계 경제생산량의 절반 조금 이상을 차지했고, 이 비율은 이후 600여 년간 지속됐다. 그리고

현재 다시 그런 비율로 돌아가고 있는 것 같다.[*]

둘째, 왕들이 나라를 다스리던 시대, 특히 왕권이 종교적으로 권위를 인정받았던 경우에는 광범위한 경제에 별로 신경을 둬야 할 이유가 없었다. 절대왕권의 지도자들은 자신의 재산이나, 자신이 다스리는 나라의 재산에 따로 구별을 두지 않았다.[**] 왕가의 부나 국가의 부를 구분해서 정의하지 않았으니, '경제'라고 불러야 할 것이 많지 않았다. 이 시절 국가경제의 목적은 두 가지였다. 왕실이 사치스러운 생활을 유지하도록 하는 것, 그리고 전쟁을 치를 비용을 대는 것이었다. 한 나라는 다른 나라나 지역을 점령해야만 성장할 수 있었다. 왕이 군대를 모아서 전쟁을 일으켜 새로운 영토를 확보한다면 그 나라의 부도 늘어나는 것이다. 하지만 왕의 입장에서 볼 때, 자신의 나라가 전쟁 비용을 감당할 수 있을지 어떻게 알 수 있는가? 국가의 경제 규모를 목록으로 기록하려는 초기의 시도들은 대부분 왕이 전쟁을 벌이려는 욕구에서 비롯된 것이었다.[***]

프랑스의 경우가 그랬다. 루이 16세의 재무장관이었던 자크 네커Jacques Necker는 1781년 '왕에게 보내는 보고서compte rendu au roi'를 만들었다. 이것이 프랑스의 재정 상태를 측정하기 위한 첫 시도였다. 네커는 재무장관이 되기 전 은행가로서 큰 성공을 거둔 사람이었다. 그

---

[*] 이는 경제사학자 앵거스 매디슨Angus Maddison의 발견이다. 중국과 인도가 글로벌 경제에서 차지하는 비중이 급격히 줄어든 것은 서유럽의 산업혁명이 촉발한 대침체 시절뿐이다. 중국과 인도의 비중은 1950년에 9%로 최저점을 찍었다. 현재는 다시 30% 수준으로 올라왔다. 다음 웹사이트에서 이 페이지를 찾아보라. "The Economic History of the Last 2000 Years in 1 Little Graph", *The Atlantic*, www.theatlantic.com

[**] Benjamin Mitra-Kahn, "Redefining the Economy: how the 'economy' was invented 1620", 미출간된 논문. *City University London*, p. 18.

[***] 이런 아이디어들은 위 Mitra-Kahn의 뛰어난 논문에서 모두 다루고 있다.

는 왕에게 쓴 보고서에서 프랑스의 재정 상황이 엄청나게 좋다고 적었다. 수입이 지출을 무려 1,000만 리브르livre나 초과했음을 보인 것이다. 이 보고서를 작성한 주 목적은 프랑스가 당시 미국 독립전쟁에 끼어들만한 자금을 쉽게 마련할 수 있음을 보이기 위해서였다.**** 늘 그렇듯이 프랑스는 영국의 반대편에 서고 싶어 했다. 네커는 투기로 큰돈을 번 사람이었는데, 이 보고서에서 그는 프랑스의 재정상태가 매우 좋으므로 전쟁을 벌이기 위한 자금을 쉽게 빌릴 수 있음을 보여주고자 했다. 그러나 이 보고서가 영리하게 빠뜨린 것이 하나 있었다. 바로 네커 본인의 지시 하에 프랑스가 이미 많은 돈을 빌려 놓은 상태였다는 것이다. 즉 이 보고서는 국가의 재정 상황을 정리해서 보여주고자 했던 초기 시도 중 하나였지만 동시에 한 편의 픽션이기도 했다.

네커의 보고서가 최초의 국민계정, 즉 국가 차원의 회계는 아니었다. 그 영예를 받을 사람은 윌리엄 페티William Petty라는 사람이다. 페티는 1652년 '다운 서베이Down Survey'를 만들었다. 사람들은 이것이 세계 최초로 한 나라의 경제를 측정하기 위한 시스템적인 노력이었다고 보고 있다. 페티가 조사한 나라는 아일랜드였다. 페티는 몇 가지 간단한 도구와 놀고 있는 군인 수천 명을 이용해서 총 면적 500만 에이커에 달하는 30개 군county의 종합적인 지도를 그렸다. 이 일을 했던 주요 동기는, 올리버 크롬웰Oliver Cromwell*****이 정복한 가톨릭 교회의 땅이 얼마나 되는지를 확인하고, 전쟁을 치르느라 빌렸던 돈을 갚

**** 1775년 영국군과 아메리카의 식민지인들 사이의 전쟁이 시작됐다. 영국과 라이벌이던 프랑스는 식민지인들을 지원했다.

***** 1599~1658. 잉글랜드, 아일랜드, 웨일즈, 스코틀랜드 등에 기반이 있던 왕당파를 제압하고 공화정을 수립한 영국의 군인, 정치인.

고 병사들의 미지급 보수를 지급하는 데 이 땅을 쓰려는 것이었다. 이렇게 지도를 그리는 것과 더불어 페티는 선박, 주택, 개인 소유의 토지 등 여러 종류의 자산asset에 대해서도 꼼꼼히 조사했다. 그리고 그 자산들에서 얼마만큼의 수입이 나올 것인지도 추산했다. 이는 돈의 흐름도 계산에 넣으려는 최초의 시도였다. 바로 이런 측면에서 페티의 프로젝트는 1086년 영국에서 작성된 '둠즈데이 북Domesday Book'* 처럼 단순히 토지와 같은 자산의 규모만을 기록하려 했던 과거의 시도들과 구별된다.

나중에, 찰스 2세와 왕당파가 정권을 회복한 이후 페티는 잉글랜드와 웨일즈에 대해서도 같은 작업을 했다. 이번에는 목적이 달랐다. 왕이 백성들로부터 더 많은 세금을 거두는 걸 돕기 위해서였다. 페티는 나라 안에서 일어나는 소비, 생산, 무역활동과 인구의 증가를 기록해 둬야 한다고 제안했다. 또 그는 땅의 가치뿐만 아니라 노동의 가치도 측정할 수 있는 방법들을 개발하기 시작했다.

경제를 조사하려는 초기의 시도들은 이렇게 전쟁, 징세, 그리고 왕에 대한 복종이라는 목적을 갖고 있었다. 하지만 다른 방향에서 이 문제를 바라보는 사상가들도 있었다. 18세기 프랑스에서는 이른바 중농주의자physiocracts, 重農主義者들이 나타났다. 이 중농주의자들은 국가의 부는 농업생산 등 생산적인 일에 달려있다고 강조했다. 페티의 해석과는 약간 다르게, 중농주의자들은 '생산계급'이 주로 농업인이라고 보았고 생산을 하지 않는 '불임sterlie 계급'에는 수공업자들, 전문직

---

* 당시 토지의 경작 면적, 토지의 가격, 소유자 이름, 노예와 자유민의 수를 조사하여 기록했다.

종인들, 상인들, 그리고 왕 본인도 포함된다고 봤다.** 이런 관점에서 볼 때, '경제'라는 개념의 발명은 근본적으로 민주주의적인 행동이기도 했다.

애덤 스미스Adam Smith*** 역시 노동을 생산적인 노동과 비생산적인 노동으로 구분했다. 1776년 첫 출간된 『국가의 부의 성질과 원인에 관한 고찰』(줄여서 『국부론』)에서 그는 이렇게 말했다. "제조업자를 여럿 고용하는 사람은 부유해진다. 집안 허드렛일 하는 하인을 여럿 고용하는 사람은 가난해진다." 즉 그는 당시의 귀족계층을 그다지 바람직하지 않게 본 것이다. 스미스는 아무런 노동을 하지 않으며 하인들의 시중을 받는 귀족계층과 함께 왕족, 그리고 육군과 해군 역시 비생산적인 노동의 범주에 집어넣었다.

이렇게 국가의 부를 정리해 기록하려는 초기의 시도들은 공통점이 있다. 현대의 경제학자들이 '생산의 경계'라고 부르는 것, 즉 우리가 측정해야 하는 활동들과 측정하지 않아도 되는 활동들을 구분하고자 했다는 점이다. 다시 말해서, 이 선구자들은 "경제라는 게 정확히 무엇인가?"라는 질문에 답하고자 했다. 이 질문은 오늘날에도 유효하다. 국가의 회계장부 상에서 왕족은 어느 항목에 들어가야 하는가? 왕은 국가의 부를 상징하는 인물이니까 자산 플러스 항목으로 잡아야 하는가? 아니면 중농주의자들과 애덤 스미스가 암시했듯이 왕은 국가의 자원을 쓰기만 하는 비생산적인 존재이므로 자산 마이너스 항목으로 처리해야 하는가?

** Mitra-Kahn, "Redefining the Economy", *City University London*, p.4

*** 1723~1790. 스코틀랜드의 정치철학자. 경제학의 시조로 여기는 사람이 많다.

국가의 부를 기록함에 있어 무엇을 포함시키고 무엇을 포함시키지 말아야 하는지, 이 똑같은 질문은 계속 되풀이되어 왔다. 정부의 지출은 포함되어야 하나? 서비스를 제공하는 사람들은 어떻게 다뤄야 하나? 마음을 건강하게 만들어주는 심리상담가들, 웃음을 주는 광대와 코미디언들, 교육을 제공하는 교사들의 서비스는 말발굽이나 밀 한 포대를 측정하는 것처럼 쉽게 측정할 수가 없다. 20세기 공산주의 국가들은 이런 서비스 공급자들의 가치를 통째로 무시했다. 심지어 오늘날에도 우리는 이런 일을 하는 사람들의 경제적 가치를 측정하는 데 어려움을 겪는다.

현재 지구상 거의 모든 국가가 사용하고 있는 현대적 국민계정 기법은 1930년대에야 비로소 그 형태가 잡히기 시작했다. 국민계정 시스템의 정수인 GDP를 만든 사람은 일반적으로 사이먼 쿠즈네츠Simon Kuznets라고 알려져 있다. 그리고 소설 『프랑켄슈타인』 속 빅터 프랑켄슈타인 박사가 그랬듯이, 쿠즈네츠 역시 자신이 만든 창조물이 스스로의 생명과 방향성을 갖게 되는 것을 목격하게 된다.

쿠즈네츠는 1901년 당시 러시아 제국에 속해있던 핀스크Pinsk라는 마을에서 상인의 아들로 태어났다. 핀스크에는 유대인들이 많이 살았고 쿠즈네츠의 부모 역시 벨라루시계 유대인이었다. 어린 시절 그는 황제의 지배를 받는 백성이었고, 청소년기에는 온건파 마르크스주의인 멘셰비키파에 관심을 가졌다. 멘셰비키파는 황제가 다스리던 러시아를 개혁하려 했으나 1917년 10월 볼셰비키 혁명 때 모조리 쓸려 나갔다.* 이후 쿠즈네츠는 우크라이나의 카르키프Kharkiv 대학교 상과대에 들어가 경제학과 역사학, 통계학, 수학을 공부했다. 그는 높은 도덕성과 이상을 추구하는 청년이었다.

카르키프 대학교에서 쿠즈네츠를 가르쳤던 교수들은 주장을 펼칠 때 실증적인 데이터에 기반을 두라고 강조했고 이 가르침은 쿠즈네츠에게 평생 영향을 주었다. 또한 이 대학교에는 경제이론에 있어 보다 넓은 역사적, 사회적 맥락을 고려할 것을 중요시하는 학풍이 있었다. 쿠즈네츠는 똑똑한 학생이었다. 20대 초반에 카르키프의 공장 노동자 임금을 다룬 첫 논문을 출간했다. 이후 러시아의 내전으로 인해 카르키프 대학교에서의 연구 활동은 중단됐다. 1922년 쿠즈네츠는 가족과 함께 터키를 거쳐 미국으로 피신했다. 바로 이 나라에서 벨라루스계 이민자 쿠즈네츠는 세계 경제에 심오한, 영원할 영향을 남길 업적을 만들기 시작했다.

학업을 이어나간 곳은 미국 컬럼비아 대학교Columbia University이었다. 그는 1923년 졸업장을 받았으며 1926년에는 박사학위도 취득했다. 이듬해 그는 경제조사국National Bureau of Economic Research에 자리를 잡았다. 1920년에 창설된 연구기관이다. 이곳에서 그는 저명한 경제학자가 되었으며, 자존감 강한 모든 경제학자들이 꿈꾸는 업적을 달성한다. 즉 자신의 이름이 붙은 '쿠즈네츠 커브' 이론을 만들게 된다.**(아, 그리고 1971년 노벨상도 받았다.) 하지만 그의 업적 중 가장 중

---

* 위의 책, p. 24

** 경제학에서는 '~의 커브(곡선)'라는 이론으로 상을 받는 경우가 많다. 쿠즈네츠 커브 이론은 경제가 발전하면 그 사회의 불평등 수준이 처음엔 오르다가 나중엔 떨어진다고 가정한다. 이 이론은 불평등의 시대에 들어서 큰 비판에 직면했다. 어떤 경제학자들은 쿠즈네츠의 이론에 맞는 통계적 증거를 찾을 수 없다고 본다.

요한 것은 경제학과 현실세계의 접점에서 이루어졌다.

쿠즈네츠는 데이터를 좋아했다. 그는 경제조사국의 첫 연구 디렉터였던 웨슬리 미첼Wesley Mitchell과 가까이 일했다. 당시 미첼은 허버트 후버Herbert Hoover 대통령 직속 사회 트렌드 위원회Committee on Social Trends의 의장이기도 했다. 이 일은 쿠즈네츠를 정부 정책 수립의 심장부에 들여다 놓았다. 당시 후버 정권의 선거 슬로건은 "모든 냄비에 닭 한 마리를, 모든 차고에 자동차 한 대를" 이었다. 하지만 실제로 미국인들이 얻은 것은 월스트리트 대폭락Wall Street Crash과 대공황이었다. 대공황 이후 끔찍한 경기불황이 이어졌으며 최악의 상황에서는 미국인 네 명 중 한 명이 실업 상태였다. 후버의 대응은 너무 느렸고 또 부족했다. 기본적으로 그는 경제가 스스로 치유할 것이라는 믿음만으로 미국인들에게 '모퉁이만 돌면 번영이 기다리고 있다'며 안심시키려 했다.

후버에게만 모든 책임을 묻기는 어렵다. 당시엔 국가경제를 정확하고 체계적으로 그려볼 수 있는 방법론이 없었다. 2000년 발표한 문서에서 미국 상무부는 GDP를 "20세기 최대 발명품 중 하나"라고 지칭하며 당시 상황을 이렇게 묘사한다. "안타깝게도, 1930년대의 대공황을 이겨내기 위한 정책을 만들 때 후버 대통령과 후임 프랭클린 루즈벨트Franklin Roosevelt 대통령이 입수할 수 있었던 데이터는 주가, 철도화물량, 그리고 불완전한 산업생산량 지표 정도였다." 오늘날처럼 각종 경제 통계에 집착하는 시대의 눈으로 보면 믿기 어렵지만, 후버는 당시에 실제로 어떤 일이 벌어지고 있는지에 대해 아주 대략적인 그림밖에는 그려볼 수 없었다.

그리고 상황이 바뀌기 시작했다. 1933년 루즈벨트가 대통령직을 맡았고 쿠즈네츠는 국민계정을 만드는 일을 맡았다. 그는 『사회과학백과사전Encyclopedia of Social Science』라는 책에 실은 글에 자신의 아이디어를 설명했다. 아주 간단했다. 인간의 모든 행위를 하나의 숫자로 압축시키는 것이다.

쿠즈네츠는 이 일에 이상적인 사람이었다. 그는 뭔가를 측정하는 것에 대해 거의 집착증 수준의 몰입을 보여주었다. 한 작가는 그가 경제를 분석하는 방식을 의사의 병원 회진回診에 비유했다. 쿠즈네츠는 관측 가능한 데이터와 현상들에 기반을 두고 평가를 내렸다. 의사가 환자의 질환 상태를 이해한다는 것 역시 판단력과 지식, 그리고 사실 확인에 대한 강한 집착이 필요했다. 쿠즈네츠에게는, 똑똑한 것보다 꼼꼼한 것이 더 중요했다.*

쿠즈네츠는 미국의 산업을 여러 섹터로 분류하는 것부터 시작했다. 에너지업, 제조업, 광업, 농업 등이었다. 그에게는 세 명의 조수와 다섯 명의 통계조사원이 붙었다. "그들은 다 함께 현장에 나갔다. 공장과 광산, 농장을 방문해서 주인들과 매니저들을 인터뷰하고 공책에 숫자를 적어 넣었다."** 이렇게 설문조사에 기반을 둔 방식은 범위가 훨씬 넓어진 빅데이터 시대에도 크게 다르지 않다. 오늘날에도 경제의 규모를 재는 일의 기본은 설문조사 데이터를 취합한 다음 그것

---

* 쿠즈네츠의 성격과 그의 방법론에 대해 더 알고 싶다면 다음을 참고하라. Robert William Fogel, *Political Arithmetic: Simon Kuznets and the Empirical Tradition in Economics*, University of Chicago Press, 2013.

** Ehsan Masood, *The Great Invention*, Saqi Books, 2014, p. 15.

에 기반해서 전체의 모습을 추론extrapolation*하는 것이다. 정확한 팩트들을 모아서 합을 내는 것이 아니다.

쿠즈네츠의 팀은 미국 방방곡곡을 돌아다니며 농부들과 공장 매니저들을 찾아가 무엇을 얼마나 생산하는지, 그리고 그만큼을 생산하기 위해 무엇을 구매했는지를 물었다. 팀원들은 서로가 모아온 데이터를 공유했다. 그래야 결과를 비교하고 이상한 숫자를 걸러낼 수 있기 때문이다. 쿠즈네츠는 단독 데이터는 별 의미가 없음을 알고 있었다. 데이터는 항상 해석되어야만 한다. 국가총생산Gross National Product, GNP 통계가 완전한 모습으로 발행된 것은 1942년의 일이지만, 이보다 훨씬 앞서 쿠즈네츠의 일은 어느 정도 열매를 맺었다.** 1934년 1월, 그는 자신의 첫 보고서를 하원 의회에 제출했다. 261페이지나 되는 분량의 역사적 의미가 가득한(오직 경제학자들이나 좋아할 제목의) "국민소득national income, 1929～32."이었다.

이 보고서는 기재된 숫자들이 무엇을 알려줄 수 있고 무엇을 알려줄 수 없는지에 대해 정의하는 것으로 시작한다. 쿠즈네츠는 이 보고서가 "추정치들의 합성an amalgam of…… estimates"이며 잘 해봐야 "잘 정리된 추측들only well-considered guesses"에 불과하다고 적었다. 이런 추정치를 가지고는 국가의 부를 "짐작해내기는 매우 어렵다scarcely be inferred"고 그는 분명히 밝혔다. 어쨌든 보고서의 내용은 폭탄과 같았다. 월스트리트 대폭락 이후 3년 동안, 미국경제가 거의 반 토막 났다

---

* 일부 표본을 분석해서 전체적인 모습을 그려하는 것.

** 쿠즈네츠는 원래 국내총생산GDP이 아닌 국민총생산GNP을 다뤘다. GDP는 한 국가의 국경 안에서 생산된 것을 집계한다. 이에 비해 쿠즈네츠가 만든 GNP는 미국 안이든 밖이든 간에 미국 기업과 미국인이 생산한 것을 모두 집계했다.

는 내용이었다.***

쿠즈네츠의 보고서는 루즈벨트 대통령의 2차 뉴딜New Deal 정책의 기반이 됐다. 2차 뉴딜 정책은 이전보다 훨씬 규모가 컸다. 정부는 공공사업과 농업지원, 사회복지에 많은 비용을 쓰기로 했다. 영원히 끝날 것 같지 않은 경기불황에서 미국경제를 건져내기 위해서였다. 과거에는 열차화물 수송량 정도의 데이터만 있었지만 쿠즈네츠는 그보다 훨씬 세세한 실증적 근거를 제시한 것이었다. 그러나 여전히 그는 경고했다. 이 국민소득 보고서의 숫자들은 '그 자체만으로는' 별다른 가치가 없다고. 제목에 들어간 숫자들이 중요한 게 아니라고 말이다. 그의 경고는 오늘날 더욱 심각하게 받아들여져야 한다. 예를 들어, 이 보고서를 좀 더 자세히 분석해보면 대공황 기간 동안 불평등이 크게 심화됐음을 볼 수 있다. 육체노동 근로자들의 임금은 사무직 근로자들의 임금보다 훨씬 더 빠르게 줄어들었다. 땅을 가진 사람들은 상대적으로 덜 피해를 봤다. 이런 발견들을 증거로 삼아 루즈벨트는 급진적인 노동정책을 밀어붙일 수 있었다. 실업 보조금을 지급하고, 미성년자의 노동을 금지하고, 노동조합 결성 권리를 금지한 것이 여기 포함된다. 쿠즈네츠의 보고서가 없었다면 이런 정책 중 상당수는 실행이 불가능했을 것이다.

쿠즈네츠의 업적은 이게 끝이 아니었다. 1936년 그는 제1회 '수입과 부에 관한 연구' 컨퍼런스의 주최를 도왔다. 여기엔 학계와 정부측 고위 관계자들이 참석했다. 바로 이 컨퍼런스에서 국내총생산, 즉

*** Dirk Philipsen, *The Little Big Number: How GDP Came to Rule the World and What to Do About It*, Princeton University Press, 2015, p. 99.

GNP라는 말이 처음으로 쓰였다. 제3회까지의 컨퍼런스 내용은 책으로도 출간이 됐다. 이 내용을 보면 무엇을 측정해서 GNP에 포함시키고 무엇은 빼야할 지에 대해 참석자들 간에 첨예한 의견대립이 있었음을 알 수 있다.

쿠즈네츠는 GDP의 아버지로 여겨지지만,* 여러 중요한 측면에서 볼 때 그가 만든 이 방법론은 1940년대 초에 이르러 자신이 갖고 있었던 확고한 신념을 거스르는 방향으로 진화했다. 현재까지도 그렇다. 쿠즈네츠는 국민의 후생welfare**를 측정하기 위해 노력해 온 사람이지, 모든 경제활동을 대충 합쳐놓은 것 같은 지표를 만들고자 했던 것이 아니었다. 그는 불법적인 활동이나 사회적으로 해악을 미치는 산업들, 그리고 대부분의 정부 지출은 제외하기를 원했다. 하지만 그는 많은 논쟁에서 반대에 부딪혔다. 국민계정을 연구하는 한 연구자는 이를 두고 "쿠즈네츠는 GDP의 시조가 아니라 GDP의 가장 큰 적이었다"고 얘기했을 정도다.***

제2차 세계대전의 가장 중요한 결과물 중 하나는 원자폭탄이었다. 원자폭탄은 미국 뉴멕시코 사막에서 진행된 일급비밀 맨하튼 프로젝트에 참여한 과학자들이 만들었다. 그들 일부는 나치 독일을 피해 도망 나온 사람들이었다. 원자폭탄은 전쟁의 결과물이기도 했지만 연

---

* GDP와 GNP는 비슷한 개념이고 그 차이에 대해서는 뒤에 설명한다.

** Welfare는 '복지'라고도 번역되지만 여기서는 정부의 복지지원금 같은 개념이 아니라 국민이 얼마나 잘well 지내는지fare의 뜻이다. '후생'이 바로 그런 뜻의 한자어이고 요즘 말로는 '웰빙'이다.

*** Mitra-Kahn, "Redefining the Economy", *City University London*, p. 14.

합군의 승리를 돕기도 했다. 원자폭탄보다는 덜 유명하지만, GDP 역시 미국인들이 생사를 걸고 파시즘에 대항하는 과정에서 틀이 잡히고 또 서둘러 발명된 것이다. 맨하튼 프로젝트에 참여했던 일부 과학자들처럼, 쿠즈네츠 역시 자신이 창조한 프로젝트에 마지못해 참여했던 것이다.

쿠즈네츠는 경제를 상식적으로 정의하려면 국방에 들어가는 비용은 제외해야 한다고 생각했다. 전시 동안은 파시즘을 물리치기 위해 군비도 경제의 범위에 포함시켜야 한다는 압박에 동의했지만, 평시에는 한 국가가 전쟁을 벌일 수 있는 능력이 그 나라 국민들의 후생에는 기여하지 못한다고 그는 주장했다. 1937년에 그는 국민소득 보고서가 "계몽된 사회적 철학enlightened social philosophy"의 시각에서 작성되어야 한다고 썼다. 또 국민에게 해가 되는 행위들은 마이너스 요인으로 기록해야 한다고 했다. 제외되어야 하는 요소로 가장 먼저 예로 든 것이 "무장과 관련된 모든 비용"이었다. 쿠즈네츠가 보기에 전쟁의 준비에 들어가는 비용은 근본적으로 자기 방어에 대한 것이므로 국민 개개인의 소비능력을 감소시킨다. 따라서 국가의 웰빙을 계산할 때도 그만큼을 빼야 했다. 만일 그런 비용이 불가피한 필요악이라고 생각한다면 계정에서 플러스가 아니라 마이너스 요인으로 표시되어야 한다는 것이다.

하지만 국민소득 계정은 전쟁이 낳은 자식이었다. 쿠즈네츠는 시작부터 이 싸움에서 지고 들어간 셈이다. 쿠즈네츠가 매년 개최했던 국민소득 계정 관련 컨퍼런스는 1940년부터 비공개로 진행됐다. 전쟁 때문에, 미국의 경제상황에 대한 토론회가 국가의 일급비밀이

된 것이다. 국민소득 계정과 전쟁과의 관계는 이후 더욱 확실해졌다. 1942년 쿠즈네츠는 전시 생산국War Production Board의 준비위원회 Planning Committee로 전보 발령을 받았다. 그의 주 임무는 탄약 생산으로 돌릴 수 있을만한 여분의 생산능력이 미국경제 안에 있는지를 알아내는 것이었다. 좀 더 넓게 말하자면, 그는 미국경제가 유럽뿐 아니라 아시아에서도 전면전을 치를 수 있는 능력이 있는지 알아내야 했다. 1941년 일본의 진주만 침공 이후 미국은 아시아에서도 동시에 전쟁을 치러야했기 때문이다.

쿠즈네츠는 이 일에 자신의 온 몸을 던졌다. 그는 미국경제가 전쟁을 치루는 일과 국내 소비와 경제의 활력을 유지하는 일 사이의 균형을 맞출만한 역량을 가질 방법을 찾으려 했다. 당시 미국정부와 군부에는 날카로운 대립이 있었다. 한쪽 편은 생산시설을 국가가 운영하거나 아예 국유화해서 전쟁을 위해 쓰기를 원했고, 쿠즈네츠의 동료들을 포함한 다른 편 사람들은 미국경제에 이미 충분한 여유 생산능력이 있어서 국내 소비를 감소시키지 않고도 전쟁에 투입할 수 있다고 봤다. 이 경제학자들이 미국이 유럽에서 전쟁에 참전하는 시기를 결정하는데 영향을 줬다고도 볼 수 있다. 이들은 1943년 말이나 1944년 초까지 참전을 늦춘다면 경제를 유지할 수 있다고 봤다.*

독일은 전쟁의 승리를 가져올 수 있는 원자폭탄을 만들지 못했다. 마찬가지로 독일은 전쟁의 승리를 도울 수 있는 통계학자들이나 경제학자들도 보유하지 못했다. 독일은 미국이 만든 것과 같은 국민계

---

* 위의 책, p.27. 미국은 1941년부터 일본과 싸웠지만 유럽에서는 1943년 하반기에 이탈리아에서 본격적으로 독일과 싸우기 시작했다.

정 분야의 발전을 전혀 이루지 못한 채 전쟁을 끝냈다.**

　　여기에 막강한 영향을 준 또 하나의 인물은 존 메이너드 케인스
John Maynard Keynes였다. 쿠즈네츠가 미국정부의 전시생산국으로 발령
받기 2년 전인 1940년, 이 유명한 영국 경제학자는 작은 책자를 펴냈
다. 발표 즉시 영국에 큰 영향을 준 이 책자의 제목, "어떻게 전쟁 비
용을 댈 것인가How to Pay for War"은 직설적이었다. 당시 영국은 나치
독일의 위협에서 벗어나고자 고생하고 있던 중이었고, 케인스는 경
제 통계가 너무 혼란스러워서 전쟁을 치루는 데 필요한 자원의 양을
알아내기 어렵다고 불평했다. 그래서 이 책자는 "전쟁의 수요와 민간
소비의 요구를 조화시키는 최고의 방법"이라는 구절로 시작한다.

　　케인스는 부족한 자원을 잘 나누는 동시에, 정부가 전쟁을 치루기
위한 국채를 발행할 수 있는 여력을 유지할 수 있도록 하는 가장 공
정한 방법을 마련하고자 했다. 그는 "민간의 소비 후에 남은 케이크
의 사이즈를 재기 위해서" 정부는 많은 요인들을 추정해야 한다고 썼
다. '경제의 최대 생산량'이 얼마나 되는지, 외환보유고를 써서 필요
한 물품을 수입하는 것이 얼마나 가능할지, 또 총과 비행기와 병사들
을 구입하는데 필요한 돈이 얼마일지 등이 그것이었다. 그가 간략하
게 계산해본 바에 따르면, 영국경제의 생산량은 청소년과 여성을 노
동인구에 포함시키고 근무시간을 연장함으로써 15~20% 증가할 수
있었다. 그러나 케인스는 "이런 추정치의 기반이 된 통계수치들이 매

** James Lacey, *Keep From All Thoughtful Men: How US Economists Won World War II*, Naval
Institute Press, 2011.

우 부적절하다. 지난 전쟁(제1차 세계대전)이래 모든 정부는 비과학적이었고 불투명했다. 꼭 필요한 사실을 수집하는 일조차 돈 낭비로 여겨왔다"라고 불평했다. 오직 국가만이 그런 통계치를 수집하고 분석할 수 있는 위치에 있다고 그는 결론지었다. 그런 정보가 없다면 정부는 어둠 속을 기어 다니는 것과 마찬가지였다.

이게 끝이 아니었다. 케인스 이전의 사람들은 국가경제의 범위를 정의할 때 정부 부문을 제외하곤 했다. 하지만 케인스는 정부가 경제에서 필수적인 역할을 한다고 생각했다. 특히 경기가 침체기에 있을 때는 정부가 돈을 써서 소비를 촉진해야 한다고 주장했다. 만일 GDP 통계에서 정부 지출이 제외된다면 이 지출이 차지하는 역할 역시 작아 보이게 된다. 그때까지만 해도 국민소득이라 하면 시장 활동의 총합, 즉 개인과 기업이 투자와 소비에 쓰는 총 비용이라고 여겨졌었다.* 이렇게 정의를 내리면 정부 부문은 제외되게 된다.

사이먼 쿠즈네츠는 도로 건설과 같은 대부분의 정부 지출을 '우리의 경제적 문명'에 간접적으로 포함되어 있는 중간비용이라고 봤다. 케인스는 쿠즈네츠의 이런 생각을 개념적 오류라고 생각했다. 만일 정부 지출이 국민계정에서 제외된다면, 국가가 전쟁을 위해 쓰는 모든 비용은 국민계정에서 경제성장을 떨어뜨리는 것으로 계산되어야 한다. 정부가 더 많은 돈을 쓸수록 민간 소비와 투자의 여력이 줄어든다는 뜻이기 때문이다. 케인스의 경제관에 따르면 국가경제의 정의가 뒤집어져야 했다. 정부도 경제의 범주 안에 들어가야 했다.

---

* Mitra- Kahn, "Redefining the Economy", *City University London*, p. 210.

이것은 혁명적인 주장이었다. 경제라는 것이 무엇인지를 재정의 하자는 것과 다름없었다. 사회적 영향력이 있는 인물이었던 케인스 는 자신의 아이디어를 국민계정 측정방식에 반영시키는데 성공한다. 만일 이렇게 경제의 정의가 바뀌지 않았다면, 현재 우리가 '케인스식 처방'이라 불리는 재정 확대 정책은 정당화되기 어려웠을 것이다. 케 인스식 처방은 정부가 지출을 늘려서 경기를 살린다는 것인데, 과거 와 같은 방식으로 국민계정을 집계한다면 증가한 정부 지출이 국민 소득을 늘이지 않고 오히려 줄이는 것으로 보여질 것이기 때문이다. 정부를 경제의 범주 안에 포함시켜서 계산해야만 정부 지출이 경제 의 생산량을 증가시키는 것을 보여줄 수 있다. 이렇게 해서, 전쟁 당 시 영국 정부가 결정한 경제의 정의가 곧 전 세계의 표준이 됐다.**

케인스의 아이디어가 영국에 끼친 영향은 거대했다. 당시 리처드 스톤Richard Stone, 제임스 미드James Meade라는 두 명의 젊은 경제학자 가 재무부의 발주를 받아 최초의 근대적 국민계정을 산출하기 위한 새로운 시스템을 만들고 있었고 이들이 1941년 발간한 결과물에는 케인스의 이론적인 영향이 뚜렷하게 드러나 있었다. 또 대서양 미국 에서도 케인스의 아이디어는 빠르게 뿌리를 내렸다. 전쟁 때문에 정 확한 국민계정을 산출하는 일이 꼭 필요하다고 여겨졌던 것이다. 쿠 즈네츠의 반대는 무시당했다. 현실 정치의 필요성과 케인스라는 유 명하고 힘 있는 경제학자의 지적知的인 개입 때문이었다. GDP의 진 짜 발명자는 케인스라는 사실은 '경제의 역사에서 가장 잘 숨겨진 비

** 위의 책, p. 237.

밀'이라는 것이 한 비평가의 견해다.*

쿠즈네츠는 자신의 창조물에 대한 영향력을 또 다른 측면에서도 잃게 됐다. 쿠즈네츠는 사회의 후생에 저해되는 것 역시 국민계정에서 제외되어야 한다고 생각했다. 여기에는 군비뿐 아니라 광고홍보, 투기행위, 그리고 모든 불법행위들(도박, 갈취, 성매매)도 들어간다. 무엇이 포함되어야 하고 무엇이 빠져야 하는지를 정하는 것은 케이크를 굽는 것과 같았다. 어떤 재료를 선택하느냐에 따라 케이크의 맛과 질감은 달라진다. 그 결과물은 심플한 스폰지케이크일 수도 있고 아니면 토핑이 많이 얹어진 초콜렛 케이크일 수도 있다. 쿠즈네츠의 취향은 매우 절제되어 있었고 고지식해 보일 정도였다. 그는 국민계정이 스폰지케이크 같이 오직 시민에게 좋은 경제활동들만을 측정해야 한다고 생각했다. 하지만 쿠즈네츠는 패배했고 그래서 지금 우리는 휘핑크림이 얹히고 설탕가루가 살살 뿌려져있는 2단 초콜릿 퍼지 케이크 같은 국민계정 통계를 쓰게 됐다. 좋은 것이든 나쁜 것이든 모든 것이 이 안에 포함된다. 케이크에 들어가는 버터와 크림이 그렇듯, 우리가 말하는 경제성장도 건강에 항상 좋은 것은 아니다.

자기 특유의 건조한 문체로, 쿠즈네츠는 이 문제에 대해 다음과 같이 썼다.

"물질주의적 사회의 관점이 아니라 보다 계몽된 사회적 철학의 관점에서 볼 때, 이로움이 되기보다는 해악이 되는 요소들을 국민소득 추정치에서 제외한다면 더 가치 있을 것이다. 그런 추정치는 현재의

---

* Ehsan Masood, *The Great Invention*, Pegasus Books, p. 31.

국민소득 총합에서 군비무장에 들어가는 비용, 광고에 들어가는 비용 대부분, 금융과 투기적 활동에 들어가는 비용의 상당부분을 빼야 한다."**

오늘날 우리가 경제성장률을 산출하는 방식은 쿠즈네츠의 경고를 무시한 것이다. 은행들이 더 커질수록, 광고제작자들의 설득력이 더 커질수록, 범죄가 더 심각해질수록, 의료비용이 더 비싸질수록 경제는 더 잘 작동하는 것처럼 보이게 된다. 이건 쿠즈네츠가 원한 방식이 아니다. 하지만 이게 현재 우리가 쓰는 방식이다.

** Mitra-Kahn, "Redefining the Economy", *City University london*, p. 239-40의 간접인용.

CHAPTER 2.

죄의 가격은?
The Wages of Sin

2012년의 어느 날, 영국 통계청의 두 통계담당자가 색다른 프로젝트에 착수했다. 조슈아 아브람스키Joshua Abramsky와 스티브 드류Steve Drew는 매춘부의 수를 세기 시작했다. 단지 지루해서가 아니었다. EU 회원국들의 국민계정 계산산법을 표준화하는 작업의 일환으로, EU의 통계 담당 기관인 유로스탯Eurostat이 지시한 일이었다.

국민계정을 집계하는 방식에는 나라마다 차이나는 부분이 있다. 그 중 하나는 도박, 매춘prostitution 그리고 훔친 물건을 판매하는 일 등 불법적인 활동을 다루는 방식이다. 사이먼 쿠즈네츠는 인간의 복지에 기여하는 행위들만 집계해야 한다고 생각했지만, 그런 행위들이 구체적으로 무엇인지를 누가 결정할 것인가? 쿠즈네츠는 광고업에도 가치가 없다고 생각했다. 비디오 게임은 시간낭비일 뿐이라 생각하는 사람도 있을 것이고, 술과 담배, 정크푸드는 건강에 나쁘니까 제외해야 한다고 생각하는 사람도 있을 것이다.

몇 년 전, 유로스탯은 이런 논쟁을 정리하기 위해 결단을 내렸다. 당사자들의 동의하에 일어나는 금전적 거래는 모두 경제활동으로 인정해야 한다는 결정이었다.* 실제로 네덜란드 같은 몇몇 EU 국가에서는 매춘이 합법이다. 암스테르담은 운하 양측 건물의 창문 앞에 매춘부들이 앉아있는 것으로 유명하다. 마찬가지로 일부 마약의 거래가 합법이고 이것이 공식 경제활동의 일부로 인정받는 나라도 있다. 유로스탯은 일관성 확립을 위해 다른 회원국들도 같은 접근법을 택하기를 원했다.** 국민계정은 일정 기간 한 나라 안에서 생산된 제품과 서비스를 측정하기 위함이라는 것이 이들의 논리다. 무엇이 '좋은' 활동이고 무엇이 '나쁜' 활동인지 구분할 수는 없다. 만일 폭탄과 금융권 파생상품이 국민계정 집계에 포함되어야 한다면, 헤로인 한 방이나 한 시간의 매춘을 포함시키면 안 되는 이유는 또 무엇인가?

하지만 매춘산업이 영국경제에 공헌하는 바를 아브람스키와 드류 두 사람이 어떻게 집계할 것인가? 정보는 어디에서 얻어야 하는가? 당장 가까운 홍등가로 가서 일하고 있는 매춘부의 수를 하나하나 세어야 한다고 생각하는 사람도 있겠지만 이들은 그렇게는 하지 않았고 통계학자답게 논문을 뒤졌다.*** 알려진 정보는 부실했다. 영국에서

---

* 「European System of National and Regional Accounts 95」, Eurostat, 1995.

** 이렇게 하는 이유는 각 회원국이 EU에 내는 돈을 정할 때 각국의 경제규모를 기준으로 하기 때문이다. 정확히 말하면 국민총소득 gross national income, GNI가 기준이 된다. 이는 GDP의 가까운 친척이라고 할 수 있다. 물론 이것은 영국이 투표를 거쳐서 EU를 떠나기로 결정하기 이전의 이야기다.

*** "너무 재미없게 들릴 것 같습니다. 그들은 대부분의 일을 사무실에 앉아서 했습니다. 이미 발표된 바 있는 데이터들을 가지고요." 가레스 파웰Gareth Powell과의 인터뷰, 2016년 3월.

는 매춘부가 몇 명이나 되는지 계산한다는 건 쉽지 않았다. 일반적인 가구 설문조사 항목 중에 섹스 관련 서비스의 사용에 대한 질문 항목이 없다는 건 별로 놀랍지 않다. 그래서 아브람스키와 드류는 2004년 런던에서 길거리 외의 매춘에 대해 진행됐던 설문조사 결과를 입수했고, 여기에다가 런던경찰청Metropolitan Police에서 길거리 매춘에 대해 내놓은 추정치를 찾아서 보완했다. 이들은 이 수치들을 확장해서 2004년 기준 영국 전역의 매춘부 수를 추정했다.**** 그리고 16세 이상 남성의 인구 데이터를 가지고 2009년까지 매춘부의 수가 어떻게 변했을 지를 추정했다. 매춘부의 수는 16세 이상 남성의 수와 동일한 비율로 증가할 것이라는 가정이었다.

콘돔 박스 위에다가도 할 수 있는 이런 간단한 계산에 따라, 이들은 2009년 영국에서 6만 879명의 매춘부가 일하고 있었다는, 다소 지나치게 정확해 보이는 수치를 내놓았다. 매춘 업계가 워낙 모호한 부분이 많다보니 아브람스키와 드류는 오직 여성 매춘부의 수만 계산했다.***** 그렇다면 이 매춘부들이 판매하는 서비스의 가치는 얼마나 될까? 이것을 알기 위해서는 한 명의 매춘부가 몇 명의 고객을 상대하고 요금을 얼마로 책정하는지를 알아야 했다. 아브람스키와 드류는 다시 논문을 뒤적였다. 우선 매달 매춘부 한 명이 받는 고객의 수를 조사한 네덜란드 쪽의 연구 결과를 빌려왔다. 서비스 요금에 대해서는 매춘부의 평점을 매기는 펀터넷PunterNet이라는 웹사이트를 참조

**** 이들의 계산에 대해서 더 자세히 알고 싶다면 다음을 보라. "Changes to National Accounts: Inclusion of Illegal Drugs and Prostitution in the UK National Accounts", *UK Office for National Statistics*, 2014년 5월 29일.

***** 그들이 제외한 남성 매춘부는 영국 성 노동자 42%에 해당한다. www.theguardian.com

했다.이를 종합해보니 매춘부 한 명이 일주일에 25명의 고객을 상대하며 '개인적 서비스'에 대해 평균 67.15파운드를 청구한다는 결과가 나왔다. 아브람스키와 드루는 이를 토대로 2009년 영국인들이 매춘에 사용한 총 금액을 계산해냈다.

이들은 불법 약물에 대해서도 비슷한 방식을 적용했다. 우선 조사하려는 마약의 종류를 크랙코카인, 가루형태의 코카인, 헤로인, 마리화나, 엑스타시와 암페타민으로 한정했다. (만일 여러분이 애용하는 마약이 이 리스트에 없다면, 여러분은 경제에 기여하지 않고 있다는 뜻이다.) 그리고 중간 소비에 대해서도 비슷한 가정을 했다. 중간 소비란, 최종 제품을 만드는 데 필요한 원자재 소비를 말한다. 예를 들어 마리화나를 재배하는데 필요한 전기 값을 마리화나의 최종 판매 가격에서 빼야만 마리화나의 순 부가가치를 얻게 된다.*

영국언론은 이 아브람스키와 드루의 프로젝트를 조금 떠들썩하게 보도했다. 이런 일은 살짝 바보 같아 보이지만, 이렇게 국민계정에 무엇을 집어넣고 무엇을 집어넣지 않을지 결정하는 것은 실질적인 결과의 차이를 가져온다. 하루는 섹스와 마약이 영국 경제에 970억 파운드의 가치를 추가했다는 기사가 영국의 일간지 파이낸셜타임즈에 실렸다. 그리고 같은 날 이 기사와는 전혀 관계없이, 영국 정부가 국방비를 GDP의 2%로 유지할 것을 요구하는 사설도 실렸다. 이걸 보고 한 독자가 이런 의견을 보내왔다.**

"'싸우거나 도망가거나, 영국의 국방 정책은 어디로 가는가'라는

---

* 부가가치가 무엇인지에 대해서는 이 장의 후반부를 볼 것.

** David Lang, "Percentage of GDP is a Strange Benchmark for a Defence Budget", *Letter to Financial Times*, 2015년 3월 3일. www.ft.com

제목의 사설은 국방비를 GDP의 2%로 맞추라는 나토NATO의 기준을 언급했습니다. 이것은 한 나라의 국방예산을 계산하는 방법으로는 아주 이상합니다. 최근 GDP 계산방식이 바뀌어 매춘부들의 수입과 불법적인 약물 판매도 GDP 계산에 포함되기 시작했으므로, GDP 대비 책정하는 예산도 늘어나게 됐습니다. 살짝 우습네요. 매춘부들이 더 열심히 일해야 군대가 무기를 더 살 수 있으니까요!"

경제의 규모를 측정할 때 각기 다른 방법론을 사용한다는 것은 국가 간 GDP 비교를 왜곡시킨다. GDP라는 지표가 가장 많이 쓰이는 용도가 국가 간 비교인데도 말이다. 예를 들어 미국은 GDP에 불법 행위를 포함하지 않는다. 총기 판매는 물론 포함시킨다. 총기의 소유는 미국에서 합법이지만 유럽 대부분 국가에서는 불법이다.

마약을 다루는 방식은 대규모 소비국가 미국과 주요 생산국가 콜롬비아간의 차이가 크다. 콜롬비아는 전통적으로 마약을 자국의 경제활동에 포함시켜왔다. 2010년 파블로 에스코바르Pablo Escobar의 메데인 카르텔Medellin Cartel이 몰락하면서 마약산업이 급격히 축소되고 그 비중이 줄어들고 있기는 하다. 코카인 산업의 전성기였던 1980년대 말에는 코카인이 콜롬비아 GDP의 6.3%에 해당했다는 것이 보고타에 있는 로사리오 대학 리카르도 로카Ricardo Rocha 교수의 분석이다.*** 2010년 무렵에는 마약 카르텔의 힘이 약해졌고 이들이 GDP에서 차지하는 비중은 1% 정도에 불과했다.

이런 점들이 차이를 만든다. 1987년 이탈리아는 영국을 추월해 세

*** www.wsj.com

계에서 5번째로 큰 경제국가가 됐다. 이는 1962년에 나온 동명 영화 제목을 따른 '일 소르빠소(추월)'로 알려진 사건이다. 이 '추월'은 이탈리아 통계당국의 변화 덕이었다. 통계당국은 마피아가 연관된 악명 높은 비공식 경제부문의 측정 방식을 변화시켰다. 그 결과 GDP가 18% 증가했다. 당시 이탈리아 경제지 '일 쏠레-24 오레Il Sole-24 Ore'의 에디터 마시모 에스포시토는 "오늘 아침에 일어나보니, 우리가 생각했던 것보다 더 부자였고 더 잘 살고 있다는 걸 알게 됐다"고 썼다.*

우리가 무언가를 측정하는 방식은 우리 스스로를 바라보는 방법을 바꿔놓을 수 있고, 실제로 바꿔놓는 경우가 많다. 이는 정책에도 영향을 미친다. 마약과 매춘이 영국 경제에 얼마나 금전적으로 기여하고 있는지를 알게 된 지금, 이성적인 다음 단계는 이런 상품과 서비스들의 합법화와 과세일 것이다. 꼭 나쁘다고는 볼 수 없다. 무언가를 측정한다는 것이 정책에도 영향을 미친다는 것을 인정해야 하기 때문이다. 예를 들어 서구의 정부들은 무기산업이 나라 경제에 기여한다고 보기 때문에 무기업체들을 도와준다. 그로 인해 얼마나 많은 사망자와 부상자가 나오는지는 고려하지 않고 말이다.

비슷한 사례로, 세계 각국의 정부들은 담배 제조사들이 경제에 기여하고 세금을 낸다는 이유로 이들에게 느슨한 잣대를 댄다. 담배를 받아들이는 사회가 치르는 대가는 그다지 비밀도 아니다. 시민의 건강을 해치고, 의료비용을 증가시키고, 조기 사망을 가져온다. 이는 담배가 경제에 가져오는 기여의 부작용 정도로 치부되고 있다. 게

---

* www.csmonitor.com

다가, 담배 때문에 발생하는 병원 진료와 암 치료 역시 경제 생산량을 늘리는데 기여한다. 이렇게 우리는 경제성장만을 따라가느라 잠시 멈춰서 '왜?'라는 질문을 하지 않는다. 정책을 오직 경제라는 렌즈를 통해서만 바라보다 보니, 폐암조차도 경제성장을 위해 필요한 희생 정도로 생각하는 것이다. 물론 경제규모를 산출할 때 담배 판매액을 플러스 요인으로 보지 않고 마이너스 요인으로 본다 하더라도 시민들이 니코틴에 중독되는 것을 완벽하게 막을 수는 없다. 그러나 그렇게 하면 최소한 정부의 인센티브 구조가 바뀔 것이고 더 나아가 담배업체들에 대한 정책 역시 바뀔 것이다.

사회적이나 환경적으로 더 중요한 목적을 이루기 위해 경제성장을 줄여야 한다고 말하는 정치인에게는 나쁜 운명이 기다린다. 가령 미국에서 지구온난화를 막자면서 휘발유에 붙는 세금을 올리고 경제성장을 희생하자고 말한다는 것은 정치적으로 불가능하다. 도널드 트럼프 대통령이 경제성장을 위해 파리기후변화협약을 탈퇴하는 결정을 내렸을 때 미국 대중들은 강한 지지를 보냈다. 호주의 전임 총리 케빈 러드Kevin Rudd는 탄소배출권거래제를 도입하려 했지만 그 법안은 기업 활동의 비용을 높이고 경제에 해가 될 거라는 이유에서 입법에 실패했다. 러드는 불명예스럽게 총리 직에서 밀려났다.[**]

영국의 국민소득 집계에 마약과 매춘을 포함시켰던 사례는 우리가 무엇을 측정해야 하고 어떤 종류의 사회를 만들어가야 하는지에 대한 고민을 명료하게 보여준다. 이런 식의 논리를 확장한다면, 청부살

[**] "Australia Carbon Laws Fail to Pass Senate", *Financial Times*, 2009년 12월 2일. www.ft.com

인업자나 조직폭력배도 국가경제에 포함시켜야 하는 것 아닌가? 청부살인업자가 돈을 받고 서비스를 해준다면, 그것은 유로스탯이 말한 경제활동의 정의에 부합한다. 당사자 간 합의된 금전적 거래니까.

절도된 물건을 거래하는 것 역시 경제활동에 포함되어야 하지 않나? 사실 이미 그렇게 하고 있다. 국민계정 전문가인 산지브 마하잔 Sanjiv Mahajan에 따르면, 어떤 물건을 훔치는 행위와 훔친 물건을 파는 행위는 구분된다. 내가 누군가의 페라리를 훔치면 그것은 비자발적인 거래이므로 국민소득에 포함되지 않는다. 하지만 내가 훔친 페라리를 팔고 그 돈으로 고급 식료품점 '포트넘 앤 메이슨'에 가서 캐비어와 프랑스산 레드와인을 산다면, 그것은 소매업 매출로 기록될 것이고 따라서 경제성장에 기여하는 것이다. 마하잔은 이렇게 말한다. "'도둑질을 많이 할수록 경제가 성장한다'는 제목이 '더 선the sun'*에 나오는 것을 보고 싶지는 않아요. 하지만 어떤 측면에서는 그렇게 되는 셈입니다. 도둑질은 아무것도 생산하지 않으면서 돈을 버는 것입니다. 같은 물건이 두 번 (GDP에) 집계되는 것이죠."

이것이 얼마나 우스꽝스럽고 비논리적인 방식인지를 마하잔은 잘 알고 있다. 하지만 그는 국민소득이라는 지표는 애초에 도덕적인 지표로 개발된 것도 아니고 만족스러운 삶을 측정하려는 지표도 아니라고 말한다. "GDP를 높이려면, 부가가치세를 올리거나 마약과 매춘을 권장하거나 전쟁을 내면 됩니다. 아주 행복한 방법이죠?"

웨일즈의 우스크Usk 강변에는 뉴포트Newport라는 성곽도시가 있

---

* 영국의 타블로이드 신문

다. 이 도시의 외곽에는 볼품없는 산업단지가 있고, 벽돌과 유리로 이뤄진 납작하고 못생긴 건물 하나를 볼 수 있다. 현대건축을 싫어하는 사람들이 예로 들 것 같은 그런 지루한 건물이다. 그 안에는 숫자들을 들여다보고 있는 통계담당관들이 열을 딱 맞춰서 앉아있을 것 같다. 잔디밭에는 두 개의 철기둥에 매달려 있는 빛바랜 흰색 간판이 있다. 완벽하게 지루한 그림이다. 간판에는 "OFFICE FOR NATIONAL STATISTICS", 즉 "국가통계청"이라고 적혀있고, 그 밑에는 웨일즈 말로 "SWYDDFA YSTADEGAU GWLADOL"라 적혀있다. 아마도 "주의: 통계학자들이 일하고 있음"이라는 얘기가 아닌가 싶다.

영국 국가통계청Office for National Statistics, ONS는 2007년 런던에서 이 남웨일즈 시골로 통째로 이전했다. 런던에서 근무하던 직원 거의 전부가 뉴포트로 이사하느니 직장을 그만두는 편을 택했다. 웨일즈관광청이 알면 별로 좋아할 얘기는 아니다.

영국의 통계를 집계하는 일은 사람들에게 고맙다는 말을 듣는 일이 아니다. ONS 직원들은 훌륭한 전문성을 가지고 있고 또 열심히 일하고 있지만, 파이낸셜 타임스가 실시한 설문조사에 따르면 영국 시민 10%만이 ONS가 정확한 통계를 생산하고 있을 거라고 응답했다. 대부분의 사람들은 통계가 정치적 목적을 위해 조작되었을 것이라고 믿고 있었다.** 이렇게 아무도 신뢰하지 않는 것 같은 통계라 할지라도 막상 그 발표시기가 늦어지면 담당자들에겐 어려움이 닥친다. 2010년 6월 ONS는 국민소득 데이터 발표를 지연시켰다. 수치 중에

** Simon Briscoe, 'Britons Highly Sceptical Over Data', *Financial Times*, 2009년 12월 29일.

서 오류로 보이는 부분을 발견했다고 인정한 것이다. 2주간의 발표 지연은 금융시장에 파문을 일으켰다. 기존에 발표된 바 있는 경제성 장치 데이터가 수정될 것이라는 추측이 돌았다. 실제로 업데이트된 데이터는 경기침체가 기존 예상보다 더 심하다는 것을 보여주었다. 경기의 최고점으로부터 6.2% 하락했을 것이라는 게 기존의 발표였 는데 이것이 6.4% 하락으로 수정된 것이다.

이후 ONS는 사무실도 옮겨야했지만 예산 역시 수백만 파운드나 삭감 당했다. 그로 인해 ONS가 실시하는 설문조사의 표본크기를 줄 여야 했고 몇몇 통계들은 아예 집계를 중단해야 했다. 정부는 다음 번 인구총조사census도 취소해야 할 것이라 으름장놓았다. 인구총조사는 다른 많은 데이터의 기반이 되지만, 비용이 너무 많이 든다는 것이다. 일례로 2011년의 인구총조사는 4억 8,000만 파운드가 들었다.* 좋은 통계를 얻는 데는 그만한 많은 돈이 든다. 케인스가 60여 년 전에 말 했듯이, 통계가 정치적 우선순위였던 적은 한 번도 없다.

뉴포트의 ONS 본부에서 국민소득을 담당하는 약 650명의 직원들 에게는 매 분기가 끝나는 시점이 달리기 시합의 시작을 알리는 총성 과도 같다. 이들은 25일 안에 첫 번째 추정치를 만들어내야만 한다. 필요한 정보가 전부 들어오려면 최대 3년이 걸린다는 걸 고려하면 이 는 쉬운 일이 아니다. 그러니 첫 번째 발표치는 그저 대략적인 추정일 뿐이고, 더 많은 데이터가 들어오면서 점차 업데이트된다. ONS는 매 분기 25일째 되는 날, 55일째 되는 날, 85일째 되는 날 추정치를 발표

---

* Kate Allen and Chris Giles, "Statisticians Face Hard Facts", *Financial Times*, 2012년 9월 5일

한다.** 이 시점이 되면 필요한 데이터의 90%가 들어온다. 세계 각국의 통계당국은 약간씩 다른 스케줄에 따라 움직이지만, 대체로 보면 이들이 사용하는 방법은 다 비슷하다.

GDP에는 세 가지 레시피가 있다. 각각의 레시피는 다른 재료들을 사용하지만, 이론적으로는 서로 똑같은 맛을 내는 요리를 만들게 된다. 하지만 현실에서는 세 방법이 종종 상당히 다른 결과를 보여준다. 각각의 방법에서 사용하는 데이터의 종류가 너무 많고 또 가정하는 바도 다르기 때문이다. 그래서 국가계정 담당자들은 이 세 그룹의 수치들을 서로 일치시키기 위해서 부정확하고 수상해 보이는 수치들outlier을 제거하는 일을 해야 한다.

세 가지 레시피에 대해 알아보기 전에 먼저 정의부터 짚고 넘어가자. ONS는 GDP의 정의를 '주어진 기간 동안 생산된 제품과 서비스의 가치the value of goods and services produced during a given period'라고 내린다. (ONS의 모토는 매우 훌륭하고 아름답게 간결하다. "더 나은 통계, 더 나은 결정"이다.) 이런 정의는 너무나 단순하게 들린다. 왜 이런 아이디어가 나오기까지 수백 년이나 걸렸는지 의문스러울 정도다.

GDP라는 말에서 G는 '총gross, 總'의 약자다. '총'이라는 말은 어떤 숫자에서 아무 것도 빼지 않았음을 의미한다.*** 그 다음 글자, D는 '국내domestic'의 약자다. 이는 GDP와 GNP와의 차이를 보여주는데, 후자는 한 국가의 기업들이 국내에서든 국외에서든 생산한 모든 것을

** 대런 모건Darren Morgan의 추정, 저자와의 인터뷰, 2016년 6월.

*** 국내순생산net domestic product을 계산하려면 기계류의 마모와 노후화 비용을 빼야 하며 이를 감가상각이라고 부른다. 감가상각을 산정하기는 어려운 일이다. 그래서 GDP가 선호된다.

포함한다. 요즘과 같은 다국적 기업mutinatiomal company의 시대에는 이런 구분을 유의해서 볼 필요가 있다. 마지막 글자인 P는 제품과 서비스를 모두 포함한 '생산품product'을 의미한다.

GDP의 세 가지 레시피는 지출 접근법, 소득 접근법, 생산 접근법이라고 알려져 있다.* 이 방법들은 각각 무엇이 사용되었는지, 무엇을 벌었는지, 무엇이 만들어졌는지를 측정한다. 수입과 수출을 고려했을 때, 한 국가의 경제는 소비한 만큼 생산하고 사람들은 번 만큼만 소비할 수 있다. 그렇기 때문에 이론적으로 이 세 방법은 동일한 결과를 가져와야 한다.

생산 접근법은 공장들과 농장들, 미용실과 빵집 등에서 생산된 모든 것을 더하는 방법이다. 생산품의 가치를 구한다는 것은 생각처럼 쉽지 않다. 하나의 아이템을 두 번 더하게 되기 쉽다. 빵집의 예를 들어보자.** 빵집에서 파는 모든 빵의 가치를 다 더한다고 되는 일이 아니다. 왜냐하면 이 빵들에는 이미 GDP 집계에 집어넣었던 항목들이 포함되어 있기 때문이다. 제분소에서 파는 밀가루의 가치는 이미 따로 넣은 바 있다. 밀가루의 원료인 밀의 가치는 밀 농장의 생산을 측정할 때 이미 계산에 넣었다.

그러므로 빵이 경제에 기여하는 만큼을 알아내기 위해서는 이른바 '부가가치'라고 불리는 것을 계산해야 한다. 밀가루와 버터, 전기, 노동력, 그리고 임대료를 가지고 통호밀빵을 하나 만들었다면, 최종제

---

* 생산 접근법production method은 산출 접근법output method라고도 한다.

** 이 사례는 장하준의 책에서 나왔다. Ha-Joon Chang, *Economics: The User's Guide*, Bloomsbury Press, New York, 2015, p. 212. (한국어판 제목 장하준, 『장하준의 경제학 강의』, 부키, 2014)

품인 빵의 가치에서 모든 중간재intermediate goods의 가치를 빼야 한다. 생산 접근법의 공식은 수상할 정도로 간단하다. 주어진 기간 생산된 모든 제품과 서비스의 가치에서 중간재의 가치를 빼면 된다.

그 다음은 지출 접근법이다. 이는 경제학자들이 '총 수요'라 부르는 것을 계산하는 방법이다. 가구나 기업, 정부가 '소비'한 모든 것을 의미한다. 우리가 지금 국민생산을 계산하고 있으므로 수출품은 더해야 하고 수입품은 빼야 한다. 수출은 국내에서 만들어진 것이고 수입품은 해외에서 만들어진 것이기 때문이다. 지출 접근법의 레시피는 다음과 같다. 이것은 아마도 경제학이라는 요리책에서 가장 잘 알려진 레시피일 것이다.

소비자 지출 + 정부 지출과 투자 + 기업 투자 + 수출 – 수입.***

마지막 레시피는 소득 접근법이다. 하나의 경제 안에서 얻은 모든 소득을 측정하면 된다. 주로 노동자에게 준 임금, 사업의 이익, 주주에게 준 배당금, 임대료, 세금 등이다. 경제를 측정하는 데 있어서, 우리는 곧 우리가 번 돈과 같다.

미국과 유럽 그리고 세계 대부분의 국가가 그렇듯이 영국 ONS가 사용하는 수치들은 대부분 표본을 뽑아서 하는 설문조사에서 나온다. 경제 전체에서 일어나는 모든 거래를 다 기록하는 것은 아니다. 우리가 사용하는 경제 지표들을 비판하는 책을 쓴 작가이자 경제학자 우마이르 하크Umair Haque는 이렇게 말한다. "모든 영수증을 다 기록할 수 있는 컴퓨터는 존재하지 않는다. 그저 대략적인 설문조사를

*** 보통 이런 공식으로 표현된다. C + I + G + (X – M). 여기서 C는 소비자 지출, I는 기업 투자, G는 정부 지출과 투자, X는 제품과 서비스의 수출, M은 제품과 서비스의 수입.

할 뿐이고, 따라서 이 수치를 과신해서는 안 된다."[*]

일상에서의 사례를 들어보자. 내가 동네 상점에서 과자 한 봉지를 사거나 변기 뚫는 기구를 살 때마다 ONS가 일일이 체크하는 것은 아니다. ONS는 과자 구매에 대한 정보를 여러 소스에서 얻는다. 과자 제조사로부터는 대략 얼마나 많은 과자를 생산하는지, 슈퍼마켓과 점포에서는 대략 얼마나 많은 과자를 판매하는지, 그리고 각 가정에서는 얼마나 과자를 좋아하고 소비하는지 등을 알아낼 수 있다. 그러나 ONS가 전국의 모든 가정을 돌아다니며 지난 주 과자 몇 봉지를 구입하고 화장실 뚫는 도구 몇 개를 구입했는지를 물어볼 수는 없다. "아, 그리고 이것들 외에 다른 것은 구입하지 않으셨나요?"라고 물을 수도 없다. 그 대신 통계당국은 표본 설문조사에 의존한다. 중요한 설문조사 중 하나인 '생활비와 음식물 조사Living Costs and Food Survey'는 다음과 같이 진행된다. ONS가 보낸 조사관이 가정에 파견되어 일대일 인터뷰를 진행한 후, 다이어리 한 부를 두고 간다. 이 다이어리는 아이들을 포함한 그 가정의 모든 구성원들이 한 주 동안 혹은 더 긴 기간 동안 무엇을 소비했는지를 적기 위한 것이다. 매년 영국에서 6,500만 중 약 5,000명의 사람들이 이런 다이어리를 기록한다.

기업체의 경우는 보다 정밀하게 표본을 선별한다. 매달 ONS는 영국의 다양한 기업체들을 대상으로 4만 5,000건의 설문을 진행한다. 쿠즈네츠가 그랬듯이, 통계조사관들은 기업들을 섹터별, 세부 섹터별로 구분한다. 그래서 개별 기업체들에서 나온 데이터를 가지고 경

---

[*] 저자와의 인터뷰. 2016년 6월 런던.

제 전체의 그림을 그려볼 수 있게 만든다. 이 때, UN이 만든 ISIC(국제표준산업분류, 4차 개정)라는 기준이 가이드로 제시된다. 이는 백과사전 같은 걸 좋아하는 사람이라면 즐겁게 읽을 수 있는 책으로, 총 290페이지에 달하는 이 분류표에는 상상 가능한 모든 비즈니스가 분류되어 있다. 예를 들자면 '낚시 크루즈' 사업이라든가 '가방과 핸드백과 말안장과 말고삐의 제작' 사업 같은 분류도 있다. 각각의 카테고리는 수십 개의 아이템으로 다시 나뉜다. 여기서 나온 결과들을 합쳐서 해당 섹터 전체를 대표하게 한다. 대통령 선거나 국회의원 선거일에 출구조사 하는 것을 생각하면 된다. 개표소에서 나오는 사람 모두에게 누구를 찍었는지 물어보는 건 아니지만, 표본의 크기가 충분히 크다면 상당히 신뢰할만한 그림을 그려볼 수 있다.

ONS는 또한 통계담당자들이 '행정적 데이터administrative data'라고 불리는 정보를 더 많이 입수하려고 노력한다. 이것은 정부가 통계 외의 목적으로 매일 매일의 국가 운영 과정에서 수집하는 정보들이다. 예를 들자면 운전면허 보유자의 수, 출생자와 사망자의 수, 수출입 관세 데이터, 납세 데이터 등이다. 이런 데이터들은 통계담당자들에게 풍부한 정보를 제공해준다. 인구 전체를 커버하는 경우가 많고, 설문조사를 해서 얻는 추측치가 아니라 진짜 데이터를 담고 있기 때문이다. 예산이 넉넉하지 않은 통계당국에게 있어서 이런 행정적 데이터는 또 다른 장점이 있다. 이미 수집되어 있는 데이터라서 공짜라는 점이다. 2015년 ONS는 영국 관세청으로부터 부가가치세 관련 데이터를 직접 공유 받을 것이라고 발표했다. 이 데이터를 사용하면 예전과 비교해 설문조사 시행횟수를 절반으로 줄여도 될 것이라 추정했다.

데이터가 들어오기 시작하면, 통계를 내는 일이 시작된다. 다양한 수치들이 앞서 언급한 세 가지 공식 안으로 대입된다. 그리고 세 종류의 추정치를 두고 '공급과 사용 테이블'이라는 표를 통해서 조정하는 작업이 이뤄진다. 어떤 결과치를 어떤 결과치와 비교할 것인지를 정리해놓은 표들이다.

마지막으로, 계절에 따른 변동과 물가상승률을 고려해 수치를 보정하는 작업이 이뤄진다. 매년 특정 시기에 사람들이 자동차를 많이 구매한다고 하자. 그런 경우 "이번 달 자동차 판매량이 치솟았다"고 보고하는 것은 아무런 의미가 없다. 계절성을 고려해서 수치를 완만하게 조절하는 편이 훨씬 낫다. 1월에 이런 신문기사 제목이 나왔다고 생각해보라. "크리스마스 트리 판매 부진, 경기 불황."

계절성에 비해서 물가상승률(인플레이션)은 GDP 수치에 반영하는 것이 더욱 어렵고, 또 더욱 중요하다. 경제성장은 보통 물가상승률을 고려해 보정된다. 경제가 15% 성장했지만 그 중 14%가 물가상승에 의한 것이라면 오해를 가져오기 쉽다. 사람들은 '실질real' 경제성장률에 더 관심이 많다. 통계담당자들은 그래서 생산품의 가치보다는 양에 초점을 두거나, 아니면 인플레이션 효과를 상쇄시키기 위해 가격수정인자deflator를 적용시킨다.* 마지막으로, 우리는 이제 아브람스키와 드류가 마약과 매춘산업을 집계하는 것만 기다리면 된다. 짜잔, 이렇게 해서 우리의 GDP 지수가 나왔다.

---

* 요즘은 디플레이션(물가하락)이 과거보다 많이 일어나는데, 그 경우도 마찬가지로 한다.

CHAPTER 3.

좋은 것, 나쁜 것, 보이지 않는 것
The Good, the Bad and the Invisible

2012년 여름, 제니스는 가슴에 통증을 느꼈다. 그는 미국 코네티컷 주 스탬포드Stamford에 거주하는 64살의 전직 영업 보조원이었다. 4시간 동안 앰뷸런스를 타고 병원에 실려 간 그는 거기서 3시간 동안 검사를 받고, 의사에게 짧은 진료를 받았다. 진단결과, 단순한 소화불량일 뿐이라는 것은 좋은 소식이었다. 나쁜 소식은 청구서였다. 앰뷸런스 비용 995달러, 의사 진찰비 3,000달러, 병원 이용료 1만 7,000달러 등 총 2만 1,000달러가 들었다. 일상적인 진료였음에도 말이다. 가슴통증이 이렇게 값비쌀 줄이야.**

대체 무엇에 그렇게 많은 비용이 들었을까? 병원이 청구한 금액 중

** "The Bitter Pill: Why Medical Bills are Killing US", *Time Magazine*, 2013년 2월 20일.www.uta.edu. 여기서도 제니스의 실명은 밝히지 않았다.

에는 세 번의 '트로포닌 I' 테스트라는 것이 있었다. 1회당 199.5달러인 트로포닌 테스트는 심장마비와 연관된 혈액 속의 특정 단백질을 측정하는 것이다. 이 병원은 '차지마스터chargemaster'라 불리는 표준 리스트를 기준으로 청구서를 작성한다. 이 리스트는 진료에 들어가는 실제 비용과는 별 관계가 없어 보인다. 병원 관계자들에게 차지마스터에 대해 물으니, 그들은 불편해하며 대화의 주제를 다른 것으로 돌렸다.

미국의 의료보험 제도인 메디케어Medicare가 트로포닌 테스트 비용을 부담한다면 메디케어는 병원 측에 제니스가 낸 것처럼 회당 199.5달러를 지급하는 게 아니라 회당 13.94달러만 지급했을 것이다. 제니스는 직업이 없는 상태였으므로 보험도 없었다. 메디케어의 혜택도 받지 못했다. 메디케어는 65세 이상만 해당하기 때문이다. 병원은 또 제니스에게 혈액검사 비용으로 157.61달러를 청구했다. 메디케어였다면 병원에 같은 검사에 대해 11.02달러만 지급했을 것이다. 이런 식으로 엄청나게 부풀린 비용에는 아세트아미노펜 알약도 있었다. 타이레놀의 복제약이었다. 이 알약의 가격은 10,000% 부풀려졌다. 스탬포드병원의 내부 기록을 보면, 제니스가 검사를 받은 병원 검사실의 12개월 운영 총 비용은 2,750만 달러였지만 이들이 청구한 금액은 2억 9,320만 달러였다. 공식적으로는 비영리기관이어야 하는 병원으로서는 나쁘지 않은 수익의 원천이다.

매년 미국은 GDP의 약 17%를 헬스케어healthcare에 쓴다.* 이는 대

부분의 선진국보다 두 배 높은 수준이다. 영국은 GDP의 9%를 헬스케어에 쓰고, 일본은 10.2%를, 세계 최고 수준의 헬스케어 시스템을 가진 프랑스는 11.5%를 쓴다. 역시 탁월한 헬스케어 시스템을 가진 싱가포르의 경우는 단 4.9%에 해당한다. 미국의 3분의 1이다. 미국인들이 의료비로 쓰는 돈은 매 주 550억 달러에 달한다. 2012년 허리케인 샌디Sandy의 피해 복구비용과 맞먹는다.

이렇게 많은 돈을 쓰고 있으니 미국의 헬스케어는 끝내주는 성과를 내고 있겠다고 생각하겠지만, 틀린 생각이다. 미국인들의 건강 수준은 대부분의 선진국과 비슷하거나 부분적으로는 훨씬 열악하다. 기대수명 순위에서는 31위로 코스타리카 바로 아래다.** 미국인의 평균 기대수명은 79.3세인데 비해 의료비용으로 미국인의 절반만 지출하는 일본인의 기대수명은 83.7세다.

미국의 순위는 더 떨어질 것으로 보인다. 2030년이 되면 한국의 여성 기대수명은 거의 90세에 이를 것이라고 의학학술지 '란셋Lancet' 에 실린 한 논문은 전망한다. 그 이유는 한국의 포괄적인 의료보험 제도와 우수한 영유아 영양공급, 그리고 최신 의료기술의 빠른 도입 등이다. 이와는 대조적으로, 미국은 2030년이 되면 부유한 국가 중 기대수명이 가장 낮은 나라가 될 것으로 이 논문은 보고 있다.*** 만 1살이 되기 전에 사망하는 유아의 수를 측정하는 유아사망률infant morality 측면에서도 미국은 별로 나을 바가 없다. 1,000명 당 5.72명으로

** WHO 2015년 자료.

*** Bryan Harris, "South Korea Set to Take Japan's Life Expectancy Crown", *Financial Times*, 2017년 2월 22일. www.ft.com

2015년 기준 세계 57위였다. 보스니아헤르체고비나 바로 다음이었다. 유아사망률 순위에서 1등은 모나코로, 1,000명 당 1.82명이었다.

미국식 헬스케어 시스템을 옹호하는 사람들은 이런 수치들에 문제가 있다고 말한다. 가공되지 않은 수치들은 국가 간 식생활의 차이, 인종의 차이, 불평등 정도의 차이, 마약 등 사회문제의 차이를 제대로 반영하지 못한다고, 또 총기 등 폭력으로 인한 사망이 미국에 굉장히 많다는 것도 반영하지 못한다고 말한다. 유아사망률의 경우도 나라마다 측정 기준이 다르므로 직접 비교는 적절치 않다고 말한다. 이런 주장은 어느정도 귀담아들을 만하다. 그러나 미국 헬스케어 산업의 로비가 막강하다는 것을 역시 고려해야 한다.*

미국인들이 지출하는 의료비용에 비해 훌륭한 헬스케어 서비스를 받고 있다 주장하는 사람은 아마도 '빅 파마Big Pharma'로 불리는 대형 제약업체들로부터 두둑한 수표를 받고 있을 것이다. 그렇다면 무엇이 그렇게 비용을 부풀리는 걸까? 헬스케어 업계는 막강한 로비 능력을 가지고 워싱턴에서 만들어지는 법들이 헬스케어 업계의 이익을 우선 대변하도록 만든다.** 그 결과, 미국 헬스케어 업계를 집중적으로 조사한 스티븐 브릴Steven Brill의 연구에 의하면, 환자의 안위는 종종 우선순위에서 뒤로 밀린다. 의사와 병원, 요양원, 보험회사 등 의약 업계와 헬스케어 업계는 1998년부터 2012년까지 다 합쳐서 53억 6,000만 달러를 로비에 썼다. 이에 비해, 국방과 항공 관련 산업은

---

* Chris Conover, "5 Myths in Steven Brill's Opus on Health Costs", *Forbes*, 2014년 3월 4일. www.forbes.com

** Steven Brill, "The Bitter Pill", *Time Magazine*

같은 기간 15억 3,000만 달러를 로비에 썼고 석유와 가스 회사들은 13억 달러를 썼다. 다시 말해 헬스케어-산업 복합체가 군-산업 복합체보다 세 배 많은 돈을 워싱턴에서 로비하는데 썼다는 얘기다.***

이 행위의 주된 이유 중 하나는 이윤 추구다. 이윤을 추구하는 병원들은 비용을 부풀리기 위해 의료진이 불필요하게 많은 테스트를 하고, 불필요하게 많은 약을 처방하며, 불필요한 수술을 진행하도록 부추긴다. 미국 전역에 걸쳐, 한 도시에서 가장 많은 이익을 내는 기관은 대부분의 경우 병원이다. 병원에서 근무하는 사무직 직원의 연봉이 수백만 달러를 넘어가는 일도 흔하다. 의료소송에 대한 대비 역시 비용을 증가시킨다. 의료진의 연봉도 높지만 의료진을 대리하는 변호사들의 연봉은 더 높다. 제니스의 사례를 보면, 그가 받은 검사의 상당부분은 보다 나은 치료를 위해서가 아니라 일이 잘못될 경우 병원 측의 책임이 아니라는 것을 입증하기 위한 것이었다.

이렇게 헬스케어에 쏟아 붓는 돈은 결국 미국인의 건강을 증진시키기는 커녕 경제활동만 증진시킬 뿐이다. 그것도 아주 많이. 이 모든 이윤들, 보험심사들, 의료소송들과 불필요한 CT 스캔 같은 것들은 모두가 미국경제의 성장에 이바지한다. 이상한 모습의 성장이기는 해도 말이다. 가격이 부풀려질수록 헬스케어 산업이 미국경제에 미치는 (겉보기에) 긍정적 영향 역시 커진다.

만일 쿠즈네츠가 제안했던 것처럼 의료비용을 다른 방식으로 지표에 반영하겠다고 한다면 과도한 의료비용은 플러스 요인이 아니라

*** 위의 자료.

마이너스 요인으로 간주하는 것도 고려해볼 수 있었을 것이다. 의료비용을 '방어적인 지출'이라 분류해서, 경제규모를 산출할 때 이 항목만큼의 금액을 차감하는 방법처럼 말이다. 하지만 실제로 그렇게 하지는 않는다. 하지만 현재 방식에 따르면, 미국경제에서 의료비용은 훨씬 막강한 위치에 있다. 그저 헬스케어 지출을 두 배로 늘리기만 하면, 혹은 소화불량으로 인한 가슴통증의 진료비용을 4만 2,000달러로 올리기만 하면 미국경제가 부쩍 성장할 만큼, 의료비용 주도의 경제성장 정책을 따르고 있는 것이다.

민간 의료 기관들의 매출과 이익을 측정하는 것은 비교적 쉽지만, 정부가 우리 경제에 얼마나 기여하는지를 측정하는 것은 훨씬 어려운 일이다. 케인스는 정부부문의 지출이 국민소득 지표에 반영되기를 원했지만, 정부의 지출은 그다지 잘 측정되지 않는 경우가 많다. 매우 시장 친화적인 경제 시스템을 가진 나라라고 해도 정부 차원에서의 온갖 서비스는 상당수 무상으로 제공되기 마련이다. 비용을 청구하지 않으므로 가격을 매기거나 경제에 얼마나 기여하는지를 파악하기 어렵다. 예를 들자. 사립학교는 이윤을 낸다. 이것은 국민소득으로 잡힌다. 그러나 이렇게 회계적인 측면에서 볼 때 정부가 제공하는 서비스들은 이보다 눈에 덜 띈다. 나라에 따라서는 정부가 직접 철도를 운영하기도 하고, 쓰레기도 수거하고, 도로를 건설하며, 소방서와 구급차를 운영하고, 과학 연구에도 투자한다. 대부분의 나라에서 일정 연령까지는 의무교육 마저 무료다. 심지어 대학교육까지도 무료이거나 많은 보조를 해주는 나라들도 있다. 헬스케어 역시 무료인 나라가 많다.

국민계정을 담당하는 사람들은 이런 공공 서비스의 측정에 있어 어려움을 겪어왔다. 공짜로 제공되는 무언가를 제대로 측정한다는 것은 거의 불가능한 일이다. 왜? 공립학교를 보자. 우리가 측정할 수 있는 건 학교로 투입되는 자원들(교사의 임금, 건물의 임대료, 사용되는 전기료 등)뿐이다. 학교에서 산출되는 서비스에 대해서는 아무도 돈을 내지 않으므로 얼마만큼의 가치가 더해졌는지는 측정할 수 없다. 마찬가지로, 공공의료 서비스의 경우는 비용이 얼마나 부풀려지는지를 측정할 수 없다. 아까와 마찬가지로 병원에 투입되는 자원들만 세어 볼 수 있을 뿐이다. 의사와 간호사의 임금, 약제의 도매 공급가 등이다. 그러나 탈장수술이 성공적으로 진행됐을 때, 혹은 소화불량으로 가슴통증을 느낀 여성 환자가 건강해져서 집으로 돌려보내졌을 때 생성된 부가가치는 회계의 눈에 보이지 않는다.

환자들에게 무료로 의료 서비스를 제공하는 영국 의료보험시스템 National Healthcare Sytem, NHS의 경우를 보자. NHS가 영국 경제에 기여하는 부분을 높이고 싶다면 의료서비스에 투입되는 자본을 늘려야 한다. 의사와 간호사들에게 더 높은 임금을 지급하고, 제약사들에게 약값을 더 많이 지불해야 한다. 의료소송도 더 많이 하고 로비 활동도 더 많이 하면 도움이 될 것이다. 다시 말해, 통상적인 방식으로 측정한다고 할 때 공공의료 시스템이 경제에 기여하는 부문을 키우고 싶다면 시스템을 '덜' 효율적으로 만들면 된다.

모든 경제성장이 좋은 것은 아니다. 마찬가지로 성장이 없어 보인다고 해서 꼭 나쁜 것도 아니다. 돈을 낭비하는 것만으로도 허공에서 경제성장을 창출할 수 있다. 미국 헬스케어 시스템처럼 말이다. 역으로, 무료 공공의료 서비스를 화끈하게 개선시키고도 경제성장에는 한 푼도 도움이 되지 않을 수도 있다. 여기서 또 하나의 시사점을 얻을 수 있다. 한 나라의 공공 섹터의 크기가 크면 클수록, 그 나라의 경제규모를 우리가 과소평가하게 된다는 것이다. 우리가 현재 국민계정을 집계하는 방식은 공공 서비스보다 민간 영역의 지출을 선호하도록 설계되어 있다.

영국에서는 토니 블레어 행정부가 이 문제를 해결하기 위해 공공 서비스 부문의 효율성을 직접적으로 측정하는 방법을 개발하려 했다. 2001년, 블레어 총리는 전직 교사였던 마이클 바버Michael Barber를 '딜리버리 유닛Delivery Unit'이라는 공공서비스 관리부서의 수장으로 임명한다. 바버는 냉소적인 기자들 앞에서 수많은 차트와 목표들을 보여주며 설명했다. 공공 서비스들의 가치를 측정할 것이며, 공무원들이 이에 대해 책임을 지도록 하는 시스템을 만들겠다는 것이었다. 기자들은 그의 이런 복잡한 접근법을 '딜리버로로지Deliverology'라고 이름 붙이며 비웃었다. 바버는 담담하게 그 용어를 그대로 받아들였다.

바버가 맡은 딜리버리 유닛은 우리가 전통적으로 경제성장을 측정해오던 방식을 대체할 수 있는, 실현 가능한 대안을 만들고자 했다. 우선 이들은 정부가 공공서비스를 제대로 측정하지 못한다는 것을 인정하는 데에서 시작했다. 즉 병원이나 학교에 단순히 돈을 더 퍼붓는다고 해봐야 엄청난 돈 낭비로 끝나게 됨을 인정하자는 것이었다. 그러니 그 대신, 실제 측정 가능한 결과들을 목표로 삼았다. 예를 들어 '골반 교체 수술 성공 횟수' '정부기관 민원인 대기 시간 감소' '열차운행 지연횟수 감소' '18세 학생의 시험 성적 향상' 등이다. 만일

'열차의 90%가 정시로부터 10분 이내에 도착한다'라는 목표를 세웠다고 해보자. 그런 다음 결과를 측정하고 액션을 취한다. 목표를 달성하지 못했을 경우 경영진을 해고하거나 혹은 최신 기술을 도입하는 것이다. 이후 바버는 말레이시아, 인도네시아, 에티오피아 같은 나라들이 이 콘셉트를 적용하는 데에도 도움을 주었다.

딜리버리 유닛이 성공을 거뒀는지에 대해서는 엇갈리는 의견이 있다. 악용하기 너무 쉬운 시스템이었기 때문이다. 바버 스스로도 인정한다. 일례로, 병원들은 환자 대기 시간을 줄이기 위해 아예 접수를 받지 않았다. 심장 수술 성공 지표를 개선하기 위해 쉬운 수술만 하고 어려운 수술은 하지 않는 병원들도 있었다. 학습능력이 떨어지는 학생을 거부하는 학교들도 있었다. 실제 서비스의 품질을 개선하지 않은 채 통계만 좋아 보이게 만드는 방법들이 있었고, 좋은 의도로 시작했지만 오히려 악영향을 가져온 셈이다.

어쨌든, 국민계정이 당면한 문제는 공공서비스의 진짜 가치가 더 잘 반영되도록 측정방법을 개선하는 것이었다. 공공서비스는 우리가 사용하는 경제지표상에서 돈으로 표현되는 것보다 실제로 더 많은 가치를 제공한다. 그리고 공공서비스는 실제로 공짜도 아니다. 그 비용은 우리의 세금으로 충당된다. 공공서비스를 제대로 측정하는 일이 중요한 이유다.

2012년, 일본의 총리가 된 아베 신조安倍晋三는 일본의 경제를 다시 성장시키겠다는 급진적인 계획을 내세웠다.* 그의 전략에는 물가상

* 사실 일본의 경제는 일반 통념처럼 사정이 나쁘지 않았다. 명목 GDP 수치는 정체됐었지만, 물가의 하락과 인구의 감소를 고려한 1인당 경제성장은 괜찮은 수준이었다.

승률을 높이겠다는 과감한 재정정책등 여러 방법이 있었다. 그중 하나는 일본 여성들이 일을 하도록 만들겠다는 간단한 아이디어 였는데, 이것은 그가 '우머노믹스'라는 재밌는 이름으로 부른 것이었다.[*]

제2차 세계대전 이후 일본의 경제는 흔히 '샐러리맨'이라 불리는 남성 노동자 중심으로 건설됐다. 전형적인 일본식 채용 구조는 이렇다. 일본 남성은 고등학교나 대학을 졸업한 후 회사에 취업한다. 그리고 은퇴할 때까지 그 회사에 남는다. 퇴직하는 해까지 매년 연봉은 상승한다. 일본 여성의 성공적인 삶이란, 그렇게 일하는 남자를 만나 결혼하는 것이었다. 여성은 집에서 가사와 가계 지출의 관리를 담당하며 아이들을 키우고 자신의 부모와 남편의 부모도 돌본다. 자식들이 다 자라서 고등학교나 대학에 갈 나이가 되면 다시 일자리를 얻는 여성들도 있지만 대체로 파트타임 일자리다. 이런 문화는 일본의 소득세 시스템에 의해 강화되어왔다. 기혼 여성이 오랜 시간 근무하면 불리한 구조로 소득세 기준이 만들어져있는 것이다.

물론, 예외는 있다. 틀을 깨고 나간 여성들도 많았다. 게다가 아베가 총리가 되던 무렵에는 일본 기업들의 평생 고용 시스템도 점차 무너지고 있었다. 하지만 그 가능성에 비해 여전히 여성이 일본경제에 기여하는 수준은 분명히 많이 낮았다. 아베가 우머노믹스 정책을 시작했을 때, 노동가능 연령 여성의 49%가 고용상태였다. 이는 미국과 영국의 56%, 스웨덴의 60%보다 훨씬 낮은 수치다.

일자리가 없는 시민들을 노동시장으로 끌어들이거나 이민 노동자

---

[*] Leo Lewis, "Japan, Women in the Workforce", *Financial Times*, 2015년 6월 6일. www.ft.com

를 받아들이는 것은 경제의 규모를 키우기 위한 확실한 방법이다. 사실 현재 우리가 측정하는 방식으로는 경제성장을 이루기 위한 방법이 딱 두 가지 밖에 없다. 첫째 방법은 노동자의 수를 늘리는 것이다. 두 번째 방법은 그 노동자들이 보다 효율적으로 일하도록 만들어서 생산성을 높이는 것이다. 이는 주로 자본투자를 늘림으로써 가능하다. 하루 1,000대의 자동차를 생산하는 공장이 있다면 노동자 수는 그대로 두되 생산량을 2,000대로 늘리는 것이다. 아예 로봇을 사용해서 노동자를 절반으로 줄이면서 생산량은 늘릴 수 있다면 더 좋다.

노동자의 수를 늘리는 것이 생산성을 높이는 것보다 여러 측면에서 더 쉽다. 돈을 벌지 못하고 있는 사람들을 데려다가 돈 받고 일하는 일을 시키기만 하면 되는 것이다. 그들이 뭘 생산하든지 간에 국가 경제는 커진다. 여기에는 암묵적인 전제가 있다. 그 사람들이 돈을 벌기 시작하기 이전에 했던 일은 경제적인 측면으로 봤을때 쓸 데 없는 일이여야 한다. 어쩌면 지역사회에서 중요한 역할을 담당하고 있었을 수도 있고, 무보수로 작품 활동을 하는 예술가였을 수도 있다. 열심히 아이를 키우는 엄마였을 수도 있다. 그러나 경제에서는 오직 돈을 받는 노동만이 집계된다.

만일 어떤 일본 여성이 자신의 늙은 시아버지에게 식사를 만들어주고, 침대에서 일어나도록 부축해주고, 화장실을 쓰도록 도와주고, 옷과 침대 시트를 세탁해준다고 해보자. 이런 노력들은 경제에 집계되지 않는다. 만일 같은 여성이 요양시설에서 자신의 아버지가 아니라 다른 누군가의 시아버지를 돌보는 일을 하면서 임금을 받는다고 해보자. 똑같은 일을 하더라도 이번에는 국민소득에 기여하는 것으로 집계된다.

아베가 총리 직을 맡은 이후, 일본 여성의 노동 참여율이 기록적인 수치를 기록했다. 그것이 꼭 아베의 정책 때문만은 아니었고 어려운 살림을 돕고자 하는 이유에서였다고는 할지라도 말이다. 이 무렵 노동을 시작한 여성 중 많은 수는 저임금 파트타임 일자리를 잡았다. 현재 일본의 여성 노동자 절반 이상이 이 카테고리에 속한다. 어쨌든 과거 일본 노동자 중 여성의 비율이 낮았다고 하더라도 이제는 미국보다 높은 수준이 됐다. 미국에서는 2017년 기준으로 남녀 모두 노동참여율이 줄어들은 상황이다.[*]

일본의 남녀 관계와 노동시장이 변화해야 한다는 데 동의하지 않는 사람은 드물다. 더 많은 여성이 일하는 건 좋은 일이고, 더 많은 여성이 기업에서 높은 직위에 올라가 영향력을 발휘할 수 있다면 더 좋을 것이다. 아직은 그렇게 되지 않고 있지만 말이다. 일본 산업계에서 여성의 창의력과 새로운 아이디어들은 큰 도움이 될 것이다. 하지만 '경제적인 이득'이라는 것은 단순히 여성들에게 과거에 그들이 집에서 하던 가치 있는 무료 노동을 버리고 다른 곳에서 유료, 과세 대상 노동을 하도록 유도함으로써 발생한 것이다. 그 결과 경제는 조금 빨리 성장했지만 실제로 얼마나 많은 일이 더 수행되고 있는지에 대해서는 논란의 여지가 있다.

경제에 대한 정부의 기여도를 측정하기 어려웠던 것처럼, 가사노동이나 자원봉사의 기여도 역시 측정하기가 어렵다. 침대를 정리한

---

[*] Sarah O'Connor, "America's Jobs for the Boys Is Just Half the Employment Story", *Financial Times*, 2017년 2월 7일.

다든가, 저녁식사를 요리한다든가, 다다미 매트를 빗자루로 청소한다든가 등의 '가정 내 생산home production'에는 가격표가 붙어있지 않다. 이런 활동들의 가치를 측정하기는 쉽지 않다. 또 어디에서 선을 그어야 할지도 불분명하다. 내 코가 가려워서 긁으면, 그것도 보이지 않는 경제적 가치를 창출했다고 기록해야 하는가?**

가사노동과 자원봉사의 가치를 경제지표에 반영해야 한다고 주장하는 사람들은 이런 노동이 주로 여성에 의해 수행되기 때문에 그 가치가 무시되어 왔다고 말한다. 가치를 과소평가 당하거나, 아예 인정받지 못한다고 말이다. 어떤 책의 저자***는 이렇게 경제활동으로 인정받지 못하는 일들의 리스트를 만들었다. "아이를 낳는 것. 아이를 키우는 것. 정원을 가꾸는 것. 형제자매를 위해 요리하는 것. 가족 소유의 소에서 젖을 짜는 것. 친척들이 입을 옷을 바느질하는 것. 애덤 스미스가 '국부론'을 쓸 수 있도록 뒷바라지 해주는 것." 경제학자 애덤 스미스가 자신의 가장 유명한 책을 쓸 수 있는 시간을 낼 수 있도록 가사노동을 해 준 여성조차도, 우리가 현재 경제를 정의하는 방식 하에서는 아무런 노동의 가치도 인정받지 못한다는 것이다. 스미스는 '보이지 않는 손'이라는 개념을 만든 사람이다. '보이지 않는 손'은 아무런 중앙의 통제 없이도 경제가 부드럽게 돌아가는데 그 이유는 시장의 여러 요인과 가격 신호 때문이라는 이론이다. 하

** 앵거스 디턴Angus Deaton, 저자와의 대화

*** Katrine Marcal, *Who Cooked Adam Smith's Dinner?: A Story About Women and Economics*, Portobello, 2015. (한국어판 제목 카트리네 마르살, 『잠깐 애덤 스미스씨, 저녁은 누가 차려줬어요?』, 2017, 부키)

지만 스미스는 '보이지 않는 성性'에 대해서는 별로 다루지 않았다.*

　미국의 소설가 조너선 프랜즌의 소설 『교정The Corrections』에서, 여주인공 에니드의 남편 알프레드는 에니드가 계단 위에 놓인 그릇과 잡지들을 치우지 않았다며 불쾌해한다.

　"하지만 그는 자신이 없는 동안 그녀에게 '그것 하나'만 해달라고 부탁한 게 아니었던 것 같다. 아들들에게 하루 세 끼 밥을 먹이라고도 부탁했고, 옷을 입히고 책을 읽어주라고 부탁했고, 아프면 간호해달라고 했고, 부엌 바닥을 닦으라고 했고, 침대 시트를 세탁하고, 자신의 셔츠를 다려달라고 했다. 이 모든 것을 남편으로서의 키스나 자상한 말도 한 마디 없이 부탁했다. 만일 그녀가 이런 노동의 가치를 인정해달라고 요구한다면, 알프레드는 그저 '누가 이 집과 음식과 침대 시트를 사는 데 돈을 냈지?'라고 되물을 것이다."**

　에니드가 가족을 위해 한 일 중에 알프레드의 인정을 받지 못하는 것은 이것 말고도 많이 있을 것이다. 그녀는 아이들에게 젖을 먹였다. 영양학자들은 엄마가 첫 6개월간은 아이에게 젖을 먹이는 것이 좋다는 데 이구동성으로 동의한다. 엄마가 생산하는 초유의 항생 성분 덕분에 아이가 태어난 지 1시간 이내에 수유한다면 신생아 사망의 5분의 1을 예방할 수 있다고 한다. 전 지구의 모든 여성들이 아이가 6개월이 될 때까지 모유 수유를 하기로 결정한다면 이는 다음 세대를 위

---

* 위의 책.

** Jonathan Franzen, *The Corrections*, HarperCollins, 2013, p. 288.

한 막대한 선물이 될 것이다. 하지만 그렇게 한다고 해서 경제가 성장하는 것은 아니다. 오히려 분유 판매량이 떨어져 경제가 축소할 것이다. 회계의 역효과를 보여주는 대표적인 사례다. 우리는 실제 우리에게 도움이 되는 것의 반대되는 행위를 더 높게 쳐주고 있는 것이다. 모유 수유를 권장하는 정부 정책을 만들려는 사람들은 유아식 업체를 위해 일하는 로비스트와의 전투에서 패배한다. 업체들은 자신들의 산업이 얼마나 많은 경제적 혜택을 가져오는지를 강변한다.

호주의 학자, 줄리 스미스Julie P. Smith는 모유 수유가 경제에 가져다주는 숨겨진 이익을 측정하려 시도했다. 호주, 노르웨이, 미국 등 3개 국가를 조사했다.*** 그는 유럽의 모유 시장에서 거래되는 가격을 바탕으로 해서 모유의 가격을 리터 당 100달러로 산정했다. 그런 다음 하루 평균 몇 리터의 모유를 생산하는지, 엄마들이 아이에게 젖을 먹이는 데 시간을 얼마나 쓰는지 등을 조사했다. 조사 결과 호주의 엄마들이 생산하는 모유의 양은 4,200만 리터였으며 이는 시장가치로 42억 달러다. 노르웨이의 엄마들은 11억 달러 어치의 모유를 생산했고 미국 엄마들은 530억 달러 어치의 모유를 만들었다. 스미스는 또 '모유 손실'도 계산했다. 모유 손실은 의사들이 권장하는 대로 6개월 동안 모유 수유를 했을 경우 생산됐을 모유의 양을 일컫는다. 이렇게 계산할 경우 이 세 나라에서 각각 엄마들이 생산한 모유의 가치는 각각 89억 달러, 18억 달러, 1,270억 달러로 늘어난다.

이른바 '여자들이나 하는 일'을 경제활동에 포함시키지 않는 것은

*** Julie P. Smith, "Lost Milk? Counting the Economic Value of Breastmilk in GDP", *Researchgate*, www.researchgate.net

그것의 중요성을 가려버린다. 위의 사례의 경우, 우리는(오직 여성만이 생산할 수 있는) 모유의 가치를 0으로 설정해놓고 있는 것이다. 무언가를 측정하지 않는다면 그것의 중요성이 간과될 위험성이 있다. 정책을 만드는 사람들과 규제를 만드는 사람들의 사고방식은 눈에 보이지 않는 방식으로, 심지어는 본인들도 인지하지 못하는 방식으로 왜곡된다. 이들은 스스로 보거나 측정 가능한 것들 위주로 정책과 규제를 만들기 때문이다. 예를 들어 이들은 유아용 분유 업계를 도와주는 정책과 규제를 만든다. 분유 업계는 노동자를 고용하고, 세금을 내고, 경제에 기여하기 때문이다. 반면, 보이지 않고 측정할 수 없는 활동은 정책결정자들의 눈 밖에 난다.

모유에도 가격을 매길 수 있다면, 다른 가사활동의 경우도 경제활동으로 포함시키는 새로운 정의를 내릴 수 있지 않을까? 사실 국민소득은 금전적 거래가 일어나지 않는 중요 항목 하나를 이미 포함시키고 있다. 이른바 귀속지대imputed rent, 歸屬地代라 불리는 것이다. 만일 내가 월세를 내고 아파트에 산다면 내가 내는 월세는 경제의 일부분이 된다. 나의 지출이자 집주인의 수입으로 기록되기 때문이다. 하지만 만일 내가 내 소유의 주택이나 아파트에 산다면? 주거상황은 똑같지만 월세는 내지 않는다. 그러나 무언가 조치를 취하지 않는 이상, 경제의 시각에서 보면 내 집은 존재하지 않게 된다.

문제는 이것이다. 대부분의 국민이 월세를 내고 사는 나라와 대부분의 국민이 자가 소유 주택에서 사는 나라를 비교한다고 해보자. 자가 소유 주택에서 사는 사람이 많은 나라가 월세 사는 사람이 많은 나라보다 더 가난한 것으로 나타날 것이다. 국민들의 소유한 집의 가치가 눈에 보이지 않기 때문이다. 이런 비정상적인 상황을 피하기 위해, 통계를 다루는 사람들은 귀속imputation이라는 방식을 사용한다. 자기 소유 주택을 임대한 집이라고 가정하고 임대비로 얼마를 내야할지를 추산하는 것이다. 이는 그 집과 비슷하지만 임대되고 있는 집, 예를 들어 바로 옆집의 임대비와 비교해보면 알 수 있다. 국민소득 계정에서 이런 귀속 임대비는 실제로 지출된 것처럼 계산된다. 실제로는 그런 거래가 일어나지 않았고 돈이 오가지 않았는데도 말이다. 이런 회계적인 변칙을 이용해서, 내가 집을 소유하지 않았을 경우 내야 했을 임대료는 경제의 일부분이 된다. (우리가 경제라고 부르는 것이 우리 상상의 창조물일 뿐이라는 것을 잊지 말자.)

가사노동에 대해서도 똑같은 방법을 쓰면 안 될까? 불가능한 것은 아니다. 실제로 많은 국가의 통계 당국이 경제에 대한 가사노동의 귀속 기여치를 주기적으로 산출하고 있다. 하지만 그 결과는 정부의 공식 통계에 들어가지 않는다. 그렇게 했다가는 너무 진보적으로 보일 것이다. 그래서 이런 수치들은 가끔 발표되는 부속 통계accounts에만 들어간다. 경제를 태양계에 비유한다면 그 중심에는 'GDP 행성'이 있고, 가사노동 등은 이 행성을 맴도는 '위성', 즉 부속물의 취급을 받는다.*

미국 경제분석국Bureau of Economic Analysis 전 국장을 지낸 스티브 랜드펠드Steve Landefeld는 거의 20년 간 미국경제의 규모를 연구해왔다. 그는 가사노동을 측정하자는 의견에 열광적으로 찬성한다. 그는

---

* 태양계의 중심은 항성star인 태양이지만, 갈릴레오 이전 시대의 사람들은 지구라는 행성planet이 태양계의 중심이라고 믿었다. 저자는 인류가 과거 지동설을 믿었던 것처럼, GDP가 경제활동의 중심이라고 착각하고 있음을 비유한 것이다.

2000년부터 이 주제에 대해 방대한 연구를 해왔다. 당시 그는 "비시장 가구 생산을 국민계정 프레임워크 안에서 측정하는 법"이라는 (경제학자들이 좋아할 만한 표현이다) 논문을 펴냈다.* 그러나 미국 의회는 그의 주장에 별로 지지를 보내지 않았다. 특히 이 연구를 주기적으로 시행할 경우 설문조사에 들어갈 예산을 지원해야 한다는 점에서 못마땅해 했다. 랜드펠드는 국회의원들의 시각에서는 "치안을 담당하는 경찰 예산 등에 비하면 통계는 경쟁이 안 되는 항목"이라며 "우선순위에 있어서 통계는 저 아래로 밀려있다"고 말했다.

　2012년, 한 무리의 미국 학자들은 랜드펠드의 연구를 기반으로 한 연구결과를 발표했다.** 가장 눈에 띈 점은 요리, 청소, 세탁, 운전 등이 미국경제에 포함된다면 약 3.8조 달러만큼 경제규모가 늘어난다는 것이었다. 약 26%의 증가다. 이 연구는 시간 연구time use data라 불리는 방식으로 진행됐다. 이는 기본적으로 하루 24시간 동안 일어나는 모든 활동을 다이어리에 기록하는 것이다. 수면 등 몇 가지 활동을 제외하고 – 개인적으로 나는 수면도 생산적인 경제활동이라 보고 싶다 – 연구자들은 가사노동을 일곱 가지의 활동으로 분류했다. 정원 가꾸기, 육아 등이다. 이런 노동에 들어가는 시간을 모두 더하고 가정부의 시급을 곱해서 전체 가치를 추산했다.

　연구자들이 1965년에 실시된 비슷한 설문조사와 비교해본 결과 가사노동의 양은 실제로 많이 줄어든 것으로 나타났다. 1965년에는 가

---

* onlinelibrary.wiley.com

** Benjamin Bridgman et al., "Accounting for Household Production in the National Accounts, 1965-2010", *Survey of Current Business*, Vol. 92, 2012년 5월.

사노동이 경제에서 차지하는 비중이 39%였다. 오늘날보다 현저히 높은 비중이다. 연구자들은 이런 감소의 원인을 라이프스타일의 변화로 봤다. 더 많은 여성이 임금을 받고 일하는 일자리를 갖게 됐고, 가족의 외식 횟수가 늘어났고, 스웨터를 손으로 짜주는 일이 줄어들었고, 소파 밑에 떨어져있는 감자칩 부스러기에 대해서 덜 민감해졌기 때문이다.

영국 통계청도 2002년 가사노동 활동에 대한 부속 통계를 처음 발표했고 이를 지속해오고 있다.*** 영국은 미국과는 다른 접근법을 취하는데, 가사노동의 시간을 더하고 표준 시급을 곱하는 게 아니라, 가사노동의 생산량에 금전적 가치를 매기려는 방식을 택한다. 예를 들어 몇 끼의 식사가 마련됐고 몇 명의 아이들을 돌봤느냐 등이다. 얼마나 자주 세탁기를 사용하는지, 어떤 음식을 얼마나 자주 조리하는지 등은 쉽게 측정할 수 있다는 것이 과거 연구에서 보여진 바 있다. 그러나 아직 질의 문제가 남는다. 남편이 저녁을 준비한다면서 꼬르동 블루 요리학교의 레시피대로 정찬을 차려올 수도 있고, 깡통에 든 스파게티를 덥혀서 가져올 수도 있기 때문이다. 질의 차이를 고려하지 않는다면 이 두 경우의 가치는 동일한 것으로 계산된다.

영국 통계청은 가사노동을 6개 카테고리로 나눈다. 집의 유지보수를 포함한 주거 관련 노동, 교통 제공 노동(아이를 발레 학원에 데려다 준다거나 등), 영양 제공 관련 노동(스파게티 깡통을 덥히는 등), 세탁 노동, 육아 노동, 늙거나 장애가 있는 가족 구성원을 돌보거나 자원봉

*** "Household Satellite Account (Experimental) Methodology", *UK Office for National Statistics*, 2002년 4월.

사에 해당하는 노동 등이다. 전통적인 국민소득 통계와 마찬가지로 각 경우에 중간재 소비는 차감된다. 만일 엄마가 슈퍼마켓에서 구입한 사과를 아이에게 먹으라고 건네준다면 이것은 이미 슈퍼마켓에서 국민계정에 포함되었으므로 다시 집계되지 않는다. 만일 아빠가 딸을 위해 스웨터를 짜주었다면 털실의 값은 빼고 아빠의 노동이 더한 가치만 계산해야 한다. 이런 식으로 가격을 알기 어려운 노동에 대해서는 대체재의 가격을 고려할 수 있다. 예를 들어 아이를 승용차로 학교에 태워주는 일의 가치는 버스를 태워 보내는데 들어가는 비용으로 대체할 수 있다. 이렇게 통계를 내는 각 단계에서 가사노동의 양과 질에 대해 수많은 가설들이 적용된다.

이런 복잡한 계산 결과 2000년 영국의 무료 가사노동은 8,770억 파운드의 가치가 있는 것으로 밝혀졌다. 이는 그해 총 경제활동의 45%에 달한다.* 이 중 2,210억 파운드는 육아 노동의 가치였다. 1,640억 파운드는 영양 제공 노동이었다. (역시나 스파게티 깡통을 덥혀서 먹이는 가정보다는 꼬르동 블루 급의 식사를 차려주는 가정이 많은가 보다.) 1,560억 파운드는 교통 제공 노동이었다. 세탁 노동은 460억 파운드였다. 자원봉사 활동은 130억 파운드 정도였다. 내가 보기에 이 항목은 너무 과소평가된 것 같다. 그런 게 아니라면 영국인들은 이웃을 돕는 것보다 셔츠를 빨고 다리는 데 더 관심이 많다는 뜻이다. 다른 많은 나라에서도 이런 조사가 진행됐다. 호주, 핀란드, 헝가리, 독일, 멕시코, 네팔 등이다. 핀란드의 경우도 무료 가사노동이 전체

---

* "Unpaid Household Production", *UK Office for National Statistics*, 2004년 1월.

경제활동의 약 40%를 차지하는 전형적인 사례다.[**]

2012년 진행된 미국에 관한 연구 중 흥미로운 발견 하나는 가사노동 생산을 포함할 경우 사회 내의 부의 불평등 정도가 줄어드는 것으로 보여진다는 것이다. 가난한 사람이나 부유한 사람이나 자기 침대를 정리해야 하는 것은 마찬가지이기 때문이다. (부유한 사람이 다른 사람을 고용해서 침대 정리를 시키지 않는 이상에 말이다.) 백만장자가 자기 침대를 정리하거나 자기 셔츠를 다리는 데 들어가는 귀속 비용은 극빈자가 똑같은 일을 하는 데 들어가는 귀속 비용과 크게 다르지 않다. 그러므로 약간의 가사 생산 '수입'을 가난한 가정에게 더해줄 때와 부유한 가정에게 더해줄 때를 비교하면, 가난한 가정에 더해줄 때의 효과가 상대적으로 더 크다.[***]

그러므로 우리가 가사노동을 경제활동의 일부로 더 많이 인정해줄수록 우리 사회는 더 평등한 것으로 보이게 된다. 이것은 상식과 반대되는 결과다. 가사노동을 경제활동의 일부로 측정하자는 얘기는 일반적으로 진보적인 아이디어로 여겨져 왔다. 주로 이런 보이지 않는 노동은 여성들이 맡아왔었고, 이제 그런 노동의 가치를 인정해주자는 것이었다. 하지만 실제로 그렇게 하면 오히려 부의 불평등이 예전보다 덜 심각해 보이는 결과를 가져온다. 우리 사회의 많은 사람들이 불평등에 대해 분노하고 있는 상황에서, 경제 통계를 그런 방식으로 고친다는 건 결코 쉬운 일이 아니다.

[**] 이 리스트에는 다음의 국가들도 들어간다. 호주, 캐나다, 핀란드, 독일, 헝가리, 멕시코, 네팔.

[***] www.bea.gov

CHAPTER 4.

좋은 것이 너무 많을 때
Too Much of a Good Thing*

아이슬란드의 수도 레이캬비크Reykjavik의 공항에서 시내로 가는 길은 거무튀튀한 용암과 그 용암이 굳어서 이뤄진 암석 딱지들이 수 마일이나 이어지는 풍경이다. 대서양 쪽에서는 차가운 바람이 불어오고 여기저기 흩어진 바위들 위로는 우울하게 아름다운 햇볕이 내린다. 레이캬비크라는 도시는 세련됨 그 자체다. 아이슬란드 인구 33만 4,000명 중 약 절반이 살고 있는 이 도시의 건물들은 스키 리조트에 있는 산장처럼 생겼거나 건축 매거진에서 상을 받은 것 같은 모습을 하고 있다. 아이슬란드 사람들은 패션 감각도 뛰어나다. 돈도 많고, 진보적이고, 시크하다. 카페에 가면 구운 대추야자와 케일이 얹

---

* John Kay, *Other People's Money: Masters of the Universe or Servants of the People?*, Public Affairs, 2015, p. 3. (한국어판 제목 존 케이, 『금융의 딴짓』, 인터워크솔루션즈, 2017.)

어진 오픈 샌드위치를 먹을 수 있고, 배경음악으로는 신비로운 에티오피아 재즈가 흐르는 곳, 아이슬란드는 이런 나라다.[*]

그러나 아이슬란드에는 8년 전 금융위기의 상처가 아직도 남아있다. 역사상 가장 드라마틱했던 은행 파산의 잔해들이, 마치 화산재처럼 이 나라에 흩뿌려져있다. 저자는 2016년 10월 이 나라를 방문했는데 그보다 6개월 전 아이슬란드 총리 시그뮌뒤르 다비드 귄뢰이그손Sigmundur David Gunnlaugsson이 사퇴한 상황이었다. 그와 그의 아내가 역외 투자 펀드를 소유하고 있고, 그 펀드가 파산한 아이슬란드 은행들에 대해 수백만 달러 어치의 채권을 보유하고 있음이 드러났기 때문이었다. 이는 금융위기 이후 아이슬란드에서 터진 수많은 스캔들 중 하나였다. 그리고 이 사건은 해적당Pirate Party의 성장에 도움을 주었다. 해적당은 무정부주의에 가까운 정당으로 온라인 시민운동에 뿌리를 두고 이 섬나라의 정체된 정치구조를 뒤엎어버리려 하고 있었다. 2008년 금융위기의 후폭풍 속에 유럽 전역에서 급진 좌파, 급진 우파 세력들이 들고 일어났는데 아이슬란드의 경우는 그게 해적당이었다. 이들의 로고는 검정색 해적 깃발이었다.

귄뢰이그손 총리[**]의 사퇴에서 비롯된 총선거가 며칠 후에 치러졌다. 무려 서기 930년에 설립된, 유서 깊은 아이슬란드 국회의 주도권

---

[*] Kimiko de Freytas-Tamura, "Secret to Iceland's Tourism Boom? A Financial Crash and a Volcanic Eruption", *New York Times*, 2016년 11월 16일. www.nytimes.com

[**] 인구가 적은 아이슬란드 사람들은 따로 성family name이 없다. 보통 아버지나 어머니의 이름 뒤에 son(아들), dottir(딸) 등의 수식어를 붙여서 성처럼 쓴다. 즉 귄뢰이그손은 '귄뢰이그의 아들'이라는 뜻일 뿐, 성이 아니다. 성이 없으므로 아이슬란드에서는 공식 호칭도 퍼스트네임을 쓰는 게 일반적이다. 이 전임 총리 역시 아이슬란드인들이 역시 짧게 부를 때는 귄뢰이그손이 아니라 시그뮌뒤르 다비드라고 한다. 그러나 이 책에서는 성을 부르는 국제관례에 따라 귄뢰이그손이라 표기했다.

을 잡기 위해 12개의 정당이 경쟁을 벌였다. 당시 나는 아이슬란드 시민들 사이에서 엘리트층에게 배신당했다는 분노의 분위기가 역력함은 느낄 수 있었다.

62세의 아이슬란드인 시그뮌뒤르 크누트손Sigmunder Knutsson도 분노한 시민 중 하나였다. 그는 자신이 시인이자 경제학자라고 소개했다. 아이슬란드 사람들은 대개 자신들이 두 개의 천직을 갖고 있다고 생각한다. 스스로를 시인이라 생각하는 사람도 꽤 있고 해적당의 리더인 비르기타 욘스도티르Birgitta Jonsdottir 역시 그런 사람 중 하나다. 스스로를 경제학자라고 부르는 사람은 요즘 부쩍 줄어들었지만 말이다.

칠이 벗겨진 테이블과 장식 없는 벽이 있는 카페에서 이 지역 향토요리인 삭힌 상어를 먹으며, 크누트손은 "아이슬란드의 정치를 생각하면 토가 나와요."라고 뉴욕타임즈에서 찾아온 기자에게 말했다. "아주 소수의 엘리트들이 부정부패를 저지르고 있는 것 같아요. 뭔가 옳지 않아요. 뭔가 수상한 냄새가 나요."***

길에서 만난 32세의 전직 은행원 아르난 역시 같은 의견이다. 그는 다음과 같은 얘기를 들려주었다. 전통적으로 아이슬란드는 농업 국가였고, 경제는 넓은 땅을 소유한 가문들이 주무르고 있었다. 이 가문들은 자신들의 재력과 영향력을 이용해서 이 섬나라의 풍부한 어장에서 물고기를 잡을 수 있는 권리를 챙겨왔다. 그리고 21세기에 들어서는 또 다시 이 엘리트 계층 사람들이 기하급수적으로 확장하고 있던 은행 섹터를 점령하게 됐다.

*** 위의 뉴욕타임즈 기사.

이 이야기는 이 책 주려는 메시지 하나를 잘 그려준다. 모든 경제성장이 좋은 것은 아니다. 급격한 성장에는 여러 변화가 동반되기 마련이고, 그 중 일부는 다른 변화보다 쓰라리다. 1990년대, 아이슬란드의 최장수 총리였던 다비드 오드손David Oddson은 영국의 마가렛 대처 Margaret Thatcher 총리를 따라하며 규제 완화 정책을 신나게 펼쳤다. 조용한 어업 국가였던 이 나라를 급진하는 '바이킹 자본주의'의 선구자로 바꾸어놓은 것이다.* 은행들이 민영화되었고 특히 글리트니Glitnir, 카우프싱Kaupthing, 랜드뱅키Landsbanki 세 기관은 현금이 넘치는 다른 은행들로부터 값싸게 돈을 빌려 믿을 수 없을 정도의 확장 공세에 들어갔다. 이들은 서로 서로에게 돈을 빌려주며 정신 나간 속도로 잉글랜드의 축구 클럽들과 덴마크의 항공사들 등 유럽 전역의 자산을 인수했다. 스테판 올라프손Stefan Olafsson이라는 교수는 이를 두고 '인류 역사상 가장 급격한 은행 시스템의 확장'이라고 말했다.

아이슬란드는 하나의 거대한 헷지펀드로 변해버렸다고 말한 작가도 있다.** 아이슬란드의 젊은 비즈니스 부호들은 미국의 비즈니스 스쿨에서 경제관을 배워서 온 사람들이었는데 평상시에는 이성적이던 다른 아이슬란드 시민들도 이들과 함께 집단 광란에 빠져들었다. 머지않아 대부분의 아이슬란드 사람들이 요령을 알게되었다. 그 방법은 외국에서 돈을 싸게 빌려와서 국내 주식시장에 쏟아 붓는 것이었고 그 결과 2003년부터 2007년 사이에 주가가 9배나 올랐다. 또 국

---

* Richard Milne, "Olafur Hauksson, The Man Who Jailed Iceland's Bankers", *Financial Times*, 2016년 12월 9일.

** Michael Lewis, *Boomerang* W. W. Norton & Company, 2011. (한국어판 제목 마이클 루이스, 『부메랑』, 김정수 옮김, 비즈니스북스, 2012)

내 부동산도 투자의 대상이었다. 부동산 가격이 오르자 사람들은 자신이 투자의 귀재라는 착각에 빠지게 됐다. 소비도 미쳐 날뛰었다. 섬 반대편으로 피크닉을 가기 위해 헬리콥터를 빌리는 것이 유행이 됐다. 어떤 흥분한 아이슬란드인은 자기 생일에 가수 엘튼 존Elton John을 데려와서 노래 두 곡을 부르도록 하기 위해 100만 달러를 썼다.***

평범하고 이성적인 시민들도 이렇게 행동하는 판국이었으니, 은행들은 스테로이드를 맞은 것처럼 행동했다. 은행의 비즈니스란 신용을 창조하는 것이다. 아이슬란드 은행들은 이를 아주 심각하게 받아들였다. 광기가 절정에 달했을 시점에 주요 3개 은행의 자산은 14.4조 크로나에 달했다. 아이슬란드 국민소득의 10배였다. 이때 벌어진 일들이 모두 합법적인 것도 아니었다. 금융업에 대한 논픽션 소설을 쓰는 작가 마이클 루이스Michael Lewis는 한 헷지펀드 매니저가 아이슬란드의 은행들이 어떻게 서로 거래하는지에 대해 설명해주는 바를 적었다. "당신에게 개가 한 마리 있고 나에게 고양이가 한 마리 있습니다. 우리 둘은 이것들이 각각 10억 달러만큼의 가치가 있다고 동의합니다. 당신은 나에게 강아지를 10억 달러에 팔고 나는 당신에게 고양이를 10억 달러에 팝니다. 우리는 이제 애완동물을 소유한 게 아니라 새로운 자산을 10억 달러 어치씩 소유한 아이슬란드 은행이 된 겁니다."****

은행들의 활동이 확장되면서 이들이 아이슬란드 경제에 기여하는 바도 커진 것처럼 보였다. GDP에서 어업 생산이 차지하는 비중은

*** 위의 책.

**** 위의 책, p. 17.

1980년 16%에서 2006년 6%로 떨어졌고 금융업, 보험업, 부동산업의 비중은 반대 방향으로 1998년 17%에서 2006년까지 26%로 급격히 올랐다.* 국민계정 기준으로 보면 은행업의 확장이 아름다운 것은 맞다. 이는 성장에 성장을 가져왔다. 실제로 국민 1인당 소득은 폭발적으로 늘어서 2006년 기준 4만 5,000달러에 달했다. 이로써 아이슬란드는 세계에서 6번째로 부유한 나라가 됐다. 민간은행 중 가장 규모가 큰 카우프싱Kaupthing은 자산 매입과 합병, 거래 주선을 계속했다. 이 은행은 '카우프싱 에지Kaupthing Edge'라는 인터넷 은행을 만들어서 유럽 10개국에 지점을 냈다. 가계저축을 진공청소기처럼 빨아들이려는 용감한 시도였다. 이전까지 아이슬란드는 국제금융에서 별다른 실적을 낸 적이 없는 나라였지만, 불과 몇 년 만에 카우프싱은 스스로를 "북극권의 골드만삭스"로 생각하게 됐다고 한 은행가는 말했다.**

　여러분이 예상했듯이, 곧 일이 끔찍하게 돌아가기 시작했다. 말 그대로 끔찍했다. 2008년 9월 글로벌 투자은행 리먼브라더스가 파산하자 글로벌 금융시스템 전체를 지탱하던 신뢰가 하룻밤 사이에 무너져버렸다. 은행들은 서로에게 해주던 대출을 중단했다. 상대편의 신용 상황이 어떤지, 너무 많은 불량 자산을 보유하고 있는 건 아닌지 확신할 수 없었기 때문이다. 천문학적 빚을 내가며 운영되고 있던 아이슬란드 은행들에게 있어 이것은 대재앙의 시작이었다.

---

* David Ibison and Gillian Tett, "Iceland Feels the Heat After Years of Growth", *Financial Times*, 2007년 11월 24일.

** Kate Burgess, Tom Braithwaite and Sarah O'Connor, "A Cruel Wind", *Financial Times*, 2008년 10월 11일.

3위 은행 글리트니는 열흘 만에 정부에 구제금융을 달라고 요청했다. 크로나화의 가치가 추락하고 금융시스템이 정지됐다는 뉴스가 퍼지자 아이슬란드 사람들은 은행에서 돈을 있는대로 인출해갔다. 이들은 외국 화폐로 많은 대출을 받아놓고 있었는데, 이제 이를 가치가 추락해버린 크로나화로 갚아야 했다. 몇 주 만에 모든 은행들이 국유화됐다. 영국에서는 30만 명의 사람들과 몇몇 시군단위 자치단체들이 아이슬란드 은행들에 예금을 해놓고 있었다. 고든 브라운Gordon Brown 총리는 이들의 예금을 찾아오기 위해 반테러리즘법까지 동원했다. 당시 아이슬란드 총리였던 게이르 하르데Geir Haarde는 이 사태에 대해 솔직하게 얘기했다. "아이슬란드 경제와 은행들이 파도에 빨려 들어가고, 국가가 파산할 위험이 있습니다."***

10월 말이 되자, 불과 몇 달 전만 해도 요란한 성공 신화로 여겨졌던 아이슬란드는 체면을 다 내려놓고 국제통화기금IMF에게 구제를 요청했다. 주식시장은 85% 떨어졌고, 은행들이 무모하게 쌓아놓은 1,000억 달러의 손실은 아이슬란드의 모든 시인들에게 각자 33만 달러씩의 부담을 지워놓았다.

나는 현대미술 갤러리처럼 균형 잡힌 모습의 아이슬란드 국회의사당을 향해 걸었다. 비르기르 아르만손Birgir Armannsson을 만나기 위해서였다. 부드러운 회색 양복을 깔끔하게 차려입은 아르만손은 중도우파 독립당Independence Party의 고참 멤버로 이 정당은 아이슬란드가

*** 위의 기사.

레밍쥐처럼 금융위기의 절벽으로 뛰어들던 시절에는 연합 여당 세력에 참여하고 있었다. 아르만손이 금융에 대한 사람들의 태도가 바뀌는 것을 눈치챈 것은 자신이 젊은 변호사로 일했던 1990년대였다. "사업가들이 점점 부자가 되면서 일반 아이슬란드 시민들이나 지역사회와 거리를 두기 시작했죠."라고 그는 말했다. 이후 약 10년 간 상황은 더 나빠졌다. "예전에는 그저 잘 사는 동네 사업가였던 사람들이 국제적인 백만장자가 되어버렸어요. 전용 제트기를 사고, 요트를 샀죠. 아이슬란드에 없던 것들이었어요. 예전이라면 자동차를 두대 정도 사면 성공한 사람이라고 봤었죠."

아르만손은 가까이서 이 과정을 지켜봤다. "아이슬란드 은행들이 전 세계에서 싼 대출을 받아와서 그 돈을 국내 기업들에 펌프질했어요. 주식시장이 급격하게 상승했고 아무도 그 반대방향으로 움직일 거라고는 생각지 않았죠." 위험의 신호는 없었냐고 나는 물었다. 갑자기 생활수준이 올라가고 서류상 재산이 치솟는걸 보면서 뭔가 이상하다는 걸 느끼지 않았는가? 하고 말이다. 아르만손이 답했다. "2008년까지는 전망이 좋아보였죠. 저를 포함한 국회의원들은 그렇게 생각했어요. 지금 와서 생각해보면 문제가 심각해질 때 더 빨리 대응했었어야 합니다. 위기가 지나고 나서야 당시 아이슬란드의 은행가들이 시장을 조작하고 있었고 내부자 거래에 깊숙이 연루돼 있었다는 걸 알게 됐습니다. 많은 거품이 끼어있었죠."

전통적인 국민계정 집계 방식이 경제에 대한 은행들의 기여분을 과장하고 있는 게 아니냐고 아르만손에게 물었다. 그는 말했다. "저보다 더 잘 아는 사람이 필요할 것이에요. 복잡한 이슈입니다." 그리고 마치 위안이라도 되는 듯이 덧붙였다. "제 생각에 같은 위기가 또 찾아올 가능성은 희박해요. 아마도 다음번 금융위기는 조금 다를 겁니다."

여기서 하나 확실하게 짚어두고 싶다. 10년이 지난 지금까지도 전 세계에 잔물결을 남기고 있는 2008년 금융위기가 국민계정에서 금융서비스를 집계하는 방식이 잘못되었기 때문에 찾아온 것이라고는 말할 수 없다. 이 사건은 다음과 같은 것들에 뿌리를 내리고 있었다. 너무나 느슨했던 규제 완화 정책, 시장이 스스로를 교정할 거라는 순진한 믿음, 주주가치에 대한 신념이 가져온 역풍, 자신들이 근무하는 기관들을 약탈하면서 동시에 스스로를 뿌듯하게 여겼던 수천 명의 거만한 글로벌 은행가들. 다른 요인들도 많다. 수학적으로 엄청나게 또 불필요하게 복잡해진 금융상품들, 본질적으로 부패할 수밖에 없는 신용평가 기관들과 그들에게 돈을 지불하는 고객사들과의 관계 등이다. 자산유동화securitization 열풍 역시 또 다른 시한폭탄이었다. 자산유동화이란 여러 개의 수익원을 쪼개고 붙여서 하나의 거래 가능한 증권으로 만드는 일을 말한다. 이 과정을 거치면 전통적인 채무자와 채권자의 관계는 사라진다. 자산유동화를 거치고 얼마가 지나면 이 증권들에는 자연스럽게 '트리플A' 등급이 붙게 되고, 사람들은 이것들이 실제로 무슨 자산들인지도 알려고 하지 않은 채 신나게 거래하게 된다. 그리고 앞서 봤다시피, 이 자산들은 상당수 부동산 대출이었다. 빚을 갚을 능력도 없는 사람들이 구매한 주택에 잡혀있는 대출이었다.

그러나 금융위기는 두 가지 중요한 방식에서 국민계정과 관련되어 있었다. 첫 번째는 심리적 작용이다. 이런 식의 순환논법이다. '경제성장이 좋다는 건 누구나 안다. 경제성장은 GDP로 측정한다. 그러니 GDP가 상승한다는 건 좋은 일일 수밖에 없다. 은행의 고삐를 자유롭게 풀어주고 자기들 하고 싶은 일을 하게 하면 GDP가 올라간다. 그러므로 은행의 자유화는 좋은 것일 수밖에 없다.'

이런 사고는 아이슬란드 등 세계 각국 정부들이 자유화, 민영화, 규제 완화 등의 앵글로색슨 경제 모델을 따라하도록 만들었다. '화 tion'라는 말만 붙으면 다 좋은 것으로 여겨졌다. 은행들은 '부의 창출 wealth creation'이라는 사업을 하도록 허락 받았는데 이는 사실 자기들끼리 종잇조각들을 교환하고, 무모한 대출을 해주고, 스스로에게 푸짐한 보너스를 지급하는 것이었다. 전 세계적으로 이런 정책들을 가장 옹호한 것은 미국과 영국이다. 로널드 레이건과 마거릿 대처는 규제 완화라는 철학을 퍼뜨렸으며 월스트리트와 런던의 시티 금융가는 이에 맞춰 날뛰었다. 은행가들이 얼마나 많은 돈을 버는지는 명백했다. 그들이 몰고 다니는 자동차만 보면 됐다. 이들이 벌어들인 돈은 정부를 로비하는 데에도 막대한 양이 쓰였다. 자신들의 수입을 더 수월하게 만들어줄 수 있기 때문이다.

은행이 미국과 영국 경제에서 차지하는 비중은 점점 더 커졌다. 즉, 금융 섹터가 국민소득에 '기여'하는 바가 엄청나게 자라난 것이다. 1950년대, 은행들이 아직 '거대한 흡혈 오징어great vampire squids'*가

---

* 작가 매트 태이비Matt Taibbi가 골드먼삭스를 이렇게 재미있는 이름으로 불렀다.

아니라 그저 은행이라고 불렸던 시대에는 미국경제에서 약 2%를 차지했다. 2008년에는 그 비율이 4배가 됐다.** 영국에서도 비슷한 일들이 벌어졌다. 1978년까지 금융중개업은 전체 경제의 이익에서 1.5% 정도를 담당했다. 2008년이 되자 이 비율은 15% 정도로 올랐다.

금융 규제의 완화가 경제에 활력을 불어넣는 것처럼 보이자 다른 나라들도 똑같이 하기 시작했다. 뉴질랜드, 호주, 아일랜드, 스페인, 러시아, 그리고 꼬마 아이슬란드마저 이 앵글로색슨 모델에 매혹됐다. 전 세계 금융 산업이 폭발했다. 2007년 5월부터 2008년 4월까지 세계 1,000대 은행의 세전 총 이익은 거의 8,000억 달러였다.*** 이 '부를 창조하는' 은행들에게 더 많은 자유를 준 나라일수록 잘 하는 것처럼 보였고 그렇지 않은 나라는 뒤처진 것처럼 보였다. 우리가 경제성장을 생각하는 방식에 따르면, 은행이 커질수록 바람직한 것이었다.

규제 받지 않는 은행 산업이 경제를 강하게 만든다는 아이디어가 자리를 잡자, 각국 정부는 금융 섹터의 성장을 촉진하기 위해 모든 방법을 동원했다. 대체로 그것은 은행들의 앞길에서 비켜주는 것을 의미했다. 1980년대 중반부터 각국 정부들은 1929년 월스트리트 대폭락 이후 만들어졌던 은행 산업 관련 규제들을 폐지하기 시작했다. 미국에서는 일반 상업은행과 투자은행 사이의 분리가 점차 흐릿해지더니 마침내 1999년 글라스-스티걸법Glass-Steagall Act의 폐지와 함께 그 경계가 사라졌다. 런던에서는 1980년대에 빅뱅이 일어났다. 규제

** Andrew Haldane, Simon Brennan and Vasileios Madouros, "What is the contribution of the financial sector: Miracle or mirage?", *The Future of Finance: The LSE Report*, London School of Economics and Political Science, 2010.

*** Banker 매거진에서. 위의 보고서에 인용됨.

들이 폐지되어 거대 금융-재벌의 출현이 가능해졌다. 아이슬란드에서
와 마찬가지로, 영국의 은행들은 과거에는 일반 시민들이 꾸준히 넣
는 저축액을 기반으로 영업을 했었으나 점차 도매 금융시장으로 눈
을 돌리기 시작해, 중동의 오일달러나 경제 호황을 맞은 중국 노동자
와 농민들의 여유 저축까지 빨아올리고 재활용하기 시작했다.*

이른바 '금융화financialisation'라는 못난 이름으로 불리는 프로세스
가 자리잡았다. 돈을 빌리는 사람과 빌려주는 사람 사이의 간단했던
관계가 점차 익명으로 진행되는 거래로 대체되기 시작했다. 새로운
금융상품이 이 새로운 시장을 채우기 시작했다. 복잡한 파생상품이
나 미래 가격의 변화에 돈을 거는 상품 같은 것이었다. 은행들은 곧
새로운 언어로 이야기하기 시작했다. '선물 외환forward exchange rates'
'신용부도스와프credit default swaps' '부채담보부증권collateralised debt
obligations' 같은 말이었다. 정상적으로 보이는 사람들일수록 상황이
어떻게 돌아가는지 제대로 이해하지 못하고 있었다. 2000년대 중반
나는 깔보는 듯한 어조로 내게 강의를 하는 고위급 은행가들을 만났
다. 이들은 파생상품이 지구의 리스크를 분산시키면서 세계를 더 안
전한 곳으로 만들고 있다고 설명했다. 그러나 부활절에 정원 곳곳 마
구잡이로 달걀을 숨기는 것처럼, 오래 지나지 않아 사람들은 그들이
무엇을 숨겼는지, 좀 더 정확히 말하면 어떤 색과 모양의 달걀을 숨겼
는지를 잊어버리게 됐다. 이런 무법無法의 시대에 파생상품 시장은 어
떤 규제조차 받지 않았다.

---

* 아시아에서 성공을 거둔 다른 나라들처럼, 중국은 금융 억압이라 불리는 정책을 펼쳤다. 국민의 저축을
가지고 있는 국영은행들이 정부가 중요하다고 생각하는 산업으로 그 돈을 분배했다. 오랜 기간 중국은 엄
청난 경상수지 흑자를 기록했고, 미국과 다른 서구국가들의 국채를 사들였다.

은행들의 가장 큰 고객들은 동료 은행들이었다. 이들은 미친 것처럼 종잇조각들을 서로 교환했지만 이것은 실질적인 경제활동에는 아무런 가치를 더하지 않는 것이었다. 은행 자산들의 대부분은 실제로는 다른 은행들에 대한 채권이었다. 영국의 경우, 생산적인 활동을 하는 기업이나 가계에 대한 대출은 은행 전체 자산의 3%에 불과했다.**
나머지 97%는 은행들 간의 대출이었다. 게다가, 산업의 인센티브 구조는 은행들이 폭탄 돌리기를 계속하도록 짜여 있었다. 은행가들 입장에서는 손해 볼 것이 없었다. 도박이 성공하면 그들은 상상한 것 이상의 부자가 되는 것과 더불어 부를 창조하는 천재라는 호칭까지 받을 수 있었다. 그리고 만일 도박이 실패한다 해도, 무슨 별일이 일어나겠는가?

결과는, 금융 시스템 전반이 파산할 뻔 한 것이었다. 납세자들이 내준 수천 억 달러의 구제자금 덕분에 겨우 최악의 상황은 막을 수 있었다. 많은 사람들이 말했듯이, 은행업이란 부자들에게는 사회주의이며 나머지 사람들에게만 자본주의다.

이런 괴물 같은 금융 산업의 팽창 과정에서, 전통 경제학은 '덩치가 크면 클수록 좋다'는 단 하나의 신호만 보내왔다. 경제에 대한 은행의 기여도는 지난 수십 년간 정치인들을 매혹시켜왔다. 그리고 그 산업이 폭발해버리자 그 빚은 민간은행에서 공공에게 돌아갔다. 한 세대 전체가 그 청구서를 받았다. 내야할 세금은 막대했고 다른 경제

** John Kay, *Other People's Money*, Public Affairs,p. 1. 은행의 회계는 일반의 회계를 거꾸로 뒤집어 놓은 것이다. 은행의 자산은 은행이 다른 사람에게 빌려준 돈이다. 이론적으로 언젠가는 그 돈을 되찾을 수 있을 것이기 때문이다. 반대로, 은행의 부채는 은행에 저금되어 있는 돈이다. 이것은 언젠가 저축한 사람에게 돌려줘야 하기 때문이다.

적 기회들을 잃어버렸다. 한 보고서에 따르면 금융위기의 비용은 연간 전 세계 생산량의 1~5배에 달한다.*

이는 우리가 은행의 활동을 국민계정에 반영하는 방법에 대한 두 번째 이슈, 보다 기술적인 이슈에 대한 생각으로 이어진다. 현재의 시스템이 진화해온 방식은 역효과를 내고 있다. 이 방식은 은행들이 자신들의 사업 활동 상당수에 대해 수수료를 청구하지 않는다는 사실에서 비롯된다. 만일 한 은행이 당신에게 돈을 빌려준다면 일회성 수수료를 청구할 수도 있다. 그러나 수익의 대부분은 '스프레드spread'라고 불리는 것에서 나온다. 스프레드는 은행이 당신에게 청구하는 이자율과 은행 자신들이 다른 곳에서 돈을 빌려올 때 내는 이자율의 차이를 말한다.

이런 이자율 스프레드에서 발생하는 것으로 생각되는 경제적 가치를 측정하기 위해 1993년 새로운 개념이 UN의 국민계정체계System of National Accounts, SNA에 추가됐다. SNA는 GDP의 성스러운 경전經典이다. 이 콘셉트는 '금융중개 서비스의 간접적인 측정financial intermediation services indirectly measured', 혹은 FISIM라 불린다. 기술적인 부분을 생략하고 얘기하면, 핵심은 스프레드가 넓으면 넓을수록 더 많은 가치가 창출된 것으로 간주된다는 것이다. 이는 거꾸로 된 것이었다. 원래 은행업에서는, 리스크가 커질 때 스프레드가 넓어진다. 만일 한 은행가가 당신이 대출을 제대로 갚지 못할 거라고 판단한다면 그는 당신에게 더 높은 대출이자를 책정할 것이다. 대출 불이행에

---

* Andrew Haldane, "The $100 Billion Question", *Bank of England*, 2010, www.bankofengland.co.uk

대한 리스크를 반영하기 위해서다. 그러므로 회계의 관점에서 본다면, 대출 포트폴리오의 리스크가 크면 클수록 이것이 경제성장에 더 큰 기여를 하는 것으로 보여 진다. 다른 말로 하면, 은행가들이 더 무책임할수록 우리는 그들이 경제성장에 더 많은 기여를 하고 있다고 판단하게 된다. 이는 마치 운전면허 시험장에서 시험관이 응시자의 최고속도만을 보고 운전 실력을 채점하는 것과 마찬가지다.

영국의 금융위기를 다룬 한 보고서는, 영국인 특유의 시니컬한 화법으로 이렇게 말했다. "이것은 어떤 놀라운 결과를 가져올 수도 있다."** 2008년 4분기, 리먼브라더스가 파산하고 국제 금융 시스템이 얼어붙었던 당시, 영국 국민계정의 시점에서는 이보다 더 좋을 수 없는 상황이 됐다. 경제는 바닥없는 추락을 하게 생겼지만, "영국 금융 섹터의 명목 총 부가가치는 기록적인 속도로 증가했다"고 이 보고서는 말한다.

영국의 몇몇 거대 은행들이 파산할 지경에 놓였음에도, 금융 시스템이 총 경제활동에서 차지하는 비중은 역대 최고인 9%로 올라갔다. 심지어 금융 시스템 상당부분이 국유화되고 나자 이 '기여치'는 다시 10.4%까지 올랐는데 제조업이 차지하는 비율과 거의 비슷한 것이었다.*** "사람들이 느끼기에는 은행이 경제에 기여하는 바가 1930년대 이후 최저치로 떨어졌는데, 국민계정 지표만 보면 금융 섹터가 1980년대 중반 이후 가장 많은 기여를 하는 것으로 나타났다." 이 보

** Haldane, Brennan and Madouros, "What is the contribution of the financial sector", *Bank of England*, p. 92.

*** Diane Coyle, *GDP: A Brief But Affectionate History*, Princeton University Press, p. 99.

고서는 이렇게 말한다. "이런 악순환을 어떻게 멈출 것인가?"* 정말 이 악순환을 어떻게 멈춰야 할까?

미국에서도 상황은 똑같이 참담했다. 납세자들이 수천 억 달러를 집어넣어서 시티그룹과 세계 최대 보험사인 AIG 등 거대 금융기관을 구제해주었다. 메릴린치Merrill Lynch는 뱅크오브아메리카로 넘어갔고, 워싱턴뮤츄얼Washington은 JP모건JP Morgan과 당시 아직 존재하던 리먼브라더스에게 팔렸다. 심지어 가장 마지막까지 독립성을 유지했던 투자은행 골드만삭스Goldman Sachs와 모건스탠리Morgan Stanley마저도 종국에는 은행지주회사가 되어 정부의 더 많은 규제를 받기로 합의해야 했다. 2008년 10월에는 7,000억 달러의 세금이 부실자산구제프로그램Troubled Asset Relief Program에 들어갔다. 이전에 의회가 이를 한 번 거부했을 당시에는 다우존스지수가 역대 최고치로 추락했다. 금융위기가 실물경제로 퍼지면서, 제너럴모터스General Motors와 크라이슬러도 도움을 청하기 위해 정부의 문을 두드렸다.

이 사건들 이후 10년 가까이 지나도록 미국경제는 위기 이전의 성장률을 회복하지 못했다. 아마도 대체로 그 이유는, 그 성장이라는 것이 실제로는 허구에 불과했다는 사실 때문일 것이다.

은행의 활동을 어떻게 계산에 넣어야하는지에 대한 문제에 대해 이야기를 나누다보면 은행의 존재 목적에 대한 논의로 이어지게 된다. 잠깐 동안 생각해볼만한 이슈다. 은행은 크게 보아 두 가지 기능

---

* Haldane, Brennan and Madouros, "What is the contribution of the financial sector" *Bank of England*, p. 88.

을 한다. 하나는 돈을 저장하거나 옮기는 기능이고 다른 하나는 리스크를 분배하는 기능이다. 시간이 지나면서 이 두 가지 기능은 심하게 퇴색해버렸다.

나는 이 문제를 골드만삭스의 전 파트너인 게빈 데이비스Gavyn Davies와 이야기했다. 데이비스는 내게 은행들이 짐 보관소와 카지노, 이 두 가지 카테고리에 속한다고 말했다. 짐 보관소로서의 은행은 지루하다. 기본적으로 이런 은행은 돈을 맡기는 곳으로서의 필수 인프라다. "사람들이 당신에게 돈을 맡기면 당신은 그걸 장롱에 보관하고, 사람들이 돌아와서 다시 달라고 하면 당신은 장롱에서 돈을 꺼내주는 거죠." 다른 흔한 비유를 들자면 이런 종류의 은행은 경제의 파이프 배관과도 같다. 아무리 지루한 은행이라도, 수많은 파이프로 이루어진 네트워크를 통해 돈을 이동시키는 기능을 하기 때문이다. 예를 들어 내가 나의 계좌에서 매월 전기요금과 수도요금을 납부한다든가, 위치타Wichita에 사는 내 할머니에게 송금을 한다거나 하는 일이다.

두 번째 카테고리, 더 흥미롭지만 더 위험할 수도 있는 카테고리는 자본을 배분하는 기능으로서의 은행이다. 이것은 리스크를 재배치하는 것을 의미한다. 은행이 이런 기능을 하기 위해서는 돈을 빌려가려는 사람의 신용과 잠재 수익창출 능력을 평가해 결정을 내려야만 한다. 가장 단순한 형태를 생각해보자. 동일한 기계장치를 만드는 회사두 곳이 있다. 이들은 모두 자본을 필요로 한다. 은행은 이 중에 더 우월한 제품을 만드는 회사에게 돈을 빌려주고, 열등한 제품을 만드는곳에는 돈을 대주지 않는다. 이렇게 하면 더 우월한 제품이라는 혜택이 사회 전체에 주어진다. "이런 경우, 은행이 사회에 기여하는 바는 은행 시스템을 통해서 측정되는 게 아닙니다. 그 기계장치 제조사의 생산품과 생산성을 통해서 측정되게 됩니다." 이것이 데이비스의 설명이다.

그런데 은행의 자본 배분 활동이 이미 이런 간접적인 방식으로 실제 경제에서 측정되고 있는데도 불구하고 왜 이것 자체가 유용한 활동인 것처럼 따로 분리해서 측정해야만 할까? 은행이 경제에 기여하는 바는 그 은행이 대출을 해준 회사가 만드는 우수한 기계장치의 생산, 그리고 그 우수한 기계장치로 인해 도움을 받는 다른 비즈니스들의 생산 활동에 포함이 된다. 자본의 배분을 단독적인 활동으로 보고 따로 그 가치를 측정하는 것은 마치 빵에 들어있는 밀가루 가치를 따로 측정하거나 마리화나 생산에 들어가는 전기 에너지의 가치를 따로 측정하는 것과 마찬가지로 이중계산double counting에 해당한다. 회계를 담당하는 사람들도 과거엔 그렇게 생각했다. 1950년대에 금융은 비생산적인 활동으로 분류됐다. 은행업은 국민소득에 아주 약간의 기여만을 했고 심지어 마이너스 기여를 하는 것으로 나타날 때도 있었다. 이자율의 흐름은 '중간재 투입처럼' 여겨졌으며 GDP에 대한 최종 부가가치 기여를 산정할 때 제외됐다.* FISIM이 만들어지고 난 다음에야 우리는 이렇게 은행들이 하는 일을 측정하는 데에 집착하게 됐다.

데이비스는 이 문제를 약간 다르게 생각하고 있음을 밝혔다. "저

---

* Diane Coyle, *GDP: A Brief But Affectionate History*, Princeton University Press, p.102.

는 왜 내가 은행 시스템에서 내 인생을 낭비하고 있는지, 나의 존재 의미에 대한 위기를 겪곤 했습니다. 그때 한 동료가 와서 은행이 경제에서 중요한 역할을 하고 있다고 말해줬어요. '우리가 하는 일이 사실은 가장 중요한 일이야. 우리는 자본을 올바르게 배분하고 있잖아.'라고요."

이 말을 들은 데이비스는 기분이 좋아지긴 했지만 실제로 변한 것은 없었다. "그런데 2008년 경제위기가 터졌죠. 그때까지 약 10년 동안 우리가 자본을 배분하는 방식이 완전 잘못되어 있었다는 게 명백해졌습니다. 은행이 자본을 제대로 배분하든 엉터리로 배분하든지간에, 국민계정에는 같은 방식으로 집계가 되었습니다." 어떤 쪽이든 모두 경제성장에는 플러스 요인인 것으로 기록되어왔다. 즉, 측정을 하지 않은 것이나 마찬가지였다.

CHAPTER 5.

인터넷이 훔쳐간 나의 GDP
The Internet Stole my GDP

춥고 비 내리는 뉴욕의 어느 밤. 당신은 아파트 안에서 스포티파이 Spotify를 통해 흘러나오는 컨템포러리 재즈 음악을 듣던 중, 이 겨울의 추위를 탈출해 멕시코의 바하칼리포르니아Baja California에서 주말을 보내고 싶은 충동에 사로잡힌다. 예전에 그곳에 대한 좋은 리뷰를 본 이후로 항상 가고 싶었던 곳이다. 당신은 랩탑을 열어 인터넷 검색을 시작한다. 스카이스캐너닷컴에 JFK 공항과 산호세카보San Jose Cabo 공항을 입력하고, 다음 주말의 날짜를 입력하고, '직항편만 검색' 박스에 체크를 한다. 몇 분 후 당신은 신용카드 정보를 입력하고 가장 저렴한 옵션으로 예약한다.

다음 할 일은 에어비엔비에서 숙박을 잡는 것이다. 검색을 좀 더 해보고 당신은 오션뷰가 끝내주는 것처럼 보이는 바닷가 콘도 하나를 발견한다. 또한 당신은 에어비앤비 계정에 들어가 다음 주말 당신의 브루클린 아파트를 숙박 예약 가능으로 올려놓는 것도 잊지 않는다. 마지막으로, 당신은 혹시 모를 경우를 대비해 온라인 보험을 가입한다. 여행 당일에는 항공사 웹사이트에 들어가 여권 정보를 입력하고, 통로쪽 좌석을 선택하고, 체크인을 하고 보딩 패스를 출력한다. 그리고 공항으로 데려다줄 우버를 불러서 뒷좌석에 몸을 누인다. 이제 쉴 시간이다. 그동안 열심히 일했으니까.

디지털 경제의 발전으로 인해 일과 여가와 가사노동의 경계가 흐릿해지고 있다. 우리가 집계하는 활동들과 집계하지 않는 활동들 간의 경계, 이른바 '생산성 경계'가 움직이고 있다. 그래서 경제를 측정하는 것이 과거보다 훨씬 어려워졌다. 특히 이렇게 눈에 보이지 않고 측정하기 어려운 경제활동으로의 이동은 인터넷 시대에 더욱 빨라지고 있다. 스포티파이의 경제 디렉터director of economics를 맡고 있는 윌 페이지Will Page는 이렇게 말한다. "GDP는 현재 동그란 구멍에 네모난 막대를 끼워 넣으려는 것 같은 딜레마를 맞고 있습니다. 원래는 손으로 만질 수 있는 제조상품들을 측정하기 위해 디자인된 지표인데, 현대 경제에서는 그런 것들이 별로 중요해지지 않고 있어요."[*]

나는 페이지가 일하는 런던의 스포티파이 사무실을 방문했다. 그곳은 칸막이가 없는 오픈 플로어 형식의 사무실로, 마음대로 먹을 수 있는 음료가 가득 찬 냉장고와 이런 종류의 회사에서 꼭 볼 수 있는 휴게실이 있었다. 나는 내 출입증을 스스로 출력해서 옷깃에 달았다.

---

[*] Sir Charles Bean, "Independent Review of UK Economic Statistics", *Cabinet Office, HM Treasury*, 2016년 3월.

과거 같았으면 로비에 있는 안내직원이 해줬을 일이다. "파괴적 기술 기업disruptive technology companies의 특징을 통계적으로 본다면 GDP를 감소시키는 것이에요." 통로 한쪽 편에 움크리고 있던 페이지는 나를 보고 이렇게 말했다. "거래비용을 없애버리고 대신 편리함을 가져오는 거죠. 그런데 거래비용은 측정이 되지만, 편리함은 측정이 안 됩니다. 그래서 경제는 축소하지만, 사람들 모두 더 편리해지는 거죠. 테크가 하는 일 상당부분은 필요 없는 것들을 파괴하는 것입니다. 그 결과, 경제는 작아지지만 후생은 늘어납니다."

경제의 관점에서 보면 페이지는 스포티파이나 그런 비슷한 회사들이 블랙홀 같다고 얘기하는 것이다. GDP를 생산해서 내뿜는 게 아니라 쭉쭉 빨아들여서 사라지게 만든다. 그럼에도 불구하고 이런 회사들은 사람들이 기꺼이 돈을 내고 구매할만한 가치가 있는 서비스를 제공한다. 전통적인 방법으로 측정할 때 과연 이것이 우리의 경제에 무슨 작용을 하는지는 복잡한 이슈이고, 여기에 대한 논란도 상당히 있다. 그러니 이 문제를 한 가닥씩 풀어서 살펴보자.

우선 살펴볼 첫 번째 가닥은 가정 내 생산의 문제다. 이전 장에서 우리는 아이들의 옷을 직접 세탁하거나 애덤 스미스의 저녁을 차려주는 일이 경제활동으로 계산되지 않는다는 점을 확인했다. 그런데 내 보딩패스를 내가 직접 출력하는 행위는 어떤가? 아니면, 예전에 내가 한 번 했던 것처럼 공항에서 내가 직접 수화물에 태그를 붙이고 컨베이어벨트 위에 올려놓는 행위는 어떤가. 얼마 전까지만 해도 이런 행위들은 공항에서 돈을 받고 일하는 직원들이 하는 것이었고 경제 통계에도 포함이 됐다. 지금은 이런 일들이 아웃소싱 됐다. 바로 당신에게로. 측정되는 경제measured economy의 관점에서 보면, 이런 행위들은 이제 사라져버린 것이다.

비슷하게, 앞서 당신이 멕시코에서 환상적인 주말을 보내기 위해 예약을 한 것 역시 과거에는 돈을 받고 일하는 여행사 직원의 업무였다. 국민계정 측면에서 본다면 이 업무는 이제는 이제 생산의 경계 밖으로 나간 것이다. 측정 가능한 경제활동의 관점에서 본다면, 내가 탈비행기의 보딩패스를 직접 출력하는 행위는 내가 내 코를 긁는 것과 마찬가지로 어떤 목적은 수행하지만 더는 우리가 경제라 부르는 것의 일부는 아니다.

이제 항공사는 예약 담당 직원을 둘 필요가 없고 택시회사는 호출 담당 직원을 둘 필요가 없다. 그리고 이런 기술 발전이 일어남에 따라, 항공사 예약을 받아주거나 택시를 호출해주던 사람들은 이제 다른 어딘가에서 더 생산적인 일자리를 찾아야 한다고 우린 생각한다. 전통적인 잣대로 봤을 때 여기서 더 경제활동을 늘릴 방법도 있다. 항공사가 예약 담당 직원을 없애서 아낀 돈을 가지고 항공권 가격을 내리거나 주주들에게 더 많은 배당을 지급하는 것이다. 어느 쪽이든 누군가는 주머니에 더 많은 돈이 들어왔으니 추가 소비로 이어질 것이며 이것이 경제성장으로 이어진다.

두 번째 가닥은 시간이 지나감에 따라 가격이 떨어지는 경향이다. 1980년대 나는 미국에 살았는데 아버지가 종종 장거리 전화를 걸어오곤 했다. 우리가 대화는 항상 비슷하게 진행됐다. 잡음을 배경으로 아버지는 "오래 전화 못 하겠다. 돈이 너무 많이 든다."고 크게 말하곤 했다. 전화 통화 내용은 대부분이 이 통화 내용은 얼마나 비싸며 그래서 빨리 끊어야 한다는 내용이었다. 장거리 전화는 많은 스트레스를 주었고 만족도도 낮았다.

요즘엔 인터넷만 있으면 누구나 공짜로 얼마든지 대화를 나눌 수 있다. 페이스타임FaceTime이나 구글 행아웃Google Hangouts 같은 영상 통화 서비스는 실시간으로 서로 얼굴을 보며 통화할 수 있게도 해 준다. 페이스북에 들어가 친구들과 잡담할 수도 있고, 트위터에 메시지를 올릴 수도 있고, 아니면 위키피디아Wikipedia에서 정보를 찾아볼 수도 있다. 이론적으로, 위키피디아는 인터넷 연결이 되는 곳이라면 누구에게든 인류가 갖고 있는 모든 지식을 전달해주는 유용한 사이트다. 하지만 그 가치는 정확히 0으로 측정된다. 어떻게 이런 놀라운 것들이 공짜일 수 있는가? 그렇다면 우리가 진짜로 소중하게 생각하는 것들 상당수가 우리가 경제라고 부르는 영역 밖에 있다는 말인가?

음악 스트리밍이나 유튜브Youtube, 페이스북Facebook 같은 디지털 서비스를 사용하면서 우리는 세 가지 방식으로 그들에게 돈을 지불한다. 첫 번째 방식은 예전에 하던 대로 사용료를 내는 것이다. 두 번째 방식은 그런 서비스를 하는 웹사이트에 올라오는 광고를 시청한다든가 하는 등 우리의 시간으로 지불하는 것이다. 이런 경우 광고 매출이 컨텐츠와 서비스를 가능하게 한다.* 세 번째 방식은 광고 시청과 비슷한데, 시간으로 지불하는 게 아니라 데이터로 지불한다는 차이가 있다. 소비자 자신에 대한 데이터 말이다. 기업들이 이제는 소비자에 관한 정보를 파는 사업을 하고 있다. 국가정보기관National Security

---

* 이 광고비는 GDP에 포함되지 않는다. 광고 공간을 판매하는 웹사이트의 매출에는 플러스 요인이 되지만, 광고회사의 매출에서는 비용으로 마이너스 처리 된다. 회계의 관점에서 이 둘은 상쇄된다.

Agency 이나 알법한 방식으로 경제에 기여하고 있는 셈이다.

당신이 예약하던 그날 밤 뉴욕에서는 또 다른 일도 벌어졌다. 당신은 이른바 공유 경제라고 불리는 것에 참여한 셈이다. 에어비앤비가 생기기 전에는, 여행을 가게 되면 당신의 아파트는 빈 채로 놓아두어야 했다. 에어비앤비의 시대에는, 온라인 상에서 당신의 아파트가 필요한 누군가를 찾아낸 다음 그와 1대 1로 거래하게 된다. 축하한다. 당신은 세계의 물질적 자산들을 줄이는 데 동참하고 있다. 비어있었어야 할 아파트를 호텔로 만들었으니까. 그로써 호텔을 운영하는 회사가 그만큼의 시설을 늘려야 할 필요성을 없앴으니 그건 환경보호에 좋은 일이다. 하지만 이런 점을 다 고려하더라도 경제에 있어서는 나쁜 일이다. 건설도 줄어들었고, 숙박에 돈도 덜 쓰게 됐으니까.

당신이 이베이eBay에서 중고 물품을 거래할 때도 마찬가지다. 아니면 아프리카에 헌 옷을 기부할 때도 그렇다. 아무리 당신이 환경에 도움이 된다거나 르완다의 가난한 아이에게 옷을 입힌다는 흐뭇할 상상을 할지라도, 경제에는 해를 미치게 된다.* 어니언의 소설에 등장했던 중국인 노동자 첸을 다시 떠올려보자. 당신이 중고물품을 갑자기 좋아하게 되면 첸은 그만큼 새 물건을 생산할 필요가 사라진다. 물건값이 싸지고 생활이 더 편리해질수록 경제활동은 떨어진다. 아니면 적어도 떨어지는 것처럼 보인다. 우리가 갖고 있는 '경제'란 개념의 정의가 실제로 일어나는 일들을 제대로 짚어내지 못하고 있다는 느낌이 든다.

---

* 사실 르완다는 중고의류 수입을 금지하고자 한다. 자국 내 의류산업의 육성을 위해서다.

이번엔 아까 당신이 멕시코 여행 예약에 썼던 노트북을 보자. 3년 전에 당신이 샀던 이전의 노트북과 아마 가격은 비슷했을 것이다. 그러나 메모리 용량, 속도, 화면 해상도 측면에서 적어도 이 노트북이 두 배 이상 좋다. 3년 전에 비해 같은 돈으로 더 나은 제품을 산 것이다. 이를 다른 말로 하면, 가격이 떨어졌다고 할 수 있다. 이것은 GDP의 계산에서 중요한 요소다. 왜냐하면 우리가 일반적으로 보는 성장 지표는 물가상승률을 고려해 보정한 것이다. 컴퓨터와 같은 기술 서비스에 있어서, 성능이 너무 빨리 개선되고 가격이 너무 빨리 하락하기 때문에 통계 담당자들이 그 속도를 잘 따라가지 못한다. 이것은 우리가 물가상승률을 과대평가하고 따라서 우리 경제의 실제 사이즈를 과소평가 하고 있음을 의미한다.

1995년 미국 상원의회가 이 문제에 대한 조사를 지시했다. 다음 해 보스킨위원회Boskin Commission는 이렇게 발표했다. 컴퓨터와 전화기 같은 기기들의 급속한 발전이 일부 요인으로 작용해서 미국의 물가상승률이 1996년 이전 한 해 동안 1.3%포인트만큼 실제보다 더 과대평가됐다는 것이다.** 이것은 같은 정도만큼 성장을 과소평가했음을 의미한다.*** 일본과 일부 유럽 국가에서도 비슷한 조정이 있었다. 그러나 기술의 변화 속도가 너무 빠르기 때문에 모두가 그런 변화 속도를 따라잡고 있지 못하다고 가정하는 것이 안전할 것이다. 이것은 우리

** 보스킨위원회가 쓴 방법은 쾌락적 회계hedonic accounting라 불린다. '질quality'의 이슈까지 고려하는 것이다.

*** 보스킨위원회에는 노동통계국의 수석연구원인 브렌트 몰턴Brent Moulton도 참여했다. 그는 저자에게 이 업무가 아주 정치적이라고 말했다. 많은 국가보조금이 물가인상률 기준으로 정해지기 때문이다. 물가인상률이 낮으면 보조금도 낮게 책정된다.

가 물가상승률을 너무 높게 평가해왔고, 다시 말해 우리는 우리가 생각하는 것보다 더 부유하다는 것을 의미한다.

이렇게 현재 일어나고 있는 많은 이야기를 간단히 요약해줄 수 있는 개념이 소비자 잉여consumer surplus다. 소비자 잉여는 소비자가 무언가를 구매하는 가격과 그것이 실제로 그 소비자에게 주는 가치의 차이를 말한다. 이 아이디어는 19세기 경제학자 알프레드 마셜Alfred Marshall에 의해 전파됐다. 이 개념은 물처럼 간단한 것에도 적용해볼 수 있다. 당신은 물의 시장 가격보다 훨씬 더 많은 돈을 줄 의향이 있을 수도 있다. 예컨대, 당신이 아주 갈증을 느끼는 상황이라면 말이다. 혹은 작가 존 그리샴John Grisham의 신작 소설을 예로 들 수 있다. 그리샴의 광팬이라면 소비자 권장가격보다 훨씬 더 많은 돈을 내고서라도 남보다 먼저 신간을 읽고 싶어 할 것이다.

기술은 계속 발전하고 몇몇 제품들의 가격은 0을 향해 내려가면서 소비자 잉여가 점점 커지고 있다는 것이 일부 경제학자들의 주장이다. 이 이론을 시험해보려면 아이폰 같은 제품의 얼리어댑터들이 얼마나 많은 돈을 낼 의향이 있는지 물어 보면 될 것이다. 출시 첫 주의 가격과, 나중에 가격이 내려갈 만큼 내려갔을 때의 차이가 바로 소비자 잉여라고 할 수 있다. 적어도 얼리어댑터들에겐 말이다. 혹은 누군가의 아이폰을 뺏어버리겠다고 위협한 후 돌려받기 위해 얼마를 내겠냐고 묻는 방법도 있다. 아이폰은 그저 하나의 기계장치가 아니라, 친구들과 비즈니스 연락처들의 네트워크에 접속하는 연결수단이자 정보를 수집하는 도구로서의 가치도 가지고 있다. 게빈 데이비스는 "제 생각에 진짜 가치는 사람 당 수천달러일 것입니다"라고 말한다.

"그건 우리가 아이폰이 대부분의 인간들에게 가져다주는 가치를 엄청나게 잘못 측정하고 있다는 얘기죠."

대부분의 전문가들은 이런 기술의 대격변 때문에 국민계정이 경제성장을 실제보다 작게 평가하고 있다고 동의한다. 그러나 얼마만큼 작게 평가하는 지에 대한 추정치는 들쭉날쭉하다. 메사추세츠공과대학MIT의 에릭 브린욜프슨Eric Brynjolfsson은 2012년 미국 GDP에서 IT 섹터가 차지하는 비중은 25년 전이나 지금이나 4%라고 말한다. 이것은 황당한 결과였기 때문에 공식 집계에서 무엇이 빠졌는지를 여러 사람들이 계산해 봤다. 여러 가지 방법들이 동원됐다.* 구글이 진행한 한 연구에서는 우리가 인터넷에 쓰는 시간에 시간 당 22달러라는 가치를 매겼다. 그것이 미국인의 평균 시급이었기 때문이다.**

브린욜프슨과 그의 동료 오주희는 자신들만의 연구를 진행했다. 이들은 우선 2002년과 2011년 사이 미국인들이 일주일에 페이스북, 구글, 위키피디아, 유튜브 등 인터넷 서비스를 사용하는 시간이 3시간에서 5.8시간으로 증가했음을 발견했다. 소비자들은 이 시간을 다른 활동에도 쓸 수 있었으므로, 브린욜프슨과 오주희는 바로 이 인터넷 사용시간 증가분이 소비자 잉여라고 봤다. 2011년 기준 미국인 1인당 2,600달러였고 국가 전체적으로는 5,640억 달러에 달했다. 이것이 만일 국민계정 통계에 포함됐더라면 경제성장이 0.4% 올랐을

---

* 이 주제에 대한 토론으로는 앞에서 언급한 다음 문서를 참고. Sir Charles Bean, "Independent Review of UK Economic Statistics", *Cabinet Office, HM Treasury*

** "Net Benefits", *The Economist*, 2013년 3월 9일, www.economist.com

것이다. 다른 연구에서는 이 두 배만큼의 결과가 나오기도 했다.*

사실 모든 사람이 페이스북을 쳐다보는 일을 경제활동으로 계산해야 한다는 데 동의하는 건 아니다. 특히 직장에서 다른 뭔가 생산적인 활동을 해야 할 때(동료와 수다를 떤다 거나) 그렇게 하고 있다면 말이다. TV를 보거나 자기 아이들과 놀아주거나 공원에서 산책하는 것은 국민계정에 들어가지 않는데 왜 페이스북 사용은 들어가야 한단 말인가? 고양이가 나오는 동영상을 보는 것이 현실 고양이를 보는 것보다 더 많은 경제적 가치가 있다고 산정해야 한단 말인가? 인터넷의 효용은 과소평가 될 수도 있지만 이렇게 과대평가될 수도 있다.

기독교 성경의 전도서 1장 9절에는 "하늘 아래 새로운 것은 없다"는 말이 나온다. 물론 이 구절을 쓴 사람도 어디선가 베껴왔을 것이다. 혁신의 가치를 평가한다는 것은 항상 어렵다. 자동차나 복사기를 개선하는 혁신의 가치 평가도 어렵고, 인터넷 속도 개선으로 인한 혁신 역시 마찬가지다. 새로운 발명품은 값이 믿을 수 없을 정도로 비싸기 마련이다. 한 예는 의약품이다. 새로 발명된 의약품은 특허로 보호된다. 그래서 제약회사들은 자신들이 만드는 제품에 적게는 수백, 많게는 수천 달러의 가격을 책정한다. 그러나 특허 기간이 만료되고 나면 같은 약의 값이 몇 센트 수준으로 떨어지며 그 상품은 실질적으로 경제 집계에서 사라지게 된다.

만일 여러분이 다른 많은 사람들처럼 기술의 발전 속도가 점점 빨

---

* Sir Charles Bean, "Independent Review of UK Economic Statistics", *Cabinet Office, HM Treasury*

라지고 있다고 생각한다면, 이런 측정오류의 문제는 더욱 심각해지고 있는 것이다. 그러나 진지한 학자 중에는 진짜로 중요한 기술 진보가 이미 과거에 다 이뤄졌다고 보는 사람도 있다. 노스웨스턴 대학의 생산성 전문가인 로버트 고든Robert Gordon은 진짜로 세상을 바꾸는 발명은 1870년대에 나오기 시작해 1970년 무렵에는 거의 다 끝났다고 주장한다. 전기의 발명, 내연기관의 발명, 깨끗한 물의 공급과 하수처리 등을 그 예로 든다. 이런 발명들은 전화기, 라디오, 냉장고, 자동차, 비행기 등의 발명으로 이어졌다. 이런 기술 대다수는 엄청난 연쇄 효과를 일으켰다.

캠브리지 대학의 경제학자 장하준 역시 세탁기가 인터넷보다 훨씬 더 혁명적인 발명이었다고 말한다. 왜 그럴까? "세탁기와 가스관, 상수도 등 일상적으로 가정에서 쓰이는 기술들 덕분에 여성이 노동시장에 들어갈 수 있게 됐다. 이는 여성이 아이를 더 적게 낳고, 더 늦게 낳고, 아이들 특히 여자아이에게 과거보다 더 많이 투자하게 됐음을 의미한다. 이것은 가정 내에서 또 사회 내에서 구성원간 힘의 균형을 바꿔놓았다. 여성에게도 투표권이 주어지고 다른 많은 변화들이 끝없이 이어졌다. 이것은 우리 삶의 방식을 바꿔놓았다."** 고든은 이제 사회에 미치는 기술의 영향력은 줄어들고 있다고 말한다. 인간이 여행을 하는 속도는 말과 마차에서 제트 여객기로 발전했지만, 제트 여객기의 운항 속도는 50년 전 만큼 진전이 없는 상황이다. 가전기기의 발명으로 인한 도시화와 여성 삶의 변화는 일회성 이벤트였다. 한 번

** 2013년 9월 저자와의 인터뷰. 다음을 참고해도 된다. David Pilling, "Lunch with the FT: Ha- Joon Chang", *Finacial Times*, 2013년 11월 29일, www.ft.com

진행되고 나면, 이런 기술들로 인한 사회 발전 효과는 통계 안에서 빠르게 사라져간다.

물론, 컴퓨터 혁명이 아직 우리가 이해하지 못하는 방식으로 우리의 삶을 바꿔놓을 것이라 보는 사람도 많다. 로봇과 인공지능은 현재 우리가 갖고 있는 직업 상당수를 바꿔놓을 것이다. 전화 자동응답 서비스의 경우나 슈퍼마켓 무인 계산대가 이미 우리 일상의 일부가 된 것이 그 시작이다. 자동차는 스스로 운전할 것이고, 택배는 드론으로 배달될 것이고 로봇이 약을 처방하고 노인을 돌볼 것이다. 일본에서는 수년 전부터 로봇이 다른 로봇을 만들고 있다.

만일 더 많은 사람이 정보에 접근할 수 있게 되면 기술의 진보 역시 더욱 빨라질 것이다. 이제는 개발도상국에서도 인류가 갖고 있는 지식 전부에 즉시 접근하는 것이 가능해졌다. 1990년 무렵만 해도 상상할 수 없던 일이다. 르완다에서는 1,200만 명의 국민들이 인공지능 의사를 사용할 수 있도록 하는 계획이 진행 중이다. 환자가 전화로 증상을 얘기하면 인공지능이 의학적 조언을 주는 것이다.[*]

우리는 경제성장을 제대로 이해하고 있는가? 이것이 경제를 직업적으로 다루는 사람들이 대면하고 있는 가장 큰 수수께끼의 핵심이다. 이런 모든 혁신과 기술 변화에도 불구하고 왜 생산성은 정체되어 있는가? 어쩌면 그 개선효과가 제대로 측정되고 있지 않기 때문일 수도 있다. 물론, 기술 발전이 사람들이 기대했던 만큼의 효과를 내지 못하고 못하고 있기 때문일 수도 있지만 그럴 가능성은 적다.

---

[*] Murad Ahmed, "Your Robot Doctor Will See You Now", *Financial Times*, 2016년 1월 13일. www.ft.com

이 수수께끼는 사람들이 자신들이 놓인 상황에 대해 어떻게 느끼는지에 있어서 중요한 영향을 미친다. 유럽과 미국에서, 특히 축소되고 있는 중산층 시민들은 자신들의 생활수준이 별로 나아지지 않고 있는 것 같아서 분노한 상태다. 하지만 만일 성장이 과소평가되었다면, 사람들은 자신들이 생각하는 것보다 더 잘 살고 있는지도 모른다. 우리가 기술의 변화를 좀 더 잘 측정할 수만 있다면, 우리 삶이 그다지 나쁜 게 아니었구나 하고 깨달을 수 있을지도 모른다. 다른 견해도 있다. 어쩌면 사람들은 성장이 아니라 다른 어떤 것들에 대해 불만을 갖고 있는지도 모른다. 일하는 보람을 잃었다거나, 불평등이 심화된다거나, 또 지역사회가 붕괴하고 있다거나 등에 대해서 말이다. 여기서 핵심적인 포인트는, 이러한 문제들을 공론화시키는 데 있어서 현재 측정되는 방식의 경제성장이라는 개념은 별 다른 도움이 되지 않는다는 것이다.

일본의 고속열차를 타본 적이 없다면 그게 얼마나 굉장한 경험인지 상상하기 어렵다. 우스울 정도로 코가 길고, 몸이 날씬하게 빠진 하얀 열차가 승강장에 들어선다. 탑승객들은 정해진 위치에 미리 줄을 서 있고 열차는 정확히 각 칸의 문의 위치를 승객들 앞에 맞춰서 정차한다. 겨우 몇 초가 지난 후 열차는 다시 비행기에 가까운 속도로 시골 풍경 속을 질주하기 시작한다. 승객들은 스쳐 지나가는 풍경을 감상하거나, 아니면 트롤리를 밀면서 정중하게 인사하는 여승무원들에게 신선하고 맛있는 음식들을 구매해 먹을 수도 있다. 도쿄에서 오사카 사이에는 매일 약 300편의 열차가 운행된다. 552킬로미터의 거리를 2시간 반에 끊고, 평균 열차 지연 시간은 10분의 1초 단위로 측정된다.

품질에 가격을 매긴다는 건 어려운 일이다. 경제학자라면 가격이란 고객이 지불하고자 동의하는 금액이라고 말할 것이다. 시장에서 공급과 수요 사이에 자연스러운 균형점이 발견되기 때문이다. 이런 정의는 하나의 나라 안에서는 가능할 수도 있다. 그러나 여러 나라를 비교할 때는, 특히 도쿄와 오사카 사이의 교통 서비스처럼 다른 나라로 이전시킬 수 없는 서비스의 경우에는 이런 식으로 가격이 결정된다고 말할 수 없다. 영국을 보자. 내가 아무리 런던과 선덜랜드 구간의 기차 연착, 낡은 객차 시설, 그리고 축축한 베이컨 샌드위치를 싫어한다고 하더라도 같은 구간을 이동하기 위해 일본의 고속열차를 선택할 수는 없다. 돈을 아무리 더 낸다고 해도 말이다.

미국의 암트랙Amtrak 철도도 마찬가지다. 암트랙은 20세기에나 어울릴법한 느린 속도로 기어가며 운행을 한다. 사망사고율도 이상할 정도로 높다. 반면 일본에서는 1964년 개통 이후 고속철도 사고 사망자가 0이다. 나는 컨설팅 회사 맥킨지에서 철도 등 일본 서비스 섹터의 비효율성에 대해 발표한 리포트를 읽고 깜짝 놀랄 수밖에 없었다. 이 맥킨지 보고서에 따르면 최고의 일본 기업도 미국 시스템의 85% 효율성밖에는 내지 못하고 있다는 것이다.* 이것은 순수하게 경제학자들의 관점에서 본 것이다. 실제로 양쪽 나라에서 기차를 타본 적이 있는 사람이라면, 미국이나 영국의 철도가 일본의 철도보다 우수하

---

* "Why the Japanese Economy is Not Growing: Micro-barriers to Productivity Growth", *McKinsey Global Institute*, 2000년 7월.

다는 주장에 웃음을 터뜨릴 것이다. 경제학자들은 품질에 대해서는 별로 할 수 있는 말이 없다. 일본 경제가 비효율적이라는 비판은 경제학자들이 동일한 제품이나 서비스를 놓고 비교하지 않기 때문에 나오는 것이다. 일본에서 경험하는 서비스 품질은 다른 나라에서는 찾아보기 어렵고, 따라 할 수 있는 나라도 없다.

　히토츠바시 대학 경제연구소의 후카오 쿄지深尾京司 교수는 이 맥킨지의 국가 간 비교 보고서에 들어간 일본 측 데이터를 제공한 사람이다. 그는 이에 동의한다. 보통 서비스 섹터의 효율성을 측정할 때는 사람 한 명당 생산한 부가가치와 총요소생산성 등 노동과 자본 투입까지 고려하는 표준 경제 지표를 이용한다. 그런데 여러 나라를 서로 비교할 때는 이런 방식이 부정확하고 어렵다는 것이다. 후카오는 일본 소매업의 예를 든다. 소매업은 맥킨지 보고서에서 비효율적이라고 공격받은 산업으로, 기본적으로 시간당 직원 한 명이 얼마나 많은 물건을 판매하는 지로 효율성을 측정한다. 이런 기준으로 보면 효율성이 우수한 곳은 독일이다. 독일에서는 가게의 영업시간이 제한되어 있기 때문에 고객들이 짧은 시간 안에 우르르 몰려와 급하게 물건을 사기 때문이다. 반면 일본은 이 지표로 보면 점수가 나쁘다. 일본에서는 작은 가게들이 길거리 곳곳에 흩어져있고, 아주 많은 품목의 제품을 판매하기 때문이다. 24시간 운영하는 가게도 많다. 싼 가격과 뛰어난 품질에, 또 믿을 수 없을 정도로 편리하다. 하지만 순전히 숫자의 관점에서 본다면 일본의 가게들은 미국의 대도시 외곽 지역에 있는, 어두침침한 동굴 같은 분위기의 초대형 마트들보다 생산성이 더 떨어지는 것으로 나온다. 각 나라의 소매 구매 경험은 서로 비교가 불가능하다. 게다가 이런 비교는 일본의 가게들이 소비자가 사는 곳에서 걸어서 갈만한 거리 혹은 자전거를 타고 갈만한 거리에 있다는 점을 제대로 고려하지 못한다. 데이터만 봐서는, 쇼핑을 하기 위해 마을 밖까지 차를 몰고 나가야 하는 경우 생기는 불편함과 외부효과를 확인할 수가 없다. 교통사고의 위험도 높고, 공해도 많이 발생하고, 도로 유지보수 비용도 올라가고, 스트레스도 많이 받고, 시간도 많이 뺏기는 것과 같은 것이 외부효과다.

서비스업은 근본적으로 주관적이다. 런던과 파리 사이의 유로스타 열차를 좀 더 즐겁게 만들어달라고 한 엔지니어에게 요청한다고 해보자. 그는 60억 파운드를 들여서 새로운 트랙을 깔면 현재 3시간 반 걸리는 주행시간을 40분 절약할 수 있다고 말할 것이다. 이번엔 같은 질문을 광고회사 임원에게 던졌더니 다른 해결책이 돌아왔다. 남녀 슈퍼모델들을 고용해서 객차 내 통로를 오가며 고급 와인 샤또 페트뤼스Chateau Petrus를 공짜로 나눠주게 하는 것이다. 철도회사는 새로운 트랙을 까는 데 들어갈 수십 억 파운드를 절약할 수 있을 것이다. 그리고 승객들은 열차가 좀 더 천천히 운행하게 해달라고 부탁할 것이다.*

꼭 국가 간 비교를 하지 않더라도, 서비스업의 생산을 측정한다는 건 제조업의 생산을 측정하는 것보다 훨씬 어렵다. 이발 같은 간단한 서비스의 경우에도, 군대 훈련소처럼 바리캉으로 옆과 뒤를 짧게 밀어버리는 이발소의 서비스도 있고, 3시간 동안 머리카락 한 올 한 올

---

* 이 재미있는 비유는 다음에서 빌렸다. Rory Sutherland, "Life Lessons from an Ad Man", *TED Talk*, 2009년 7월. www.ted.com

을 정성들여 조각하고 달콤한 두피 마사지로 마무리하는 럭셔리 헤어 살롱의 서비스도 있다. 이 경우 미용실의 내부 장식이라든가 헤어 디자이너의 머리 자르는 기술, 또 고객과 요령 있게 대화하는 기술에 대한 평가 기준이 없을 뿐더러, 이발료가 품질을 말해준다고 말하기도 어렵다. 매년 가격도 달라진다. 이렇게 서비스의 가치를 측정하기 어렵고 계속 그 형태와 가격이 변화하는 경우라면 통계 담당자들은 이를 어떻게 반영해야 할까? 국민계정이 정확해지려면 이런 절차가 필수적인데 말이다.

미용업도 측정하기 이렇게 어려운데, 정원사나 컴퓨터 엔지니어가 제공하는 서비스는 얼마나 측정하기 어려울지 생각해보라. 이들은 개별 고객의 요구에 맞춤화된 서비스를 제공하기까지 한다. 한 서비스를 다른 서비스와 비교한다는 것 자체가 불가능하다. 정부의 통계 당국은 이런 문제들을 놓고 매일 씨름하고 있다. 미국의 경우 제조업 생산품은 350가지로 분류되어 있다. 제조업이 경제에서 차지하는 비율은 20%도 안 된다. 이에 비해 경제의 80%를 차지하는 서비스업은 그보다 적은 가짓수로 분류된다. 우리가 경제 생산을 측정하는 방식은 1930년대에 발명된 것인데, 그동안 우리가 무언가를 생산하는 방식은 알아보기 어려울 정도로 바뀌어버렸다. 현재 우리가 경제를 측정하는 기본 방식은 우리가 실제로 소비하는 것들 상당부분을 보여주지 못하고 있다. 꽤나 큰 결점이다. 경제성장에 대한 통계지표들을 지금보다 덜 진지하게 받아들여야 함을 의미한다.[**]

[**] 영국 경제분석국의 전 책임자인 스티브 랜드펠드Steve Landefeld와의 2017년 2월 전화 인터뷰에서. 저자는 그를 '미스터 GDP'라 부른다.

2016년 8월, 유럽연합 집행위원회European Commission은 아일랜드 정부에게 애플로부터 145억 달러에 이자까지 더해서 세금을 징수하라고 명령했다. 이는 세금 관련해서 EU가 내린 가장 큰 결정이었다. EU에 따르면 애플은 미심쩍은 이익 분배 구조를 통해 회사의 이익 대부분을 유럽 본사로 이전했으며 이 유럽 본사는 아일랜드 최남단에 있는 코크Cork 시 외곽에 있는 것이었다. 결론적으로 애플은 유럽 어느 국가에서도 세금을 내야하는 법인이 아닌 상태였고 그래서 유럽에서는 1% 미만의 세율을 적용받고 있었다. 기록을 위해 확실히 하자. 당시 애플의 최고재무책임자는 EU의 결론이 '법적으로 엉터리legal mumbo jumbo'라 부르며 애플에 대한 세금 계산이 '잘못된 분모와 잘못된 분자'에 의해 계산된 것이라고 말했다. 그것만 빼면 그 EU 리포트의 나머지 부분은 다 옳았지만 말이다.

이 분쟁은 세금 회피에 대한 것이었지만, 이 같은 논란이 우리가 경제를 측정하는 방식에도 적용된다. 특히 다국적 기업들이 점점 확장하고 있고 그들이 파는 상품은 점점 손에 잡히지 않는 형태가 되어가는 마당에 말이다. 애플의 경우 지적재산권intellectual property이 문제의 핵심이었다. 서류상으로는 아일랜드에 있는 애플 계열사가 애플의 지적재산권을 보유하고 있어 엄청나게 이익을 많이 내는 것으로 보인다. 아일랜드는 애플의 유럽 매출에서 아주 작은 부분만 차지하는데도 말이다. 디지털 시대에는 한 제품의 가치가 그 물리적인 형태에서만 오는 게 아니라 브랜드, 지적재산권, 미술적인 가치와 같은 데서도 온다. 심지어 제트 엔진처럼 손으로 만질 수 있는 제품의 경우에도 요즘 고객들은 그 장비를 구매하는 데만 돈을 내는 게 아니다. 엔진을 실시간으로 모니터해주고 수명이 다할 때까지 잘 돌아가게끔 해주는 복잡한 서비스 계약을 위해서도 돈을 낸다.

다국적 기업들은 자신들이 판매하는 제품의 가치 원천(지적재산권, 서비스 계약, 법무 계약 등)을 자신들이 보유한 글로벌 네트워크 안에서 거의 제약없이 옮겨놓을 수 있다. 미국 시애틀에서 제트 엔진 하나를 산다고 해도, 그 엔진이 20년 동안 잘 작동되도록 서비스해주는 사람들은 인도 뭄바이Mumbai에 있다. '가격 이전transfer pricing'이라 불리는 수법을 통해 다국적 기업들은 한 계열사가 다른 계열사에게 눈에 보이지 않는 서비스 비용을 청구하게 하고 그 수익을 한 장소로 몰아준다. 그 한 장소란 물론 세율이 가장 낮은 곳이다. 2014년 페이스북이 영국에서 고작 4,327파운드의 세금을 냈다는 소식이 알려지며 분노의 목소리가 터져나왔다. 웨일즈의 한 마을에서는 소규모 사업체 운영자들이 납세 거부 운동을 벌였다. 자신들이 페이스북보다 더 많은 세금을 내는 게 말이 되느냐는 것이었다.*

GDP는 국가 단위를 기본으로 해서 만들어진 개념이다. 그러나 현대 사회에서 비즈니스는 점점 더 국경을 넘나들며 이뤄진다. 원래 GDP(국내총생산)가 쓰이기 이전에는 GNP(국민총생산)라는 것이 쓰였다. 이것은 한 나라의 국민과 기업들이 자국 내에서든 외국에서든 생산하는 모든 것을 측정하는 지표였다. 미국 조지 H. W. 부시 대통령 행정부가 이것을 지금 우리에게 더 친숙한 GDP로 바꿔놓았다. GDP는 한 나라의 국경 안에서 생산된 모든 것을 측정한다. 자국 시

---

* Adam Sherwin, "Welsh Town Moves Off shore to Avoid Tax on Local Business", *Independent*, 2015년 11월 10일.

민이나 자국 기업이 아니라도 상관없다. 이렇게 변경한 이유는 부시가 자신의 경제적 업적을 커보이게 하고 싶었기 때문이다. GNP에서 GDP로 바꾸면 당시 미국의 성장률이 커지는 효과가 있었다. 미국 내 자동차와 전자제품 산업에 많은 투자를 했던 일본 기업들의 생산량까지 포함시킬 수 있었기 때문이다.*

다국적 기업의 시대에는 많은 서구 기업이 중국과 멕시코, 베트남 같은 나라로 옮겨가고 있다. 그러니 GNP를 쓰는 게 더 논리적이다. 그렇게 한다면, 의도한 바는 아닐지라도, 서구 국가들의 경제는 GDP를 쓸 때보다 더 좋아 보일 것이며 제조 공장들이 들어선 나라들의 경제는 지금보다 더 나빠 보이게 될 것이다.** 사실 지표를 어떻게 구성하든지간에, 현재 국가 생산량을 어떻게 정의할 것인지 결정하는 것은 거의 무의미하다. A나라에 등록된 기업이 B나라에서 제품을 생산하고 C나라에서 판매하며 D나라에서 세금을 낸다면 말이다.

애플의 유럽 세금 논란이 좋은 사례다. 애플 아이폰도 마찬 가지다. 아이폰은 중국 남부 센젠 시에서 제조되고, 그 공장은 우연히도 중국에서 떨어져나간 섬나라 대만의 혼하이Hon Hai가 운영한다. 크게 보면 애플 등 많은 미국 기업이 중국을 생산기지로 선택했기 때문에 미국이 중국과의 무역에서 큰 적자를 보고 있다. 이 무역적자는 정치적으로 폭발력이 크지만 무역적자의 규모는 그렇게 심각한 문제가 아니다. 중국에서 조립되는 부품 대부분은 어딘가 다른 나라에서 온

---

* Brian Czech, *Supply Shock*, New Society Publishers, 2013, p. 26.

** 그런데 이렇게 GNP를 사용하기로 한다면, 서구의 기업들이 중국과 같은 나라에서 공장을 운영하며 배출하고 있는 환경오염물질에 대해서도 서구가 책임져야할 것이다.

것이기 때문이다. 마이크로칩은 한국에서, 캐패시터는 일본에서, 프로세서는 미국에서 온다. 아이폰을 열어서 확인할 필요도 없다. 뒷면을 보면 '캘리포니아에 있는 애플에 의해 디자인됨, 중국에서 조립됨 Designed by Apple in California, Assembled in China'라고 쓰여있다. 한 보고서에 따르면 아이폰 가격의 겨우 2%가 중국 노동자들에게 돌아간다. 30%는 영업이익이 되어 애플의 주주들에게 돌아간다.

귀금속 오팔처럼 단순한 상품의 경우도 쉽게 어디서 어떻게 만들어지는 것인지 정의하기 어렵다. 홍콩의 청킹맨션Chungking Mansion은 저렴한 여관들이 모여있고, 동시에 세계 곳곳에서 모여드는 무역상들의 허브 역할도 하는 건물이다. 청킹맨션을 다룬 책을 보면 여기서 일어나는 세계화의 복잡한 끝단 모습을 볼 수 있다.*** 호주에서 캐낸 오팔 광석은 청킹맨션을 거쳐서 중국 남부로 운반된다. 거기서 보석으로 연마된 오팔은 다시 호주로 운반되어서 호주를 찾는 중국 관광객들에게 기념품으로 팔린다(그러면 그들은 다시 그걸 중국으로 가져갈 것이다). 이런 세상에서, 국내 생산이라는 개념 즉 우리가 '경제'라고 정의하는 것은 거의 그 의미를 잃어버렸다고 볼 수 있다.

*** Gordon Mathews, *Ghetto at the Center of the World: Chungking Mansions*, University of Chicago Press, 2011, p. 109.

CHAPTER 6.

'에버리지 조'에게 무슨 일이 생겼나

What's Wrong with the Average Joe

2015년 9월, 학술지 '미국국립과학원회보Proceedings of the National Academy of Sciences of the United States of America'에 앤 케이스Anne Case와 앵거스 디턴Angus Deaton의 논문이 실렸다. 다소 평범한 이 논문의 제목은 "21세기 비非 백인 미국인의 질병 발병률과 사망률의 증가"였다. 조심스러운 말투로 쓰인 이 논문에 담긴 내용은 충격적이었다. 1999년부터 시작해 미국의 중년층 백인의 사망이 눈에 띄게 증가했다는 것이었다. 이런 일은 1991년 소련 연방의 붕괴 이후 산업화된 국가에서는 일어난 적이 없었다. 그 당시에는 소련인의 한 세대 전부가 절망과 보드카에 빠져들었기 때문에 기대수명이 급격히 떨어졌었다. 이런 일이 어떻게 미국에서, 특히 경제가 튼튼하게 성장하고 있던 마당에 벌어질 수 있었을가? 그것도 수십 년 동안이나?

더 충격적인것은 이렇게 높아진 사망률의 이유를 저자들은 '절망'으로 꼽았다는 것이다. 특히 자살, 약물과 알코올 중독, 간경변증과 만성 간 질환이 문제였다. 1999년까지는 45세부터 54세까지 중년 백인 미국인들의 사망자 수는 연 2% 정도의 속도로 떨어지고 있었다. 이는 다른 부유한 국가들의 사망자 감소세와 비슷한 추세였다. 그런데 그 해에 갑자기 이 추세가 역행하기 시작했다.

케이스와 디턴은 논문에 놀라운 그래프를 하나 실었다. 중년 백인 미국인 10만 명 당 사망자의 수를 호주, 캐나다, 프랑스, 독일, 스웨덴의 같은 연령대 사람들의 수치와 비교하는 그래프다. 다른 국가들에서는 사망률이 1999년 전과 같은 추세로 계속 떨어졌다. 그리고 그래프에는 없지만 미국에서도 히스패닉과 흑인들의 사망률은 이와 같은 속도로 내려갔다.* 하지만 미국의 백인들의 사망률은 줄지 않았다. 오히려 위로 올라가기 시작했다.

이런 역방향의 진행은 이전 수십 년의 추세를 거스르는 것이었고 다른 부유한 국가 어디에서도 찾아볼 수 없었다. 이런 수치를 다 더한 것은 학살 수준이었다. 만일 중년 백인 미국인의 사망률이 기존대로 계속 감소했더라면 1999년과 2013년 사이 사망자 수를 50만 명 이상 줄일 수 있었을 것이다. 다시 말해, 이렇게 이전의 부유한 인구층에서 벌어지는 '절망으로 인한 죽음' 현상은 1980년대와 1990년대 미국 사회를 짓밟았던 에이즈 전염 사태와 비슷한 규모다. 대체 왜 이런 일이 일어났던 것일까?

---

* 아프리카계 미국인들은 이 그래프에는 나와 있지 않다. 하지만 실제로 그들의 감소세는 국제 평균보다 더 가파르다. 1999년부터 2013년까지 연평균 2.6%씩 떨어졌다.

10만 명 당 사망자 수[**]

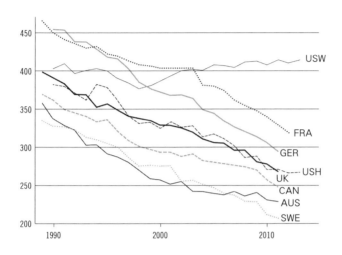

USW: 미국 비非 히스패닉 백인. USH: 미국 히스패닉.
FRA: 프랑스, GER: 독일, UK: 영국, CAN: 캐나다, AUS: 호주, SWE: 스웨덴

이 질문에 답하기 전에, 두 가지 짚고 넘어가야할 점이 있다. 첫째는, 무슨 일이 벌어지고 있는 것이든 간에 그것이 일반적인 경제 통계에서는 보이지 않는다는 것이다. 사망률이 뒤집어지기 시작한 지 15년이 지난 2015년에도 미국경제는 상당히 잘 성장하고 있었다. 2008년의 금융위기를 겪었음에도 불구하고 미국경제의 크기는 2000년 10.3조 달러에서 2015년 18조 달러까지 커졌다. 80% 늘어

[**] Anne Case and Angus Deaton, "Rising morbidity and mortality in midlife among white non-Hispanic Americans in the 21st century", *PNAS*, 2015년 9월.

난 것이다.* 물가상승률을 고려한다고 해도 30%나 성장했다.** 45년 전으로 시계를 돌려 1970년과 비교한다면 미국경제는 물가상승률을 고려해도 3.5배 커졌다.*** 여기에 아이러니가 있다. 많은 미국인, 특히 블루칼라 노동자들은 1970년대가 미국의 황금시대였으며 일자리는 풍부했고 중산층으로서 괜찮은 삶을 꿈꿨던 시대로 기억하고 있다. 이것은 단순한 경제성장 통계가 손에 잡힐 수 없는 많은 감정들을 보여주지 못한다는 것을 분명히 보여준다. 지역 공동체의 붕괴라든가, 안정적인 일자리, 웰빙, 심지어 정체성까지 말이다. 하지만 그렇다면 대체 왜 우리는 경제성장을 하고 있다는 말인가? GDP라는 것이 애초에 우리 삶에서 중요한 것들을 보여주기 위한 지표로 만들어졌다면 말이다. 경제성장과 번영의 증가라는 내러티브 안에는 뭔가 굉장히 마음을 불편하게 하는 것이 숨겨져 있는 것이 분명하다.

　두 번째 짚어야 할 점은 평균과 합계에 대한 것이다. 케이스와 디턴 논문의 특징은 이들이 숫자들을 나이, 인종, 계층별로 나눠서 살펴보았다는 것이다. 그렇게 함으로써 이들은 평균치와 큰 글씨 제목 아래에 숨겨져 있던 보이지 않는 추세를 밝혀냈다. 평균적으로 미국인은 과거보다 더 오래, 더 건강하게 살게 됐다. 그러나 하위분류로 나눠서 보면 특정 분류의 미국인들은 삶이 과거보다 어려워졌다. 왜? 옥시콘틴Oxycontin처럼 의사가 처방해주는 마약성 의약품opioid의 폭발적 사

---

* 현재 화폐가치로 표현한 IMF의 발표치. knoema.com

** 미국 상무부 경제분석국에 따르면, 2009년 화폐가치로 봤을 때 2000년의 GDP는 12.7조 달러였고 2015년의 GDP는 16.5조 달러였다.

*** 위와 마찬가지로 경제분석국의 2009년 화폐가치 기준 데이터에 따르면 1970년 미국경제의 규모는 4.7조 달러였고 그것이 2015년 16.5조 달러로 커졌다. 이 수치는 인구 증가의 영향은 고려하지 않은 것이다. 미국 인구조사국에 따르면 미국 인구수는 1970년 2억 500만, 2015년에는 3억 2,100만이었다.

용 증가가 주 요인 중 하나다. 이것은 직접적인 약물 남용으로 인한 사망자의 증가를 말해주기도 하지만, 그 전에 이들이 겪었던 신체적, 정신적 고통때문에 마약성 의약품에 더 의존하게 됐고 자살과 알코올중 독자도 늘어나게 됐음을 보여준다. 마약성 의약품 남용은 문제의 원인이 아니라, 문제의 결과였을 가능성이 크다.

더 깊이 들어가 보면, 사망자와 환자의 증가는 주로 대학 졸업장이 없는 계층에서 일어나고 있음을 볼 수 있다. 대학에 가지 못한다는 것이 사망 선고가 되는 것이다. 1970년 저소득층 중년 남성의 기대수명은 같은 연령대의 고소득층 남성보다 5년이 적었다. 1990년에는 그 격차가 12년으로 벌어졌고 현재의 격차는 약 15년이다. 어떤 관찰자는 이렇게 말한다. "당신이 살아야 했을 것보다 반 세대나 일찍 죽는 것도 충분히 나쁜 일이지만, 당신의 부모 세대보다 더 젊은 나이로 죽게 되는 것은 더 나쁘다. 이런 현상은 서구 사람들, 특히 미국인들이 당연하게 받아들이고 있었던 생각과 정반대다."****

불평등이 심각해지는 것도 이런 일이 벌어지는 이유를 일부 설명해준다. 1970년대 이래 노동자의 임금 중앙값median은 거의 변화가 없었고 이는 산업화된 국가 대부분도 비슷했다. 자유시장 자본주의 하에서 노동자간 경쟁이 심각해지며 노동조합의 교섭력이 약해진 것이 한 가지 이유다. 미국의 경우, 경제 생산에서 노동자 임금이 차지하는 비중은 수십 년 동안 조금씩 감소하는 반면 기업 이익과 자본 투자로 가는 비중은 높아졌다. 이런 추세가 불평등을 악화시켰고, 살아

**** Edward Luce, "The Life and Death of Trumpian America", *Financial Times*, 2016년 10월 9일.

남기 위해 노동을 해야 하는 사람들, 특히 자신이 갖고 있는 기술이 아웃소싱되거나 기계화되거나 자동화될 수 있는 사람들에게 처벌로 작용했다. 과거의 좋은 블루칼라 일자리들은 의료보험 혜택과 현장 직무교육이 제공되는 경우가 많았지만, 이제 그런 일자리의 일부는 중국으로, 동남아시아로, 인도나 멕시코로 옮겨가버렸다. 게다가 로 봇이나 컴퓨터 코드 몇 줄에 의해 대체된 일자리들도 많다. 부유한 국가들에서는 국민소득 중 노동자들에게 돌아가는 비율이 1970년 55% 정도였으나 2007년 금융버블의 정점에서는 50%까지 내려갔다.* 다른 말로 하면, 경제가 팽창한다고 해서 그 경제성장을 이끈 노동자들에게 대부분의 혜택이 돌아가는 게 아니라 자본을 소유한 사람들에게 돌아간다는 뜻이다. 디턴은 이렇게 말한다. "이것은 진짜로 미국 노동계층의 종말입니다. 1970년대가 정점이었죠. '노동 귀족blue-collar aristocrats'이라 불리는 사람들은 노동조합에 의해 일자리를 보호받았고, 매년 승진을 했고, 자신과 가족을 위한 중산층의 삶을 만들어 나갈 수가 있었어요."** 반대로, 좋은 일자리가 없는 사람은 안정적인 가정을 꾸릴 확률이 떨어진다. 약물 중독과 알코올 중독, 우울증과 자살의 위험은 증가한다.

이 논문은 거대한 관심을 불러일으켰다. 저자들을 비난한 사람들도 있었다. 백인들의 사망률이 올라가면서 백인 사망률과 흑인 사망률의 간격이 줄어들고 있지만 그래도 흑인의 사망률이 백인보다 여

---

* "The Decline of the Labour Share of Income", *IMF World Economic Outlook*. bruegel.org의 한 블로그 포스트에 인용된 것. 이 포스트가 지적하듯이, 국민소득 중 노동의 비율은 글로벌 금융위기 이후 조금 회복됐다.

** "Mortality and Morbidity in 21st Century America", *Brookings Institution*, 2017년 3월 23일.

전히 훨씬 높다는 사실을 저자들이 무시했다는 것이다. 하지만 어찌 됐든 이 논문에서는 백인 중산층의 몰락하고 있음을 지적한 내용은 2016년의 미국 대통령 선거와 잘 맞아떨어졌다. 도널드 트럼프가 권력을 쥐게 된 그 선거다. 워싱턴 포스트Washington Post는 이렇게 보도했다. "트럼프 대통령은 백인 노동계층의 불만을 들어주겠다는 약속을 해서 2016년 엄청난 수의 유권자로부터 표를 얻었다. 백인 국수주의자nationalist들은 그를 지지했다. 백인 사망률에 대한 케이스와 디턴의 연구는 바로 이런 정치적 내러티브와 직접적으로 연결됐다."***

퓨리서치센터Pew Research Center의 2014년 보고서를 보면, 1964년 기준 민간 섹터에서 일하는 비임원급 미국 노동자의 평균 시급은 2.5달러였다. 2014년에는 이것이 20.67달러까지 올랐다. 아주 훌륭해 보이지만 물가상승률을 고려하면 얘기가 다르다. 2014년 가치로 계산하면 1964년의 평균 시급은 19.18달러였다. 반 세기동안 열심히 일했고 경제성장과 기술 발전이 엄청나게 이뤄졌는데도 불구하고 노동자들은 겨우 1.5달러 더 벌게 됐다. "실질 금액으로 보면 평균 임금이 고점을 찍은 지는 40년도 넘었다." 이 보고서의 말이다. 한 가지 설명 가능한 이유는 고용주들이 내주는 의료보험 비용의 증가다. 고용주들이 직원의 의료보험 비용으로 점점 더 많은 돈을 쓰다 보니, 대신 임금을 낮추는 것으로 그 손해를 보상받으려 한다는 것이다.****

실제로 많은 미국인은 경제적 어려움을 느끼고 있다. 퓨리서치센

*** Jeff Guo, "How Dare You Work on Whites", *Washington Post*, 2017년 4월 6일. www.washingtonpost.com

**** "For Most Workers, Real Wages Have Barely Budged for Decades", *Pew Research Center*, 2014년 10월 9일.

터 보고서를 보면 56%의 응답자는 자신의 가계 수입이 생활비를 충당하지 못할 정도라고 답했다. 2007년 9월에는 이런 응답자의 비율이 44%였다. 다시 말해, 리먼브라더스 파산에 이르기까지, 빠른 신용 팽창을 통해 경제가 성장하고 있던 시점에도 미국인 10명 중 4명은 겨우 생계를 유지하고 있다고 느꼈다. 이후 발생한 경기침체는 이런 경향을 악화시켰다. 갤럽 조사에 따르면 자기 스스로를 '노동 계층working class'이라고 말하는 미국인의 비율은 2000년에 33%였고 2015년엔 그 비율이 48%가 됐다. 한 관찰자는 이렇게 말했다. "미국의 노동 계층은 사라진 게 아니다. 미국인의 거의 절반은 스스로가 노동 계층이라고 생각한다. 어떤 측면에서 보면 이런 지표들은 소득 중앙값이나 소득 불평등 통계보다 더 많은 것을 시사한다. 이 미국인들은 경제성장의 혜택에서 자신은 제외되어 있다고 느낀다. 이것은 매우 비미국적인 정신 상태다."*

불평등이 항상 나쁜 것은 아니다. 발전은 불평등에 달려있다. 사회가 항상 균일하게 발전하는 것은 아니기 때문이다. 이 점을 인정한다면, 불평등의 유일한 대안은 경제침체뿐이다. 스티브 맥퀸Steve McQueen이 주연한 1963년 영화 〈대탈주The Great Escape〉는 제2차 세계대전을 다룬다. 이 영화에서, 나치의 수용소에 잡혀있는 전쟁포로들 일부가 몰래 땅굴을 파서 탈출한다. 탈출에 성공한 포로들의 운명이 뒤에 남은 포로들의 운명보다 더 낫다는 것은 의심할 여지가 없다. 전

---

* Edward Luce, "The New Class War in America", *Financial Times*, 2016년 3월 20일. www.ft.com

쟁이 끝날 때까지 모두가 평등하게 다 붙잡혀 있는 편이 좋았을까, 아니면 일부의 사람들이라도 먼저 탈출했음을 축하해줘야 할까?[**]

이런 비유는 일부의 사람들이 선발주자로서의 이점을 갖는 모든 분야에 적용할 수 있다. 1550년과 1750년 사이 영국인들의 기대 수명은 거의 늘어나지 않았다. 재미있게도, 왕이나 귀족이라고 해서 농민보다 더 오래 산 것이 아니었다. 그러다가 왕족이 터키에서 들여온 천연두 백신을 접종하기 시작하면서 변화가 생겼다. 이 백신과 다른 여러 의학적 발명품들은 왕실과 귀족층에 먼저 퍼져나갔고, 그 결과 영국의 부유층과 빈곤층 사이에는 20년의 기대수명 격차가 생겼다. 부모가 얼마나 부유하고, 얼마나 높은 지위에 있느냐에 따라 혜택을 받을 수 있는지 없는지가 결정 된다는 것은 불공평한 일이다. 그러나 동시에 이것은 진보였다. 결국에 백신은 전 계층으로 확대됐고 영국뿐 아니라 전 세계 모든 사람들에게 혜택을 가져다줬다.[***]

이것을 '좋은 불평등'이라고 부를 수도 있겠다. 불공평한 요소가 있다고 하더라도 결국은 진보를 가져오는 메커니즘이다. 하지만 '나쁜 불평등'의 경우는 어떤가. 당신이 뉴욕시에서 데이트 약속을 잡았다고 하자. 저녁을 먹은 다음 오페라를 보러 가기로 했다.[****] 제 시간에 도착하려면 링컨터널Lincoln Tunel을 지나가야 한다. 이 터널에는 차선이 두 개 있는데, 중간에 다른 차선으로 옮겨 탈 수가 없게 되어있다.

[**] Angus Deaton, *The Great Escape*, Princeton University Press, 2013. (한국어판 제목 앵거스 디턴 지음, 『위대한 탈출』, 김민주 감수, 한국경제신문사, 2015)

[***] 위의 책.

[****] Albert Hirschman, "The changing tolerance for income inequality in the course of economic development", *World Development*, Vol. I Issue 12, 1973년 12월. www.sciencedirect.com. 이 비유를 저자에게 알려준 건 앵거스 디턴이다.

갑자기 차가 막히기 시작한다. 양 차선 모두 움직이지 않는다. 시간이 째깍째깍 지나간다. 저녁을 못 먹게 될 확률이 점점 증가한다. 시간이 더 흐른다. 이제는 오페라 티켓마저 휴지가 되어버릴 가능성이 커졌다. 그러다가 옆 차선의 차들이 조금씩 움직이기 시작한다. 당신은 "다행이다. 이제 이쪽 차선도 움직이겠지"라 생각한다. 하지만 당신의 차선은 여전히 움직이지 않고, 옆 차선만 점점 잘 풀리는 걸 보면서 마음속에 품었던 희망은 분노로 변해간다. 이제 당신의 마음속에는 한 가지 생각뿐이다. 얼마나 인생이 불공평한지, 그리고 세상이란 시스템이 왜 나에게 이렇게 불리하게 작용하는지. 다음 순간, 당신이 지각하지도 못한 상황에서 당신은 법을 위반하고 옆 차선으로 끼어들어간다. 이런 것이 '나쁜 불평등'이다.

미국은 역사적으로 불평등에 대해 상당히 관대한 편이었다. "저 사람들은 운이 좋구나. 우리도 저렇게 될 수 있겠지."하는 식이었다. 그러나 이런 태도가 이제 변하고 있다. 만일 다른 사람들이 비싼 교육이나, 상속받은 재산이나, 지연과 학연 등을 이용해 이득을 챙기고 있음을 발견한다면, 지금까지 성공한 사람들에 대해 가지고 있었던 너그러운 마음은 짜증과 분노로 변할 것이다. 앵거스 디턴은 이렇게 말한다. "당신이 백인이고 노동 계층이라면 30년 동안 수입 증가가 없었던 셈입니다. 만일 모든 사람들의 수입이 증가하지 않았고 거기에 대해 전쟁 등의 적당한 이유가 있었다면, 사람들은 별로 대수롭지 않게 생각했었을 것입니다." 하지만 전쟁 같은 건 없었다. 고작 일부의 사람들만 훨씬 더 잘 살게 됐다. "은행가들이 엄청난 액수의 급여를 받는 것을 보거나 뉴욕 프레스비터리안 병원New York Presbyterian Hospital

원장이 연봉 300만 달러를 받는다는 걸 본 사람들은, 그들이 진짜 부자가 되는 동안 백인 노동 계층은 아무 것도 얻지 못한다는 걸 알게 됩니다."*

"중산층이 잘 살고 있다." 요즈음 이런 말을 듣기는 힘들다. 하지만 이는 사실이다. 수십 년째 비슷한 수준에 머물러 있는 서구의 중산층만 보지 않고 전 세계적으로 중산층을 보면 틀림없이 전보다 더 잘 살고 있다. 전 세계 사람들의 소득분포를 볼 일은 별로 없을 테지만 그래도 한 번 살펴보자. 바닥에서부터 소득구간 백분율 45~65% 구간에 있는 사람들은 1988년부터 2011년 사이 소득이 두 배 늘어났다. 이들 다수가 중국인이다. 백분율 80~95% 구간에 있는 사람들 즉 고소득 국가의 중산층은 실질 소득이 정체됐다.** 글로벌 1%의 부자들(미국 상위 소득자 12%를 포함)은 전체 소득의 거의 30%를 차지했고 전체 부의 46%를 소유하고 있다.***

현대 사회의 불평등이란 복잡한 이야기다. 대부분의 나라에서, 특히 고소득 국가에서 불평등은 증가하고 있다. 그러나 글로벌 차원에서 보면 몇몇 국가들 사이의 불평등은 사실 줄어들고 있다.**** 아시아 일부 국가들의 소득과 서유럽, 미국, 오세아니아 국가들 사이의 소득

---

* 앵거스 디턴과 저자의 대화. 2016년 7월.

** Martin Wolf, "Review of 'Global Inequality: A New Approach for the Age of Globalization' by Branko Milanovic", *Financial Times*, 2016년 4월 14일.

*** 자산의 불평등은 언제나 항상 소득의 불평등보다 높다. 왜냐하면 개개인이 가진 장점과 약점은 시간이 가면서 누적되기 때문이다.

**** Martin Wolf, "Review of 'Global Inequality: A New Approach for the Age of Globalization' by Branko Milanovic", *Financial Times*, 2016년 4월 14일.

간격은 특히 2000년 이후 확실히 줄어들었다. 이런 현상이 벌어지는 것은 중국의 빠른 산업화 때문이 크다. 최근에는 인도의 산업화 역시 한 몫 하고 있다. 이 두 나라는 전 세계 인구의 40%를 차지하는데, 이들의 경제성장이 불을 뿜으면서 과거 산업혁명 이후 벌어졌던 서구와의 간격이 줄어들었다. 19세기와 20세기 대부분의 기간 동안 생활수준 격차는 점점 커졌었으나, 이제는 점점 줄어들고 있다.

결국 어느 나라에 태어나느냐에 따라 얻을 수 있었던 소득의 혜택은 이제 줄어들기 시작한 셈이다.* 국적에 상관없이 인간이라면 누구나 동일한 성공의 기회를 얻어야 한다고 생각하는 휴머니스트들에게 이는 멋진 일이다. 하지만 당신이 서구의 옛 공업지대에 사는 사람이라면, 그렇게 축하해야할 일은 아닐 것이다. 오늘날에는 어떤 일을 하느냐가 어디에서 일하느냐보다 더 중요하다. 기업 변호사나 미생물학자는 뉴욕에서 일하든, 상하이나 방갈로르에서 일하든 상관없이 잘 살 것이다. 하지만 만일 서구 어느 나라에서 신발이나 가구를 만드는 직업이라면, 방글라데시나 에티오피아나 필리핀에서 같은 일을 하는 사람과 경쟁해서 이기기가 어렵다. 현재 대서양의 양쪽에서 일어나고 있는 국가주의와 반反이민자 정서는, 이렇게 세계화로 인한 경쟁에서 힘겨워하는 사람들이 과거 출생과 함께 누려왔던 '시민권 지대rent, 地帶'를 되찾기 위한 투쟁의 산물이라고 보는 견해도 있다.**

---

* 밀라노비치는 이를 '시민권의 지대'라고 불렀다. 지대는 땅에 대한 사용료라는 뜻이지만, 경제학에서는 이제 시장의 수요공급이 원활히 조정되지 않는 상황에서 얻는 이윤, 정당한 노동과 경쟁으로 얻은 것이 아닌 이윤, 경제적으로나 사회적으로나 지나치다고 볼 수 있는 이윤을 일컫는다.

** Martin Wolf, "Review of 'Global Inequality: A New Approach for the Age of Globalization' by Branko Milanovic", *Financial Times*, 2016년 4월 14일.

정치는 대체로 글로벌 차원이 아니라 국가 차원에서 벌어진다. 그러므로 여러 국가 사이의 불평등이 아니라 한 국가 안에서의 불평등이 주로 정치적 파장을 가져온다. 불평등이 아주 높은 수준으로 지속되는 경우는 거의 없다. 특히 이런 상황이 낯선 나라에서는 더욱 그렇다. 현재 대부분의 부유한 국가들은 불평등, 특히 소득의 불평등보다는 재산의 불평등 정도가 심각해지고 있다. 좀 더 명료하게 말하면, 부익부 빈일빈이다. 이것이 끝없는 성장이라는 우리의 내러티브 아래 숨어있는 불편한 현실이다. 서구의 자유주의liberalism 시스템이 이런 충격을 버텨낼 수 있을지는 아직 답을 기다려야 할 것이다.***

불평등의 심화는 글로벌 금융위기보다 수 년, 혹은 수십 년 전에 시작됐다. 전 세계에서 가장 잘 사는 35개국의 모임인 OECD는 2008년 불평등에 대한 보고서를 발표했다. 이에 따르면 그 전 20년 동안 회원국의 4분의 3에서 부자와 가난한 사람들 사이의 격차가 커졌다.**** 캐나다, 핀란드, 독일, 이탈리아, 노르웨이, 미국에서는 이뿐만 아니라 부자와 중산층의 격차도 커졌다.

대부분의 미국인들은 사회적 계층 이동이 쉽다고 믿으며 살아왔지만 현실에서는 쉽지가 않다. 실제로는 사회주의에 가까운 북유럽 국가들에서 사회적 계층 이동이 더 쉽다. 영국과 이탈리아에서도 자신이 태어난 계층보다 상위 계층으로 이동하기는 어렵다.***** 일반적으로

*** 이 책을 보라. Edward Luce, *The Retreat of Western Liberalism*, Little, Brown Book Group, 2017.

**** "Income Inequality and Poverty Rising in Most OECD Countries", *OECD*, 21 October 2008: www.oecd.org

***** 이 보고서에 따르면 덴마크와 호주는 사회적 이동성이 높은 예외 국가다.

사회가 불평등할수록 계층 이동도 어렵다. 부유층은 교육과 정치적 로비, 상속, 학연과 지연 등의 방법을 사용해 기득권을 강화하기 때문이다. 이른바 '위대한 개츠비' 커브는 불평등이 증가할수록 계층 이동은 감소함을 보여준다.* OECD 보고서에 따르면, 당신이 일단 터널에서 막히는 차선 쪽에 있다면 거기 계속 갇히게 될 가능성이 크다. 보고서는 이렇게 말한다. "소득의 불평등이 클수록 세대 간 계층 이동을 어렵게 만든다. 능력 있고 열심히 일하는 사람들이 노력한 만큼의 대가를 받기 어렵게 만든다."

OECD에 따르면 불평등의 심화에는 세 가지 이유가 있다. 첫째, 이미 많은 돈을 벌고 있던 사람들 - 특히 은행업 종사자와 전문직 종사자와 기업 임원들 - 의 임금이 더욱 올랐다. 둘째, 교육을 덜 받은 사람들의 일자리는 줄어들었고 이들이 노동시장에서 대규모로 이탈하고 있다. 셋째, 싱글맘 혹은 싱글대디 등 혼자서 자식을 키우는 가정이 늘어났다. 고령층의 빈곤율은 떨어졌지만 젊은 성인층 특히 아이를 키우는 사람들의 빈곤율은 높아졌다.

금융위기로부터 경제가 점차 회복했다고 해도 불평등의 정도를 줄이는 데는 별 도움이 되지 않았다. 일반적으로 경제가 회복되면 불평등은 줄어들기 마련이다. 사람들이 일자리를 찾기 때문이다. 하지만 지난 금융위기의 경우 자산 가격의 상승률이 더 높았다. 자산 가격 상승은 대부분 부자들에게 더 큰 이익을 준다. 미국의 경우 2014년 소득 하위 10% 가구가 전체 소득의 1.6%를 벌었고 상위 10% 가구는

* 이 커브는 노동경제학자 마일즈 코락Miles Corak의 연구에 기반을 두고 있으며 미국 대통령경제자문위원회 전 의장인 앨런 크뤼거Alan Krueger가 널리 퍼뜨렸다.

29.2%를 벌어들였다. OECD 회원국 중 가장 평등한 나라인 아이슬란드의 경우 이 수치가 각각 4.1%와 20.6%였다. 다시 말해, 미국에서는 상위 10% 가구가 하위 10% 가구보다 18배 더 많이 벌었다. 아이슬란드에서는 5배였다. 영국은 10.5배, 프랑스는 6.9배였다.[**]

이런 모든 얘기들이 경제성장과 무슨 관련이 있을까? 답은, 아무 관련도 없다. 이것이 문제다. 경제가 성장하고 있다는 사실은 부의 분배에 대해서는 아무것도 말해주지 못한다. 물론 이전 장에서 다뤘던 얘기를 생각한다면, 삶의 질 개선과 기술 발전 덕분에 우리는 우리 스스로 생각하는 것보다 더 부유하게 살고 있는지도 모른다.[***] 그러나 나의 돈벌이가 남들보다 좋지 않다면, 내가 지금 쓰는 휴대폰이 예전에 쓰던 것보다 좋은 것이고 내 주머니에 들어있는 진통제가 전에 쓰던 약보다 효과가 더 강력하다고 해서 별 위로가 되지는 않는다. 우리가 살고 있는 나라들은 부유해지고 있고 우리가 일하는 기업들은 더 효율적이 되고 있다 하더라도, 더 많은 일자리를 만들거나 더 많은 임금을 주고 있지는 못하다. 생산성의 증가는 임금이나 일자리와는 점차 관계없는 일이 되어 왔다.[****] 그리고 만일 대부분의 사람들이 아무런 혜택을 느끼지 못한다면, 대체 이 경제성장이라는 것은 무엇을 위해 또 누구를 위해 해야 하는 것인가?

** Figure 1. "Key indicators on the distribution of household disposable income and poverty, 2007, 2012 and 2014 or most recent year", *OECD*, www.oecd.org

*** "나는 통계가 틀렸다고 생각합니다. 여러 분야에서 이뤄진 품질의 개선을 충분히 반영하고 있지 않기 때문입니다. 품질의 상승에 대해서 보정할 필요가 있습니다." 래리 서머스Larry Summers와의 전화 인터뷰, 2017년 3월.

**** Chrystia Freeland, "The Rise of the New Global Super-Rich", *TED Talk*, 2013. www.ted.com

PART TWO

개발도상국에서의 경제성장

GROWTH AND THE DEVELOPING WORLD

CHAPTER 7.

코끼리와 루바브

Elephants and Rhubarb

2015년의 어느 날, 케냐의 경제학자 몇 명이 반짝이는 아이디어 하나를 생각해냈다. 말 그대로, '반짝이는' 아이디어였다. 케냐 같은 나라에는 경제학자들이 쓸 수 있는 자원이 제한적이고, 공식 집계에 들어가지 않는 경제활동이 많으며, 벤츠를 몰고 다니는 도시인부터 소떼를 몰고 다니는 마사이Maasai족까지 다양한 사람들이 산다. 이런 나라에서는 정확한 경제 통계를 얻는 것이 힘든 상황이었다. 그래서 이경제학자들은 다른 지표를 살펴보기로 했다. 우주에서 본 인공위성사진을 이용해서 밤중에 얼마나 전깃불이 밝게 켜져 있는지를 기록하자는 생각이었다.

아주 황당한 생각은 아니다. 인도부터 아프리카 북동부의 에리트레아에 이르기까지, 가난한 나라들에서는 전통적 방식으로 측정하는 경제의 크기와 위성사진으로 본 빛의 밝기 간에 강한 상관관계가 있다. 예컨대 가뭄이나 전쟁, 경기 침체 등으로 인해 경제활동이 줄어드는 시기에는 위성사진 상의 빛의 강도도 줄어든다. 이들의 아이디어는 거의 모든 야간 소비 활동을 위해서는 어떤 형태의 조명이 반드시 필요할 것이라는 가정에 기반하고 있다. 빛의 강도가 경제성장의 좋은 대리 지표가 된다는 것이다.*

야간 조명도 측정은 공식적인, 또 비공식적인 경제활동을 그려보기에 좋은 방법이다. 케냐 같은 지역에서는 엄청난 이점이 있다. 농부들, 좌판들, 보따리상들, 유목민들, 수공인들, 수리공들, 사기꾼들, 일용직 노동자들, 트럭 운전사들, 대장장이들 등 아프리카 경제 대부분을 이루고 있는 이들은 일반적으로 세금을 내는 공식 경제의 바깥에서 일하고, 국민계정을 집계하는 통계 담당자들의 시야에서도 벗어나 있다. 화폐로 측정할 수 없는 활동은 존재하지 않는 거나 마찬가지라는 게 현대 경제의 기본 원칙 중 하나다. 아프리카 경제를 굴리는 활동 대부분은 통계의 눈에 보이지 않는다.

이렇게 위성사진을 이용하는 야간 조명 측정법은 인도에서도 엄청난 규모의 비공식 경제를 이해하는 데 도움이 되고 있다. 인도에는 13억 명의 사람들이 살고 있으며 노동인구 90%가 공식 부문 밖에서 땀을 흘리고 있다. 이론적으로는 전기회사가 각 지역에 얼마만큼의 전기를 팔고 있는지 물어볼 수도 있다. 하지만 위성사진이 더 정확한 정보를 줄 것이다. 전기회사의 공식 집계에는 마을 단위로 설치된 태

---

* "Bright Lights, Big Cities, Measuring National and Subnational Economic Growth in Africa from Outer Space with an Application in Kenya and Rwanda", Policy Research Working Paper WPS7461, *World Bank Group*, 2015.

양광이나 수력발전 시설은 들어가지 않는다. 또 전기 배전망이 비효율적으로 구성되어있다 보니 제대로 사용되지 않고 새나가는 전기가 얼마인지도 집계하기 어렵고, 가난한 마을의 주민들이 자신들의 머리 위로 지나가는 전깃줄에서 몰래 빼내고 있는 전기의 양이 얼마나 되는지도 역시 알 수 없다.

야간 조명도 측정 데이터는 또 다른 이점도 있다. 지역 단위의 경제활동을 전통적인 측정 방식보다 더 자세하게 알아볼 수 있다. 가난한 나라에서는 직접 자세한 설문조사를 진행하기 어렵다. 비용도 많이 들고 현실적인 제약도 많다. 그래서 아주 작은 샘플을 가지고 비약적인 추론을 해야 하기 마련이다. 그와는 대조적으로, 인공위성으로 찍은 야간 조명 사진은 풍부한 데이터를 담은 그림이다. 인공위성은 하루에 14회 지구를 돌며 평방킬로미터 당 데이터를 추적할 수 있다. 이 방법은 정부의 통계당국 담당자가 마을에서 마을로 돌아다니면서 조사하는 것보다 훨씬 낫다.

케냐의 경우 야간 위성사진을 통해 한 가지 놀라운 사실이 밝혀졌다. 수도 나이로비Nairobi는 300만 명이 살고 있는 동아프리카 지역의 허브 도시인데, 야간 조명 데이터로 보면 나이로비는 케냐 경제의 약 13%를 담당하고 있었다. 이는 전통적인 방식으로 조사된 국민소득 통계가 제시하는 비율보다 훨씬 낮은 것이었다. 야간 조명 데이터가 정확하다면, 케냐 농촌 경제의 상당 부분이 주기적으로 과소평가 되어왔다는 뜻이다.

많은 저소득 국가의 경제 통계는 충격적일만큼 정확도가 떨어진다. 그래도 사람들은 거기에 큰 중요성을 부여한다. 경제 통계에 기반을 두고 이들 국가에 빈곤율을 측정하고, 각종 정책이 제대로 작동하고 있는지를 평가하고, 얼마만큼의 구호자금을 지원해줘야 하거나 얼마의 이자율로 대출을 해줘야할 지를 결정한다. 그러나 집계 방식의 근본적 한계와 이를 실행해야 하는 정부 기관의 능력 부족으로 인해 경제 통계상의 많은 수치들은 실질적으로 의미가 없다. 세계은행, 펜실베니아 대학교, 흐로닝언 대학교 등 국민소득 데이터 분야에서 가장 신뢰받는 세 기관 역시 아프리카의 GDP를 각각 측정했다. 그 결과는 매우 불일치한다. 일례를 들어, 이 셋 중 한 곳은 서아프리카의 라이베리아가 아프리카에서 두 번째로 가난한 나라라고 평가했다. 하지만 다른 한 곳은 그보다 20위 높게 평가했다.*

문제점 중 하나는 대부분의 아프리카 국가에서 비공식 경제 시장의 규모가 매우 크다는 것이다. 이에 대해 알려진 바가 거의 없기 때문에 통계 당국들은 온갖 종류의 대체 지표와 꼼수, 회계적 속임수를 동원해 빈 칸을 채운다. 애초에 그런 조사를 수행할만한 자원이 부족한 나라도 많다. 잠비아의 2010년도 국민계정은 단 한 명의 통계담당관이 작성했으며 그는 다음과 같이 말했다. "저마저 사라져버리면 어떻게 될까요?"**

잠비아는 상대적으로 안정적인 나라다. 콩고민주공화국 – 옛 이름은 자이레 – 와 같은 나라에서는 대체 어떻게 통계를 수집할 것인가. 콩고민주공화국은 인구가 8,000만 명이고 수 년 간의 내전으로 인해 제대로 된 정부라 할 만한 것이 없다. 수도 킨샤사Kinshasa에 정부 통

---

* pp. 17-20.

** 위의 책.

계 사무소가 있긴 하지만, 이 나라의 대부분 지역은 도로로는 접근이 불가능하다. 강을 따라 보트나 카누를 타야 들어갈 수 있는 곳이 많다. 짐바브웨에서는 인구의 오직 6%만이 공식적으로 고용이 된 상태다. 군인 출신의 지도자 로버트 무가베Robert Mugabe의 조카 중에 내각 장관직을 맡고 있는 사람 한 명을 저녁식사 자리에서 만난 적이 있다. 그는 내게 짐바브웨의 경제를 측정한다는 것은 "줄자를 가지고 이 유리컵 속에 콜라가 얼마나 들어있는지를 재려는 것과 같습니다"라고 말했다.***

이 정도로 상황이 악화된 나라가 아니더라도, UN이 정한 SNA에 따라 지출 접근, 소득 접근, 생산 접근 등 3가지 방식으로 GDP를 계산하고 교차 보정한다는 건 현실적으로 불가능하다. 그렇게 시도라도 해 본 나라도 몇 개뿐이다. 그 중 하나가 케냐다. 나머지 대부분의 나라들은 단지 생산 접근법만을 사용한다. 개발통계 전문가인 모르텐 저르벤Morten Jerven은 "아프리카 국가의 GDP 통계는 최선을 다해 총생산량을 추측한 것입니다"라고 말한다. "다른 말로 하자면, 아프리카의 소득이나 경제성장에 대해서 우리가 아는 것은 많지 않습니다."****세계 인구 70억 명 중 10억 명이 아프리카에 살고 있다는 걸 생각하면 쉽게 넘길 수 없는 문제다. 우리는 우리가 가지고 있는 경제 통계와 국제 비교가 상당히 정확하다고 믿지만 그런 수치들은 현실에 기반을 둔 것이 아니다. 아프리카에서 벌어지고 있는 일들이 아시아나 라틴 아메리카의 다른 개발도상국들에서도 벌어지고 있다면,

---

*** David Pilling, "In Africa, the numbers game matters", *Financial Times*, 2016년 3월 2일.

**** Morten Jerven, *Poor Numbers*, Cornell University Press, 2013.

수십 억 명의 인구에 해당하는 경제 통계들이 매우 의심스러운 수치들로 이루어져있다는 얘기다. 구호활동과 투자활동 등 온갖 종류의 정책 결정이 이런 통계에 의해 내려지고 그 효과성에 대한 평가도 그렇게 이뤄지지만, 실제로는 깜깜한 곳에서 헤매고 있는 것이나 다름없다. GDP를 고안한 쿠즈네츠는 자신의 방법론이 가난한 국가의 경제에는 적용하기 적절하지 않다고 말했다. 너무 많은 활동이 비공식 섹터에서 이뤄지기 때문이다. 하지만 우리는 딱 쿠즈네츠가 하지 말라고 했던 그대로 하고 있다. 우리가 세계의 현실을 그려보는 능력에 한계가 있음이 극명하게 드러난다.*

테리 라이언Terry Ryan은 케냐 국가통계국의 의장이자 일종의 유명 인사다. 한 지역 신문은 그를 '케냐 경제 분야의 아이콘'이라고 부르기도 했다. 케냐에서 태어나고 자랐지만 백인이기 때문에 그를 처음 보는 외부인은 당황해서 그가 아프리카 사람이 아니라고 착각하곤 한다. 라이언은 케냐 서부 나쿠루 지역에 있는 농장에서 자랐고 '샴바 보이' 즉 농장 일꾼으로 일하기도 했다. 케냐의 명문 학교를 졸업한 후에는 호주와 아일랜드에서 학업을 이어갔고 최종적으로는 미국의 MIT에서 박사 학위를 받았다. 1983년까지는 나이로비 대학에서 경제학을 가르쳤고 그 다음 케냐 정부의 의뢰를 받아 경제기획원의 국장으로 일했다. 공직에서는 은퇴했지만, 그는 아직도 케냐의 국가 통계 집계에 있어 영향력 있는 역할을 수행하고 있다. 그런 그를 나

---

* 더 자세한 내용은 "If the GDP Is Up, Why Is America Down?", *The Atlantic*, 1995년 10월.

는 2016년 봄에 만났고, 그는 최신 GDP 데이터를 최종 점검하고 있었다.

라이언은 키가 크고 기다란 팔다리와 완벽한 역양, 그리고 디킨스 소설에 나올 것 같은 약간 코믹한 개성을 가진 사람이다. 나는 케냐 중앙은행 꼭대기 층에서 그를 만났다. 나이로비의 오래된 상업지구에 있는, 조명이 어두운 빌딩이다. 그는 낡은 갈색 가죽 수트케이스를 꼭 쥐고 있었다. 주변 사람들에 말에 따르면 그는 이 가방을 거의 항상 끼고 다니는데 그 안에는 1960년대부터의 통계 데이터가 들어있다고 한다. 82세에도 그는 면도날처럼 날카로웠다.

라이언은 아프리카에서 케냐의 통계가 최고라며 자랑스러워한다. 케냐는 공공 서비스도 꽤나 괜찮고 경제활동도 상당히 발전해 있다. 상품 작물 산업과 화훼 산업, 조명기구 제조 산업이 있고 관광산업은 잘 발달해있다. 아프리카 기준에서 보면 상대적으로 번영하는 국가이고, 현지 물가 기준 1인당 국민소득은 약 3,200달러다.[**]

케냐는 UN이 정한 국민계정 가이드라인을 글자 하나까지 충실히 따른다. 그러나 라이언은 케냐가 수집하는 소득 집계는 아주 띄엄띄엄하다고 본다. 표준적인 방법론을 얼마나 충실히 따르느냐를 떠나서, 미국 같은 나라들의 경제 통계와는 수준 차이가 크다고 그는 아프게 인정한다. "코끼리와 루바브[***]를 비교하는 것 같죠"라고 그는 말한다. 흔히 하는 말로 사과와 오렌지를 비교해선 안 된다고 하는데 좀 더 독특한 비유법을 쓴 것이다. 라이언은 사이먼 쿠즈네츠가 미국경

[**] 1인당 GDP, PPP(purchasing power parity, 구매력평가) 기준. 2015년 IMF 발표치. knoema.com.

[***] 대황, 장군풀

제를 측정하기 위해 만들어낸 '루바브' 방법론을 케냐와 같은 '코끼리' 경제에 대입해 왔다. "그런 방법은 선진국 세계에서는 완전히 옳죠. 선진국 세계에 대해서는 존경할 만큼 논리적으로 들어맞습니다. 하지만 그렇다고 개발도상국의 맥락에서도 깔끔하게 들어맞는 건 아니죠." 라이언의 말이다.

케냐 인구는 약 4,500만 명이다. 그 중엔 뉴요커처럼 비싼 아파트나 경비원이 지키는 호화 주택 단지에 사는 엘리트들도 있고, 양철지붕이나 진흙 오두막집에서 살거나 가축을 치며 광야를 떠도는 사람들도 있다. 나이로비는 고층빌딩과 백화점, 사무용 빌딩 거리, 자동차 전용도로, 광대한 슬럼가, 재즈클럽, 레스토랑 등이 있는 현대 도시이며 아프리카에서 가장 발달한 IT 허브이기도 하다. 이런 도시에도, 빌딩 숲과 자동차 행렬 사이로 소떼를 몰고 터벅터벅 걸어가는 이른바 '도시 소몰이꾼'들이 있다. 이들은 4차선 자동차도로 옆 잔디밭이나 백만장자들의 정원에서 소에게 풀을 뜯게 한다.* 나이로비 시내 밖으로 나가면 케냐의 아름다운 풍경이 광활하게 펼쳐진다. 여기는 완전 다른 세상이다. "아직도 수렵 채집 생활을 하는 사람들이 있어요. 많지는 않지만 있습니다." 라이언의 말이다.

케냐의 복잡다단한 인종 구성 중에는 마사이족이 있다. 마사이는 키가 큰 전사 유목민 부족으로 한때 케냐 중심부에서 탄자니아 북부 지역에 이르는 그레이트리프트밸리Great Rift Valley 지역을 차지했었다. 마사이족은 전 세계의 모든 소가 자신들의 소유라고 믿음을 가지고

---

* Jeffrey Gettleman, "As Grasslands Dwindle, Kenya's Shepherds Seek Urban Pastures", *New York Times*, 2016년 11월 14일.

있고 그러다보니 어쩔 수 없이 다른 유목민이나 목장 농부들과 마찰이 생길 수밖에 없었다. 이들에게는 가축이 모든 것이다. 마사이 족의 이름은 '마Maa'라는 언어에서 따왔는데 이 언어에서 일상적으로 쓰는 인사말은 '당신의 소들이 잘 지내고 있기를 바랍니다'라는 뜻이다. 케냐에는 약 80만 명의 마사이족이 있다. 이는 서북부 오지에서 낙타를 치며 사는 투르카나Turkana족의 수와 비슷하다.

요점은, 케냐 사회 구성원의 상당 부문은 쿠즈네츠가 미국에서 고려했던 것 같은 이론적 프레임에 속하지 않은 채 살고 있다는 것이다. 심지어 정착해서 사는 수백만 명의 자급자족 농부들도 마찬가지다. 작황이 좋은 해의 이 농부들은 잉여 곡물을 생산하여 동네 시장에서 다른 물품으로 교환하거나 돈을 받고 판다. 작황이 나쁜 해에는 자신들이 식량으로 소모한다. 어찌됐든, 그들이 생산하는 농산물 대부분은 절대 공식 통계에는 들어가지 않는다.

라이언은 옥수수maize의 예를 든다. 그가 추정하기에, 케냐에서 생산되는 옥수수의 절반만이 돈으로 거래된다. 자급자족하는 농부들이 스스로 먹는 옥수수의 양을 측정하기 위해선 그 가치를 추정해보는 수밖에 없다. 이것은 자가 주택에서 사는 사람이 임대 주택에서 살았을 경우의 임대료를 추정해보는 방식과 마찬가지다. 라이언은 말한다. "나는 그들의 가구 수를 알고, 사람들이 실제로 옥수수를 얼마나 많이 먹는지도 압니다." 케냐 농촌 사람들의 식품 소비 패턴은 설문조사를 통해 대략적으로 파악이 가능하다. 그러니 결론적으로 라이언은 농부들이 얼마나 많은 옥수수를 재배하고 또 그 중 얼마만큼을 직접 소비하는지 가늠해볼 수 있다.

이론적으로는 다른 모든 식량들에 대해서도 같은 식의 추정을 할 수 있다. 케냐 국가통계국의 고위 관료인 벤자민 무치리Benjamin Muchiri는 자신의 기관이 지금까지 밭에서 일하는 황소의 화물 수송 능력이라든가 낙타의 여객 수송능력 같은 여러 비공식 경제활동에 이런 추정 방식을 적용해봤다고 말한다. 말하자면 황소를 트랙터와 비교해 추정한다든가, 낙타를 오토바이 택시에 비교한다든가 하는 방식이다. 심지어 오두막집 벽채의 건축 재료로 쓰이는 소똥의 경제적 가치 역시 이런 식으로 추정해볼 수 있다.

비공식 경제활동을 포함시키느냐 포함시키지 않느냐는 큰 차이를 가져온다. 2009년 진행된 한 연구는 그 해의 인구조사 데이터를 이용해 우유의 경제적 가치를 추산해봤다. 이 연구의 결론은 2009년의 국민소득 통계가 우유의 경제적 가치를 약 20분의 1로 과소평가했다는 것이다. 또 코, 염소, 낙타 등 '되새김질 하는 가축류'의 총 기여분이 공식 통계보다 약 20억 달러 더 많음을 발견했다. 케냐 경제의 총 규모가 370억 달러밖에 되지 않는다는 걸 생각하면 꽤나 큰 차이다.* 또 이 연구는 케냐에서 소비되는 소고기의 80%가 마사이족 같은 유목민에 의해 생산됨을 보여줬다. 그 중 5분의 1은 이웃 국가로부터 국경을 넘어 걸어 들어온다.

가축은 주인에게 고기와 젖을 제공하기도 하지만, 공식 경제에는 잡히지 않는 또 다른 혜택도 준다. 예를 들어 유목민들은 소를 담보로

---

* 이 연구는 이런 가축이 케냐 경기에 기여하는 규모가 공식 GDP에 나온 것처럼 1,280억 실링이 아니라 3,190억 실링임을 밝혔다. "The Contribution of Livestock to the Kenyan Economy", *Food and Agriculture Organization of the United Nations*, Intergovernmental Authority on Development Livestock Policy Initiative Working Paper 03-11, p. 6.

잡아 위기 상황에서 현금으로 바꿀 수 있다. 농촌에서 대출을 받으려면 매우 높은 이자를 내야 하는데 그런 수고를 덜어주는 것이다. 그런 의미에서 소들은 걸어 다니는 은행계좌나 다름없다. 말 그대로 '캐시 카우cash cow'다. 가축이 주는 혜택이 더 하나 있다. 마사이족은 단백질을 보충하기 위해 가축의 피를 마시곤 한다. 동맥에 호스를 꽂아 피를 빼내고 그걸 젖과 섞는다. 이들은 전통적으로 곡식을 심으려 하지 않고 온전히 가축에만 의존해 살아왔다. 소를 잡아서 돈을 받고 팔지 않는 이상, 마사이족은 일생동안 한 번도 GDP 통계에는 잡히지 않는 상태로 가축에만 의존해 살 수 있다.

만일 농촌 경제의 크기가 그렇게 크지 않다면 꼭 화폐단위로 측정해야 할 필요성도 없었을 것이다. 케냐에서 공식적으로 농업은 작황에 따라 경제의 20~26%를 차지한다. 이는 농업의 경제적 영향력을 과소평가하는 것이다. 자급자족되는 농산물의 가치를 추정하는 과정에서 나오는 다른 문제들을 무시한다 해도 그렇다. 왜냐하면 케냐 농촌에서 사람들이 버는 돈은 생활일용품을 사는데 빠르게 소비되고 또 순환되기 때문이다. 경제학자들이 '소비 승수multiplier' 효과라 부르는 효과다. 라이언은 이렇게 말한다. "제가 시골에서 10만 실링을 쓰면 거기서 많은 것을 얻게 됩니다. 그 중 많은 양은 더 많은 양의 치약과 옷의 소비, 미용실 매출을 가져올 것입니다. 일자리를 만들어낼 것이고 다른 온갖 종류의 일들이 벌어집니다." 가난한 국가에서는 농산물 수확량이 경제활동에 매우 중요한 요소이고, 물을 대는 관개시설이 거의 없어서 농사는 거의 비에 의존한다. 그래서 강수량을 예보하는 기상예보관이 경제학자들보다 경제 예측을 더 잘 할 수 있다.

마일즈 몰란드Miles Morland는 오랜 기간 아프리카에서 성공적으로 투자를 해 온 사람이다. 그 역시 통계의 품질에 비판적이다. 그는 비웃으며 말한다. "NGO는 케냐 같은 나라에서 인구의 절반이 하루 1달러 미만의 소득으로 살아간다고 말하죠. 그런데 실제로는 성인의 80%가 휴대폰을 소유하고 있습니다. 머리가 제대로 돌아가는 사람이라면 통계를 의심할 수밖에 없어요. 거의 돈이 없다는 사람들이 어떻게 그렇게 많은 휴대폰을 살 수 있겠는가 하고 말이죠." 몰란드는 아프리카의 숨겨진 경제구조를 '키오스크노믹스Kioskenomics'라고 부른다. 세금 징수원이나 통계 담당자들의 레이더에 잡히지 않지만 수많은 거래가 일어나는 작은 가판대, 즉 키오스크(가판대)들에서 따온 이름이다. "워싱턴에 있는 국제기구들에서 일하는 사람들만 빼면, 모든 사람들이 인정하는 바가 있습니다. 아프리카의 1인당 국민소득은 IMF 통계가 보여주는 것보다 훨씬 높을 거라는 걸 말이죠." 이는 중요한 지적이고 우리는 이를 심각하게 받아들여야 한다. 중요한 문제다. "전 세계의 경제학자들, 정치인들, 은행가들, 그리고 정책 입안자들이 이런 (엉터리) 수치들을 통해 개발도상국 관련 의사결정을 하고 있죠."*

라이언도 공식적인 통계가 케냐 경제의 실제 규모를 엄청나게 과소평가하고 있다는데 동의한다. 공식 통계는 케냐 인구 72%가 생존을 위한 식량을 살만한 돈도 없다고 보고있다. "그러니까 우리 국민

---

* Miles Morland, "Notes from Africa 2: Kioskenomics", 그의 투자자들에게 준 비공개 노트. 2011년 6월.

72%는 죽은 거죠. 이런, 내가 또 졌네요." 그는 마치 표준 경제학의 논리에 항복한다는 듯이 두 손을 들고 말했다. 통계상의 숫자가 뭘 주장하든지간에 케냐인들은 확실히 어떻게든 먹고살고 있다.

이에 대해, 케냐 사회가 가족 및 친척 단위로 구성되었기 때문이라는 설명도 있다. 공식적으로 일자리를 갖고 있는 사람의 임금이 널리 분산된다는 것이다. 미국이나 유럽에서는 소수의 사람이 많은 재산을 갖고 있기 때문에 평균치가 왜곡되는 경향이 있는데, 아프리카에서는 이것이 정반대로 일어난다. 물론 아프리카에서도 불평등은 심각하다. 그러나 일반적으로, 일자리를 갖고 있는 사람들은 부모와 삼촌, 여동생과 남동생뿐만 아니라 사돈의 팔촌 등 친척임을 주장하는 많은 사람들까지 대규모의 가족을 먹여 살린다. 라이언이 들려주는 일화가 있다. 하루는 그가 케냐 경제기획원 사무실에 앉아있는데 누군가가 들어오더니 케냐의 지니 계수GINI coefficient가 끔찍한 수준이라고 불평했다. 지니 계수는 불평등 정도를 측정하는 지표다. 라이언은 이렇게 회상한다. "그 말을 듣고 나는 '맞습니다. 끔찍하죠. 하지만 당신이 생각하는 것처럼 끔찍한 건 아닙니다'라고 답 했어요. 그런데 당시에 경제기획원 차관이 저한테 배웠던 학생이었어요. 나는 그 차관을 잘 알았죠. 그래서 나는 그 사람에게 '잠깐, 잠깐, 잠깐. 나하고 옆방에 같이 갑시다'라고 말했습니다. 차관의 집무실에 같이 들어가서 차관에게 물었습니다. '방해해서 미안합니다. 당신 월급으로 먹여 살리는 사람이 몇 명이나 되지요?' 차관은 잠시 생각하더니 이렇게 말했습니다. '한 50명 됩니다.' 나는 '고맙습니다.'라고 말하고 방에서 나왔죠."

라이언의 일화가 주는 교훈은, 통계 숫자를 액면 그대로 믿지 말라는 것이다. 그것이 경제를 확실하게 설명하는 것처럼 광고되더라도 말이다. "범죄자 심문하듯이 데이터를 조사해야 합니다." 라이언의 표현은 사이먼 쿠즈네츠의 입에서 바로 나온 것 같다. "GDP는 우리가 알 필요가 있는 것들을 알려줍니다. 하지만 모든 해답을 준다고 생각지는 않아요. 내가 말하는 바는, 이 숫자들이 아무런 의미도 없는 건 아닙니다. 하지만 그것들의 의미가 무엇인지를 이해해야 합니다."

예미 칼레Yemi Kale는 잠이 오지 않았다. 어두운 비밀 하나를 품고 있었기 때문이다. 머릿속에는 온갖 숫자가 둥둥 떠다녔다. 그 숫자들이 정확하다는 건 알고 있었지만, 논란이 될 수 있다는 것도 알았다. 문제가 될 수도 있었다. 발표를 연기하고 자신의 후임자에게 이 지저분한 일을 넘겨버릴까 생각도 했다. 나중에 그는 내게 말했다.* "극도로 불편하더라고요. 아예 발표하지 말까도 생각했습니다."

칼레는 통계학자다. 정확히 얘기하면 그는 나이지리아 통계청장이다. 이 서아프리카의 거대 국가에서 숫자를 다루는 가장 높은 직위에 있는 사람이다. 어떤 사람들은 통계청장이라는 지위가 이름만 멋있을 뿐 실제로 하는 일은 세계에서 가장 지루할 거라고 생각할 수도 있다. 회계사라든가 병아리 감별사 같은 직업처럼 말이다. 하지만 아프리카에서는 그렇지 않다. 이곳에서 경제의 규모를 측정한다는 것은 리스크도 많고 심지어 생명이 위험할 때도 있다. 칼레는 신변 안전에 위협

---

* 저자와의 전화 인터뷰. 2016년 2월.

을 받은 적도 여러 번 있었다. 지역별 빈곤율이나 실업률을 발표하면 주지사들이 분노하며 전화를 걸어오기도 한다. "이 직업은 극도의 논란을 불러올 수 있습니다. 사람들은 진실을 받아들이는데 익숙하지 않아요. 그 진실이 좋든, 나쁘든, 추하든 말이죠." 칼레의 말이다.

겉보기에는, 칼레가 숨겨왔던 진실은 '좋은 진실'의 카테고리에 속한다. 그가 3년 동안 연구한 바에 따르면 나이지리아의 경제는 과거 추정했던 것보다 89% 더 규모가 컸다. 2014년 4월의 어느 일요일, 마침내 칼레가 용기를 내어 이 사실을 발표하자 나이지리아는 흥분에 사로잡혔다. 이것은 큰 상징성을 지닌 발표였다. 나이지리아가 남아프리카공화국을 넘어서 아프리카 대륙의 가장 큰 경제를 가진 나라가 되었다는 의미였기 때문이다.

나이지리아처럼 국가적 자존심을 중요하게 생각하는 나라에서 이는 사소한 사건이 아니었다. 나이지리아는 아프리카에서 인구가 가장 많다. 1억 8,000만 명이다. 석유도 있다. 자부심도 강하다. 나이지리아 사람이 얘기하는 걸 들으면 이 나라는 선진국이라고 상상하게 될 정도다. 모두 강한 야심과 의욕, 그리고 기업가정신을 끊임없이 발산하는 사람들이다. 실제로 1960년 독립국이 된 이후 나이지리아는 주변국가들에게 자신이 '아주 큰 나라'임을 끊임없이 상기시켜왔다. 그리고 드디어 나이지리아가 적어도 아프리카에서는 가장 큰 나라임을 입증할 수 있는 증거가 나온 것이다.

칼레의 발표는 많은 글로벌 투자자에게도 기쁜 소식으로 다가왔다. 다음 번 투자할 큰 시장을 찾는 맥주회사, 투자펀드를 배분할 곳을 찾고 있던 펀드매니저 등이 이 소식을 반겼다. 다국적 기업의 나이지리아 담당 임원들 역시 그랬다. 이런 사람들은 지금까지 나이지리아가 보기보다 더 많은 잠재력을 가진 나라라는 의심을 갖고 있었는데, 이제 뉴욕이나 상하이에 있는 이사회에 가서 자신들의 짐작이 맞았다고 자랑할 수 있기 때문이었다.

당시 나이지리아의 경제 및 재무 담당 장관이었던 응고지 오콘조 이웰라Ngozi Okonjo Iweala는 유명한 인물이었다. 그는 "이번 발견은 투자자들의 이론이 옳았음을 증명합니다"라고 말했다. 그는 또 GDP를 다시 계산한 이유가 "크기에서 1등이 되기 위해서가 아니라 경제를 올바르게 측정하기 위해서"였다고 재빨리 설명했다. 하지만 크기에서 1등이 된다는 것도 행복한 보너스였음은 틀림없다.

하지만 칼레는 부자가 되는 것의 단점도 있다는 걸 잘 알고 있었다. 이 발표에 따르면, 평균적으로 볼 때 나이지리아 사람들은 자신들이 생각했던 것보다 실제로는 더 부유하다는 얘기였다. 칼레가 지휘하는 통계청의 2010년 집계에 따르면 이 나라 사람들 61%가 하루 평균 1달러 이하로 생활하는 빈곤층에 속한다. 다른 설문조사에 따르면 무려 94%의 나이지리아인들이 자신이 가난하다고 말했다. 6년 전에는 이 수치가 76%였다. 칼레는 탄식했다. "나이지리아 경제가 성장하고 있다고 해도, 빈곤하게 사는 나이지리아인들의 비율은 매년 늘어나고 있습니다."

자신들이 과거 생각했던 것보다 거의 두 배나 잘 살고 있다는 걸 알게 됐으니, 많은 나이지리아인은 왜 이렇게 부유한 나라(심지어 석유도 난다)에서 자신들은 가난하게 살고 있는지 물어볼 자격이 있었다. 가장 적합한 설명은 악명 높은 엘리트층이 과거 생각했던 것보다 더 많이 이 나라의 부를 뽑아먹고 있다는 것이다. 여성운동가인 글로리아 스타이넘Gloria Steinem이 말했듯, "진실은 당신을 자유롭게 한다. 하지만 그보다 먼저 당신을 분노하게 할 것이다."

칼레는 일종의 전도사 같은 사람이었다. 국가경제를 정의하고 측정하는데 수많은 어려움이 있긴 하지만, 그는 그래도 더 정확한 통계의 작성을 추구하는 것을 거의 신성한 임무로 여겼다. 1999년 군부독재가 끝나고 민주화가 진행되면서 통계 작성 역시 민주화 프로세스의 일부라 여긴 것이다. 그는 새로운 통계수치를 발표하면서 함께 준비한 연설문에서 이렇게 말했다. "증거에 의해 뒷받침되는 좋은 지배구조와 좋은 책임구조에 대한 요구가 커졌습니다." 나이지리아 시민들은 지도자들이 나라의 재산을 빼돌리는 것에 지쳐있었다. 해안지역과 늪으로 이뤄진 삼각주 지역에서 뽑아내는 석유에서 나온 돈은 어디론가 사라지곤 했다. 좀 더 정확한 경제의 그림을 그려봄으로써 평범한 나이지리아인들이 정부의 역할을 보다 더 잘 알 수 있게 도울 수 있다는 게 칼레의 생각이었다.

칼레는 경제성장이 꼭 잘 사는 것과 연결되지는 않는다는 걸 이해하는 게 중요하다고 덧붙였다. "명목GDP에서 한 나라가 다른 나라보다 높다고 해서 그 나라가 '더 발전된' 나라라는 얘기는 아닙니다. 발전이라는 것은 더 넓은 범위의 지표들의 집합으로 헤아려야 합니다. GDP는 단지 경제 생산량의 지표일 뿐이죠." 불평등과 실업 같은 것은 국민소득 통계에서는 볼 수 없는, 사회적 건강이 악화되고 있음을 보여주는 지표라고 그는 강조한다. 만일 국가에서 발생하는 소득이 몇몇 엘리트들에 의해서 강탈되고 대부분의 나이지리아인들에게 일자리나 기회로 돌아가지 않는다면, 경제성장이라는 것은 별 중요하지 않다고도 말했다.

국제적으로 봐도, 부유하다는 것은 장점과 단점을 다 갖고 있다. 좋은 측면에서 보면, 경제가 이전보다 90% 큰 것으로 나왔으니 나이지리아의 국가부채 문제도 예전보다 덜 심각한 것으로 볼 수 있다. 우리가 GDP에 갖고 있는 집착이 크다보니 거의 모든 숫자들이 GDP에 대한 비율로 비교되곤 한다. 공공정책에 있어서 중요한 숫자들은 거의 GDP를 분모로 해서 비율로 나타내진다. 예를 들어 한 나라의 국가부채는 보통 GDP 대비 부채의 비율로 발표된다. GDP가 오르면 부채비율도 내려간다. 간단하다. 따라서 적어도 이론적으로 나이지리아는 해외로부터 더 많은 돈을 빌릴 수가 있다. 또 같은 리스크에 대해 같은 돈을 빌려도 이자 부담이 적다. 부채비율이 적으니 자연스럽게 리스크 역시 작아 보이는 효과가 있기 때문이다.

그러나 나이지리아 같은 나라들은 항상 더 잘 사는 것처럼 보이고 싶어 하지는 않는다. 심지어 중국처럼 크고 중요한 국가들도 경제 관련 통계가 너무 좋게 나올 때는 불편하게 생각한다. 2014년 세계은행 감독으로 세계 각국의 경제 규모가 발표될 때 중국정부는 몇 달 동안이나 발표를 막으려고 격렬하게 저항했다. 물가를 기준으로 볼 때 중국이 미국을 넘어 세계 최대 경제가 되었음을 보여줬기 때문이다.[*] 중국 공산당은 오랫동안 덩샤오핑鄧小平의 '도광양회韜光养晦'[**]라는 가르

---

* Jamil Anderlini and David Pilling, "China Tried to Undermine Economic Report Showing its Ascendancy", *Financial Times*, 2015년 5월 1일.

** 자신을 드러내지 않고 때를 기다리며 실력을 기른다는 뜻.

침을 따라왔다. 그런데 세계은행이 보낸 경제학자들이 이제 그 가면을 벗기려 하는 것이었다.

칼레는 나이지리아의 새 경제통계를 발표하기 이미 3년 전인 2011년부터 자신이 얼마나 미묘한 문제를 다루고 있는지를 인지했다. 나이지리아 경제가 워낙 넓게 또 복잡하게 퍼져 있다 보니 굉장히 조심스럽게 조사해야만 했고, 그러기엔 현실적인 어려움이 많았다. 나이지리아의 유명 작가 치누아 아체베Chinua Achebe의 소설 제목을 빌리면, "모든 것이 산산이 부서지기Things Fall Apart" 시작한 시기가 바로 이 때다. 통계라는 것은 딱 수집되는 데이터의 품질만큼만 정확하다. 그리고 정확한 데이터를 수집한다는 건 쉽지 않다. 한 나라의 모든 사업체와 가계와 개인의 경제활동을 다 알아낼 수야 없다. 통계 담당자가 할 수 있는 건 그저 샘플을 수집한 다음 그 결과를 실제 데이터와 최대한 많이 교차 검증하는 것뿐이다. 나이지리아 같은 나라는 예산도 적고 과거의 데이터도 적으니, 이런 일을 할 때의 어려움이 훨씬 크다.

우선, 이 나라에 얼마나 많은 사람들이 살고 있는지와 같은 기본적인 사항조차도 알아내기가 어렵다. 나이지리아의 인구조사는 GDP 조사보다 훨씬 더 어려움이 많다. 각 주와 지역 단위의 인구가 얼마나에 따라서 그 주의 정치적 영향력도 달라지고 중앙정부로부터 배분받는 예산의 크기도 달라지기 때문이다. 나이지리아는 젊은 국가다. 국경은 과거 영국 제국주의자들이 그어놓았다. 그러다보니 북쪽은 주로 무슬림들이 살고 남쪽은 주로 기독교인들이 사는 나라가 되어버렸다. 1967년에는 동부의 이그보스Igbos 족이 비아프라Biafra라는 독립국을 선언하면서 나라가 거의 찢어질 뻔 했다. 내전이 일어났고 수백만 명의 민간인이 굶어죽었다. 그러니 각 지역에 인구가 얼마나 되는지 알아내는 건 결코 쉬운 일이 아니다.

현실적인 어려움도 있다. 과거 영국 식민지 정부는 수도 라고스 Lagos의 인구만 측정했다. 나이지리아가 독립국이 된 후 처음 시도했던 인구 총 조사는 북부 지역의 메뚜기 떼 발생과 남동부 지역의 세금 거부 폭동으로 인해 중단됐다.* 대부분의 인구통계학자들은 나이지리아의 인구 수치를 거의 신뢰하지 않는다. 총 인구수도 그렇고 지역이나 인종별 인구수도 마찬가지다. 하지만 얼마나 많은 사람들이 살고 있는지를 알지 못하면, 경제의 규모도 정확히 계산해낼 수 없다. 경제규모는 샘플 설문조사의 결과를 가지고 인구비례로 곱해서 얻어내야 하기 때문이다. 통계청장 칼레는 무뚝뚝하게 말한다. "나는 인구 총 조사 데이터를 사용하지 않아요. 거기 나온 숫자들은 말이 되지 않아요."**

칼레에겐 또 다른 골칫거리들도 있다. 나이지리아는 영토가 엄청나게 넓은 나라로, 어떤 지역은 너무 오지여서 자동차와 오토바이, 심지어 카누를 타고 며칠씩 들어가야 도착할 수 있다. 전국을 돌아다니며 데이터를 수집해야 하는 힘든 업무를 맡은 직원들도 항상 신뢰할 수 있는 건 아니다. 예전에는 집에 앉아서 숫자를 조작해내다가 적발된 직원들도 있었다. 칼레는 이제 GPS 추적장치를 써서 부하들이 실제로 가기로 한 곳에 갔는지를 확인한다. 또 설문조사에 참가한 것으

---

* Morten Jerven, *Poor Numbers*, Cornell University Press, 2013, pp. 17-20.

** 저자에게 한 말. 2016년 2월.

로 되어 있는 시민들에게 무작위로 전화를 걸어서 실제로 그들이 인터뷰를 했는지도 확인한다.

칼레의 기억에 따르면, 한번은 통계청 소속 3,000명의 데이터 수집관 중에서 6명이 에키티Ekiti라는 남서부 지방에 갔다가 낭패를 본 일이 있었다. "그 사람들은 오토바이를 타고 마을에 들어갔어요. 여러 장비들하고 아이패드도 가지고 갔죠. 그 마을 사람들은 그런 걸 처음 본 거에요. 좋은 옷을 입고 좋은 신발을 입은 여섯 명의 외지인을요. 마을사람들은 그 여섯 명을 포박해서 촌장에게 데려가서는 죽이겠다고 위협했어요. 우리는 서둘러서 촌장에게 전화를 해서 중재를 해야만 했습니다." 미국에서 GDP를 측정했던 사이먼 쿠즈네츠는 이런 식의 위험상황은 한 번도 겪어본 적이 없었을 것이다.

칼레는 설문조사 문항을 준비할 때도 머리를 좀 써야했다. 예를 들어, 사람들은 수입을 물어보면 대부분 실제 버는 것보다 적게 얘기한다. 세금을 더 내야하는 것 아닌가하고 불안해하기 때문이다. 반면에, 사람들에게 얼마나 돈을 쓰느냐고 물어보면, 가슴을 앞으로 내밀면서 실제보다 더 많이 쓰는 것처럼 말하곤 한다. 질문을 어떻게 설정하느냐가 설문조사에서는 중요하다는 게 칼레의 말이다.

다른 데이터들에도 큰 이슈들이 있었다. 칼레는 부정부패로 악명 높은 석유 산업과 항만 산업을 조사해서, 이들이 과연 얼마나 많은 석유를 생산하고 얼마나 많은 물건을 운송하는지를 알아내야 했다. 공식 통계는 실제보다 항상 훨씬 적게 기록된다는 의심이 많았다. 그래야 수입의 원천에서부터 돈을 떼어먹을 수 있기 때문이다. 이런 비공식 경제의 규모가 너무 크고 얼마나 되는지 알기가 어렵기 때문에,

GDP가 예전보다 89% 커졌다고 해도 여전히 과소평가된 게 아닌가 하는 의심을 칼레는 갖고 있었다. 또 기술적으로는 국민계정 담당자 들이 '재설정rebasing'이라고 부르는 업무를 해야 하는 데 어려움이 있 었다. 보통 한 국가가 국민소득을 계산할 때는 기준이 되는 연도의 수 치와 비교해서 추산한다. 이렇게 하는 이유는 가격의 변화를 고려해 야 하기 때문이다. 예를 들어 나이지리아가 기준 연도에 1억 가마니 의 쌀을 생산했다고 치자. 참고로, 편의상 정한 수치이며 실제로 이 렇게 많이 생산할 리는 없다. 다음 해는 1억 1,000만 가마니를 생산 했다. 기준 연도와 쉽게 비교된다. GDP 10% 상승이다. 만일 이렇게 하지 않고 가격을 통해서 GDP를 측정한다고 쳐보자. 그러면 물가상 승률까지 고려해야 하고 계산 과정이 복잡해진다. 그러니 단순히 연 간 생산량을 비교하는 게 훨씬 쉽고 통계적으로 깔끔하다.

그렇게만 되면 좋겠지만 문제는 시간이 흐르며 기준 연도가 금방 쓸모없게 된다는 점이다. 경제는 끊임없이 변한다. 어떤 산업은 자라 나고, 다른 산업은 줄어들거나 사라진다. 나이지리아 사람들이 쌀을 재배하지 않고 수수를 재배하게 될 수도 잇다. 실제로 이 나라의 직물 산업은 값싼 중국산 수입품에 의해 완전히 쓸려나갔다. UN 통계위원 회UN Statistical Commission는 회원국들에게 매 5년마다 기준 연도를 재 설정하도록 권한다. 그러나 행정적 여력이 부족한 아프리카 국가들 에서는 이 힘든 작업이 수십 년에 한 번 이뤄질 수도 있다. 그래서 결 과적으로 UN이 만드는 경제 통계들이 그렇게 심각할 정도로 부정확 해지는 것이다. 라이베리아는 수십 년 전에나 만들어 둔 산업별 생산 품 리스트를 가지고 물가상승률을 계산했다. 상생해보라. 라이베리아의 통계 담당관들은 나팔바지나 LP 레코드의 가격이 지금 현재 얼마나 하는지를 놓고 물가상승률을 추산했을 것이다.[*]

나이지리아의 경우, 기준 연도는 1990년이었다. 통계청이 새로운 통계를 발표하던 2014년 무렵에는 정말 많은 것이 달라져있었다. 휴대폰이 대표적이다. 1990년에는 휴대폰이라는 것 대신에 약 30만 대의 유선 전화기만이 있었고, 아마도 그 중 10만 대 정도만 실제로 작동했을 것이다. 제대로 된 전화번호부도 없었다. 당시 나는 누군가의 전화번호를 물어보기 위해서 운전사 한 명을 그 집까지 직접 보낸 적이 있다. 난리법석이 벌어지는 라고스의 교통체증을 뚫고. 어쨌든 2010년이 되자 상황이 달라졌다. 휴대폰 가입자가 8,000만 명에 달했다. 하지만 여전히 국가 통계는 1990년 기준으로 작성되어 있었고 당시엔 전화 관련 산업이 경제에서 차지하는 비중이 미미하다보니, 그 후 20년 간 휴대폰 산업의 폭발적인 성장은 경제 통계에 잡히지 않게 되어버린 것이었다.

나이지리아의 경제에서 달라진 것은 휴대폰뿐만이 아니다. 현재 이 나라에서는 영화 산업이 번성하고 있다. 연간 수백 편의 작품이 나오고 있으며 '놀리우드Nollywood'라고 불리기도 한다. 하지만 역시 아무도 놀리우드의 경제적 규모를 측정하려 하지 않았다. 〈아부자로 가는 마지막 비행기The Last Flight to Abuja〉 같은 작품은 나이지리아뿐 아니라 아프리카 전역과 아프리카 이민자들 사이에서 열광적인 팬 층을 형성하기도 했지만, 1990년을 기준 연도로 삼고 있는 국가 통계에

---

[*] 저자가 라이베리아 몬로비아에 있는 통계지리정보연구소 담당자들과 인터뷰한 내용을 놓고 생각한 것. 2016년 3월.

는 이 놀리우드 영화 산업이 전혀 반영되지 않았다. 은행업 역시 기하급수적으로 성장했다. IT 기술의 발전과 특정 계층의 재산 증가, 또 나이지리아 석유 산업으로 뿜어 들어오는 해외 자본 덕이다. 마찬가지로 이런 은행업의 성장 역시 1990년 기준 비율에 따라 경제 규모를 산출하다보니 통계에 반영되지 않았다.

칼레의 지시에 따라 통계청은 마침내 2010년을 새 기준 연도로 하는 통계를 발표했다. 이는 나이지리아 경제가 그간 얼마나 급격하게 달라졌는지를 보여준다. 새로운 나이지리아는 매우 다각화된 산업 구조를 갖고 있는 것으로 나타났다. 석유와 가스 산업은 이전까지 그 나라 경제의 구심점이라 여겨졌었는데, GDP에서 차지하는 비율이 32.4%에서 거의 반 토막 난 14.4%로 내려가 있었다. 농업의 비중은 상대적으로 올라갔고, 텔레콤 산업은 단독으로 GDP의 8.6%를 차지하는 것으로 나왔다. 1990년 기준에서는 0.8%였다. 놀리우드 영화 산업의 경우, 저렴한 영화를 만들고 저작권 침해 문제도 심각하다고 알려져 있기는 하지만 총 GDP에서 1.4%를 차지한다고 나타났다. 과거에는 잘 보이지 않았던 경제활동들이 이제 주목을 받기 시작한 것이다.

그렇다고는 해도, 우리가 국가별로 경제 규모와 국민 생활수준을 비교할 때는 테리 라이언의 조언을 잊지 말아야 한다. 그것들의 대부분은 루바브라는 걸.

CHAPTER 8.

성장 우선주의
Growthmanship

처음 인도에 갔을 때 나는 스무 살이었다. 비행기 문이 열리고, 목욕탕처럼 후끈한 공기 속으로 삐걱거리는 계단을 조심조심 내려갔던 기억이 난다. 공항을 나서니 새벽 3시였다. 공항 밖에서는 노숙자 수백 명이 조용히 코를 골고 있는 소리를 들을 수 있었다. 더 좋은 곳을 찾지 못해서 델리국제공항 앞에서 잠을 청하고 있던 사람들이었다.

당시는 1985년이었고 인도는 엄청나게 가난한 나라였다. 세계은행에 따르면 그해 인도의 1인당 평균 소득은 300달러, 평균 수명은 56세로 어디서든 비참한 모습을 볼 수 있었다. 신발도 신지 못한 아이들이 떼를 지어 거리를 배회하고 거지들은 불구가 된 신체부위를 마치 자랑이라도 하듯이 행인들을 향해 흔들어 보였다. 대도시에도 소도시에도 시골마을에도 질병과 영양실조, 빈곤이 만연했다.

오늘날에도 인도는 여전히 매우 가난하긴 하지만 내가 방문했던 그때와는 다르다. 인당 평균 소득은 5배 이상 늘어나 1,500달러를 넘어섰다. 현지 물가를 반영해 조정하면 6,000달러 정도인 셈이다.[*] 그리고 기대수명은 10년 이상 늘어나 68세가 됐다. 유아 사망률은 거의 3분의 1 수준으로 줄었다.[**] 1985년에는 열 명 당 한 명의 유아가 사망했는데 현재는 1,000명 당 37명까지 그 비율이 내려갔다. 물론 빈곤은 여전히 만연하며 충격적인 일들도 많이 발생한다. 하지만 현대적 삶의 모습이라는 것을 이 나라 어느 곳에서든 찾아볼 수 있게 됐다. 자동차, 오토바이, 육교, 휴대폰, 슈퍼마켓, 고층빌딩, 콜센터, 그리고 사람들의 활기찬 열기가 가득하다. 비상식적이고 비도덕적인 일들이 여전히 일상적으로 일어나긴 하지만 인도는 한 작가의 표현을 빌리자면 "무언가가 되고 있는" 나라이다. 그 무언가가 무엇인지는 아직 확실하지 않더라도 말이다.[***]

한 가지는 확실하게 말해두자. 경제성장은 비록 완벽하게 측정되지는 못하더라도 가난한 사람들의 삶을 바꿔놓을 수 있는 힘이 있다. 저명한 경제학자 장하준은 1960년대 한국에서 자랐던 인물이다. 그가 태어나기 2년 전인 1963년 한국의 국민 평균 소득은 82달러로 당시 평균 소득이 179달러였던 아프리카 가나보다도 뒤쳐졌다. 그나마 가나는 코코아를 생산하는 나라였으며 서아프리카의 신생 독립국으

---

[*] 이른바 PPP는 국민 1인당 소득이나 GDP를 비교할 때 나라마다 물가가 다르다는 것을 고려하는 방식이다. 뭄바이의 이발비는 뉴욕의 이발비보다 저렴하다. 인건비 차이가 주된 이유다. 이는 곧 인도에서의 1달러가 미국에서의 1달러보다 더 가치가 높다는 뜻이다. PPP 방식은 국가 간 소득을 비교하기에 편리하지만, 이 방식도 나름대로의 문제점들이 있다.

[**] World Data Atlas: knowema.com

[***] Akash Kapur, *India Becoming*, Riverhead Books, 2012.

로서 많은 잠재력이 있다는 평가를 받았었다. 반면에 장하준이 기억하기론 당시 한국은 수도 서울마저 사람들이 나무를 땔감으로 쓰기 위해 다 베어가서, 그 땅이 헐벗고 황폐했다고 한다. 상대적으로 지하자원이 많았던 북한이 한반도에서 부유한 나라였다. 그러나 이제 서울은 아주 바쁜 속도로 돌아가는 부자 도시가 됐다. 네온사인이 벽마다 가득하고 거리는 예쁜 가게들과 식당, 나이트클럽들로 채워져 있다. 전 세계인이 한국에서 만든 스마트폰을 쓰고 한국산 자동차를 몬다. 1960년 한국은 가나보다 훨씬 가난했지만 '한강의 기적'은 이 나라를 서유럽 수준으로 부유하게 바꾸어놓았다. 오늘날 한국의 평균 국민소득은 3만 달러에 근접하고 있다. 또 이 나라는 2017년 대통령을 권력남용 혐의로 탄핵했을 정도로 아시아에서 가장 적극적인 민주주의를 보여주기도 했다.

물론 현대의 한국도 나름대로의 문제들은 있다. 대부분의 문제들은 선진 사회의 스트레스와 관련이 있다. 자살률이 높다. 남들과의 경쟁에서 이기고 부자가 되어야 한다는 사회적 압박이 강하다. 많은 젊은이들은 압력밥솥 같은 교육 시스템을 거쳐서 졸업장과 자격증을 수집하지만, 그들이 갈망하는 일자리나 사회적 지위를 얻게 될 가망은 적다. 그렇다고는 해도, 가난을 낭만적으로 포장할 필요는 없다는 게 중요하다. 오늘날의 한국인들은 과거 할아버지 할머니 세대의 한국인들보다 그들이 원하는 삶을 누리기 위한 기회를 훨씬 더 많이 갖고 있다. 전체적으로 봐서 아프리카 가나의 사람들은 여전히 자신들의 운명을 만들어갈 수 없을 만큼 가난에 빠져있는데 비해 한국인들은 훨씬 많은 것을 이루었다. 2017년 기준 한국인은 가나인보다 평균

8배 이상 부유하다. 그리고 이것은 복리로 늘어나는 경제성장의 기적 때문이다.*

나는 이 책에서 경제성장의 실제 의미는 사람들이 생각하는 것과 다르는 것을 주장하고 있다. 하지만 가난한 사람에게는 경제성장이 삶의 변화를 가져올 수 있다. 빠른 성장은 가난을 줄여줄 수 있다. 경제성장은 땅을 파고, 오피스 빌딩들을 건설하고, 콜센터의 자리를 채우는 등의 일자리를 만들어준다. 또 세금 수입이 늘어나 정부가 부를 재분배하고 좀 더 많이, 좀 더 잘 성장하기 위한 물리적, 제도적 인프라를 만들 수 있게 해 준다.** 물론 경제성장은 문젯거리들도 만들 수 있다. 시골 사람들을 도시의 슬럼가로 끌어 모은다든가, 디젤 매연을 뿜어대는 자동차로 도로를 가득 메우게 만든다든가 등이다. 그러나 시골에서의 한적한 삶을 꿈꾸는 경우가 아니라면, 아주 가난한 나라에서의 경제성장은 사람들이 좀 더 나은 삶을 만들어갈 수 있게 해주는 원동력이 된다.

이런 얘기는 너무 당연하게 들리지만, 인도에서는 그렇지 않다. 이 나라에서는 경제성장을 우선 추구해야 한다는 식의 생각이 수십 년 동안 널리 받아들여지지 않았다. 영국에 대항해 인도의 독립 운동을 이끈 지도자 마하트마 간디Mahatma Gandhi는 시골 생활에 대한 낭만적인 생각을 갖고 있었다. 그의 생각들은 독립 후 다른 인도인들의 사고에도 영향을 주었다. 가난하게 사는 것이 고귀하다는 메시지를 준

---

* 2015년 IMF 기준 발표. 양국의 물가 차이를 반영한 수치. 만일 물가 차이를 고려하지 않고 절대적인 달러 가치로 비교하면 차이가 18배로 커진다.

** Jagdish Bhagwati and Arvind Panagariya, "Why Growth Matters", *Council on Foreign Relations*, 2013, p. xviii.

것이다. 인도의 초대 총리이며 지적 리더였던 자와할랄 네루Jawaharlal Nehru는 간디보다는 발전과 현대화에 찬성하는 사람이었지만, 그에게는 사회주의적이고 분배를 중시하는 성향이 있었다.*** 네루 정권 하에서 인도는 소련의 영향을 받아 중앙 정부의 계획을 따르고 보호주의 정책을 쓰는 나라가 됐다. 지도자들은 중공업을 발전시키고 많은 소비재 상품의 해외 수입을 금지해서 자국 내 생산을 늘리고자 했다. 국가 산업의 기틀을 닦고자 하는 정책이었지만, 이는 의도하지 않은 결과를 가져왔다. 국내 생산된 물건들은 질이 떨어지고 가격은 비쌌다.

인도의 지도자들은 경제성장의 가치를 거의 의심하다시피 했다. 일부 계층만 성장의 혜택을 보면 사회적 불안으로 이어질 수 있다고 겁을 냈던 것이다. 1972년, 인디라 간디Indira Gandhi총리는 '성장 우선주의growthmanship'라는 용어를 만들어냈다. 네루의 친딸인 그는 "GNP를 최대화하는 데 모든 관심을 쏟는 것은 위험할 수 있습니다. 그 결과는 거의 항상 사회적, 정치적 불안정입니다."라고 연설했다.****

과도한 경제성장을 피하자는 인도의 정책은 마법의 부적처럼 작용했다. 이른바 '힌두식 경제성장률Hindu rate of growth'에 멈춰버렸다. 1947년 독립 이후 40년 동안 연간 GDP는 3.5% 정도씩 성장했다. 별로 나쁘지 않은 숫자처럼 보일 수도 있지만, 인구가 연간 약 2%씩 늘어났다는 걸 고려하면 얘기가 다르다. 중요한 건 1인당 소득이다. 그 기준으로 보면 인도는 겨우 1% 조금 넘게 성장하고 있었다. 가혹

*** 이런 견해는 자그디시 바그와티와 나눈 몇 번의 대화에서 나온 것이다. 가장 최근 있었던 대화는 2017년 3월 뉴욕에서.

**** 다음에서 재인용. Bhagwati and Panagariya, "Why Growth Matters", p. 23.

한 가난을 줄여보기엔 턱도 없는 속도였다. '갠지스 강의 기적'은 존재하지 않았다.

1980년대 후반이 되자 인도는 경제 위기를 거듭 겪었고 외환 보유고는 거의 바닥을 드러냈다. 궁지에 몰리자, 정부는 마침내 경제 개혁 정책을 도입하기 시작했다. 1991년, 재무장관 만모한 싱Manmohan Singh은 과감한 정책을 시행할 수 있는 권한을 부여받았다. 그는 수입품에 대한 관세를 떨어뜨렸고, 세율을 내렸고, 외국인 투자에 대한 장벽을 철폐했다. 가장 중요한 것은, 그가 '라즈 라이센스Licence Raj'로 불렸던 황당한 관료주의 시스템을 허물었다는 것이다. 그 전까지는 온갖 규제와 면허, 허가제도 때문에 인맥으로 얽힌 소수의 자본가들만이 돈이 될 만한 사업기회들을 독차지하고 있었다. 1990년대 들어서 드디어 성장률이 오르기 시작해 7%를 넘어섰고 이는 매 10년마다 경제가 두 배로 커졌다는 것을 의미한다. 그 이후 들어선 정권들도 개혁에 박차를 가하는 정책들을 도입했고 경제의 더 많은 부분을 시장의 힘과 해외 투자에 열어주었다. 2016년이 되자 인도는 중국과 더불어 전 세계에서 가장 빨리 성장하는 대규모 경제 국가가 됐다.*

2010년엔 경제학자 자그디시 바그와티Jagdish Bhagwati가 인도의 하원 의회인 로크 사바Lok Sabha에서 연설을 했다. 바그와티는 재기발랄하고 저명한 경제학자이며 눈은 장난기로 반짝반짝 빛나는 사람이다. 그는 경제성장이 인도의 일반 국민의 삶에 가져온 영향에 박수를 보내며, 약 2억 명이 가난에서 벗어났다고 말했다. 또 이 자유주의적

---

* 이는 인도의 빠른 성장 때문이기도 하지만 중국의 성장이 느려졌기 때문이기도 하다. 사실 인도의 성장속도도 조금 느려졌다. 그리고 2015년 GDP 재조정 결과에 따라 더 낮아질 수도 있다.

개혁을 가져온 정책 설계자들은 절대로 경제성장을 위한 경제성장을 하려고 하지 않았다고 말했다. 인도 정부는 경제성장을 가난을 공격하기 위한 하나의 수단으로 보았다. 로널드 레이건Ronald Reagan 전 미국 대통령은 이른바 낙수 효과를 위해 서 부자들의 세금을 대폭적으로 깎아주었지만, 바그와티는 인도의 개혁 정책은 그런 것과는 아무런 관련이 없다고 말했다. 그 대신, "인도의 경제성장은 가난한 사람들에게 일자리를 주어서 가난에서 끌어내는 전략인 것이며 그 자체가 최종 목적은 아닙니다."라고 말했다.

바그와티의 견해는 인도의 또 다른 저명한 경제학자, 아마르티아 센Amartya Sen의 견해와 다르다. 센은 1998년도 노벨 경제학상 수상자이며 바그와티와는 1950년대 캠브리지 대학에서 같이 공부했던 사이다. 인도 개혁 정책의 설계자인 만모한 싱 역시 같은 시기 캠브리지에서 경제학을 공부했다. 센은 이른바 '시장 근본주의market fundamentalism'에 저항했고, 자신이 '사회적 가능성social capability'이라 부른 이론을 강조했다. 이것은 개인의 자유와 무언가를 이루게 해 주는 능력을 의미한다. 가장 기본적으로는 음식, 교육, 의료를 들 수 있다. 좀 더 나아가서는 공적으로 자신의 의견을 표현할 수 있는 자유, 민주주의적 절차에 참여할 수 있는 자유, 그리고 인종과 성별의 편견에서 벗어나 원하는 삶을 살 수 있는 자유 등이다.

열 살 무렵, 센은 다카Dhaka에서 살았다. 다카는 현재 방글라데시의 수도지만 독립 전에는 인도에 속해있었다.** 센이 자기 집 정원에

** Amartya Sen, *Development as Freedom*, Anchor Books, 2000, p. 8. (한국어판 제목 아마르티아 센 『자유로서의 발전』, 김원기 옮김, 갈라파고스, 2013)

서 놀고 있을 때, 한 남자가 비명을 지르며 들어온 적이 있었다. 그는 등에 칼을 맞아 다친 상태였다. 그 시절은 힌두교도와 무슬림들이 동네에서 서로 폭력을 행사하던 때였고 칼을 맞은 사람은 카데르 미아 Kader Mia라는 노동자였다. 그는 힌두교인들이 주로 사는 지역에 일하러 들어왔다가 동네 깡패들에게 습격을 당한 것이었다. 겁에 질린 센은 그에게 물을 주었다. 센의 아버지는 다친 이를 병원으로 급히 데려갔다. 병원에 가는 길에 카데르 미아는 자신이 왜 거기 있었는지 말해주었다. 이렇게 혼란스러운 때는 힌두인 지역에 가지 말라고 자신의 아내가 말렸지만 가족을 먹여 살리기 위해서는 노동을 해서 작은 돈이라도 벌지 않고는 방법이 없었다는 것이었다. 굶지 않기 위해 어쩔 수 없었다. "경제 개혁의 역효과는 죽음인 것으로 드러났습니다. 그 남자는 나중에 병원에서 죽었습니다." 이 기억은 '가난은 곧 자유의 박탈'이라는 기억을 센에게 남겼고, 이에 바탕을 둔 이론으로 그는 노벨 경제학상을 받았다.

센에 따르면, 국가의 발전은 흔히 경제 통계상의 수치가 전부인 것처럼 여겨지곤 하지만 실제로는 사람들이 누리는 진정한 자유를 확장하는 것이다. 그에게 있어 경제성장이란 개인들에게 '비자유 unfreedom'에서 탈출할 수 있는 경제적 수단을 제공하는 것이다. 비자유란 개인이 자신의 삶을 원하는 대로 빚어내지 못하도록 제약받는 상황을 말한다. 또한 센에 따르면, 사람들이 의료 서비스를 받게 되고 글자를 읽을 수 있도록 교육 받는 등 더 많은 자유를 갖게 되면 이것이 곧 경제성장에도 도움이 된다. 그러나 센의 글에서 '자유liberty'는 곧 '비자유에 속박 받지 않는 것freedom from unfreedom'을 말하며, 자유

는 경제성장을 위한 전제 조건이 아니라 발전을 위한 필수 조건이라고 보았다.[*]

바그와티와 센의 입장은 마치 한 동전의 양면처럼 보인다. 한 사람은 경제성장이 가난을 줄여줄 수 있다고 말하고, 다른 사람은 가난이 자유를 제한한다고 말한다. 이렇게 비슷한 생각을 하고 있는 것처럼 보이지만 두 사람은 지독하게 때론 악랄하다 싶을 정도로 서로를 공격했다. 센은 바그와티의 국회 연설이 있은 후, 파이낸셜타임즈와의 인터뷰에서 수천만 명의 인도인들이 영양실조를 겪고 있는 마당에 인도 정부가 두 자릿수 성장을 우선 목표로 삼는다는 것은 "바보짓"이라고 말했다.[**]

반면 바그와티는 센을 "경제학의 테레사 수녀"라고 비꼬았다. 경제성장의 혜택을 잘 이해하지 못하고 있으며 경제성장을 촉진에 꼭 필요한 개혁을 반대한다는 뜻이다. 그는 "경제성장보다 먼저 제대로 된 분배를 할 수는 없습니다. 부자는 너무 적고, 가난한 사람은 너무 많기 때문입니다."라고 적었다. 파이를 똑같이 나누기 위해서는 일단 파이가 있어야 한다. 바그와티는 특유의 독설을 이어나갔다. 그는 센이 "말보다 수레를 앞에 두는 사람이다. 게다가 그 수레는 고철덩이다."라고 적었다.

이 두 라이벌 경제학자의 논쟁은 총리 선거가 막 준비되는 2013년에 더 격렬해졌다. 이 선거에서는 네루–간디 가문의 후계자인 라훌 간디Rahul Gandhi와 찻집 아들 출신의 아웃사이더 나렌드라 모디

---

[*] 위의 책. p. 3.

[**] James Lamont, "High Growth Fails to Feed India's Hungry", *Financial Times*, 2010년 12월 10일.

Narendra Modi가 맞붙었다. 모디는 구자라트Gujarat 주의 주지사였는데 이전부터 논란이 있었다. 어떤 사람들은 그가 친기업적이고 현실적인 사고를 한다며 좋아했다. 반면 다른 사람들은 그가 2002년에 800명에 달하는 이슬람교도들이 살해당했던 사건을 방관했다며 비난했다. 모디는 논쟁을 불러일으키는 정치인이었고, 바그와티와 센은 당연히 의견이 갈렸다. 바그와티는 모디를 지지했고 센은 지지하지 않았다.

더 일반적으로 얘기하자면, 센은 경제성장이라는 것이 인도에서 과연 무슨 의미가 있는지 의심하는 사람이었다. 그는 가장 가난한 계층의 사람들이 계속해서 영양실조와 같은 비참하게 살아가는 현실에 좌절했고,* 동시에 부자들이 과도한 재산을 가지는 것에 대해 좌절했다. 인도의 부자들은 돈을 엄청나게 과시하며 쓰는 것으로 유명하다. 한 광산 재벌은 자기 딸의 결혼식에 5만 명의 하객을 초대했다. 튜더 양식을 흉내 낸 방갈로르의 성에서 치러진 이 결혼식은 8,000만 달러가 들었다. 인도에서 억만장자의 수는 늘어 간다. 그들 중 일부는 사회적 양심을 별로 드러내지 않는 사람들이다. 뭄바이에는 백만 명이 더러운 슬럼가에서 살고 있다. 그런데 인도 최고의 부자인 무케시 암바니Mukesh Ambani는 그곳에 10억 달러를 들여 27층짜리 집을 짓고 '수직 궁전'이라 불렀다. 센은 이런 인도를 방글라데시와 비교한다. 방글라데시는 인도보다 가난하지만, 방글라데시의 가난한 계층 특히 여성들은 인도와 비교해서 평균 수명도 더 높고 예방접종을 하는 비

---

* 바그와티는 센이 영양실조에 대해 언급한 숫자 중 상당수를 신뢰하지 않는다. 더 자세한 내용은 Bhagwati and Panagariya, "Why Growth Matters" 참조.

율도 더 높으며 자녀수 조절도 더 잘 한다.[**] 다른 말로 하면, 방글라데시는 인도보다 적은 GDP를 가지고 더 많은 발전을 이뤄냈다는 것이 센의 주장이다.

바그와티는 센의 가정들을 반박한다. 그는 대신 인도의 경제성장이 이뤄낸 여러 사회적 성취의 지표들과 개선된 빈곤 지표들을 강조한다. 그는 경제성장이 "필요조건이지 충분조건이 아니다. GDP가 높을수록 그 GDP를 이용해서 할 수 있는 일들도 더 많다"라고 말한다.

이 두 남자의 지적인 논쟁은 사소한 것으로 보일 수도 있다. 핵심만 추리자면, 바그와티는 의료나 교육 같은 것에 돈을 쓰기 위해서 성장이 필요하다고 말한다. 센은 경제성장을 할 수 있는 상황을 만들기 위해서 의료와 교육이 필요하다고 말한다. 즉 이들은 어떤 결과가 바람직한가에 대한 것이 아니라, 무엇이 먼저 와야 하는지에 대한 논쟁을 해 온 것이다.

학문적으로는 이 논쟁이 계속되고 있으나, 일반 대중의 여론으로는 승자가 확실하다. 나렌드라 모디가 선거에서 압도적인 승리를 거뒀다. 저자는 2014년 인도를 여러 차례 방문하며 그 선거 드라마를 가까이서 지켜보았다. 투표가 있기 몇 주 전에도 이미 모디의 승리가 확실해 보였다. 저자는 회의당Congress Party이 몰락하는 이유는 그들이 인도가 얼마나 변했는지를 깨닫지 못했기 때문이라는 글을 썼다. 15년간의 경제성장이 아직 기적까지 이뤄낸 것은 아니지만, 극빈층의 수는 줄어들었다. 그로 인해 극빈층에게 시혜를 베푸는 듯한 정책

[**] Amartya Sen, "Bangladesh Ahead of India in Social Indicators", *Daily Star*, 2015년 2월 13일. www.thedailystar.net

을 펼치던 회의당의 브랜드 파워도 약해졌다.

당시 저자는 이렇게 적었다. "회의당은 식량을 나눠주거나 복지성 공공 일자리를 만들어주는 정책에 점점 더 전문화됐지만, 대부분의 인도인들은 더 이상 그런 것에 만족해하지 않는다. 많은 사람들은 더 나은 삶을 맛봤다. 사람들은 이제 일자리와 기회를 원한다. 아직 신분 상승의 사다리 맨 아래 칸에 오르지 못한 사람이라 하더라도 최소한 그게 어떤지는 안다. TV 채널들이 이 나라의 가장 어두운 구석까지 중산층 생활의 이미지를 쏴주고 있기 때문이다."*

경제학자들은 많은 인도인이 이미 '복지 요청 계층'을 졸업하고 '성취 지향 계층'으로 올라섰다고 본다.** 인도의 엘리트 지도층은 15년간의 경제성장이 가져온 이런 변화를 이해하는 데 실패했다. 경제성장이 얼마나 매력적이고 또 위력적인지 알고 있던 후보자는 모디였다.

2017년 2월, 스웨덴 학자 한스 로슬링Hans Rosling이 죽기 몇 달 전, 나는 그를 만나 빈곤한 나라에서의 경제성장에 대해 논의했다. 로슬링은 통계학자로서는 매우 드문 부류, 즉 "팝스타"이기도 했다.*** 그는 가난한 국가와 서구 국가의 격차가 줄어들고 있다고 믿었다. 이 경향은 특히 유아사망률 같은 기초보건 데이터에서 드러난다. 이런 지표

---

* David Pilling, "India's Congress Party Has Done Itself Out of a Job", *Financial Times*, 2014년 5월 7일.

** 델리에 있는 인도의 정책연구소Centre for Policy Research의 라지브 쿠마Rajiv Kumar의 말.

*** 손이 달린 긴 막대기로 짚어가며 강연했다. 그는 스스로를 "에듀테이너"라고 불렀다. 또 스스로는 인정하지 않았지만 낙관론자이기도 했다.

들은 한 나라가 발전의 길을 걸으며 '전구에서 세탁기로'의 산업 발전을 이루게 될 것이라는 징후라는 것이 로슬링의 견해였다. 저자와 마찬가지로, 로슬링 역시 글로벌 부의 격차가 줄어들고 있음을 진심으로 축하해야 한다고 생각했다.

한 시간 동안 얘기하는 동안, 그는 경제성장을 옹호하는 모습을 보였다. "스웨덴은 전 세계에서 가장 세금을 사랑하는 나라이고, 저는 스웨덴 대학의 공공보건 학과에서 글로벌 보건을 가르치는 교수입니다." 여기까지 말하고 잠깐 쉬면서 농담을 던질 타이밍을 만들었다. "그런 저조차도 '돈을 사랑한다. GDP를 사랑한다'고 말하고 다닙니다. 왜냐하면 GDP는 절대로 아웃풋을 측정하는 지표가 아니기 때문이에요. GDP는 언제나 인풋을 측정하는 지표입니다. GDP는 당신이 가진 것이 얼마나 되는지를 보여주죠. 그리고 그 가진 것으로 이제 무언가를 만들면 되는 겁니다."

성장은 그 자체가 목적이 아니다. 하지만 현명하게 관리한다면 성장은 사람들의 삶을 개선시킬 수 있는 마법의 가루가 된다. 로슬링은 말한다. "몇 년 전에 제가 연구를 하나 했습니다. 전 세계 국가들의 1인당 GDP와 유아 생존율을 비교했죠. 1인당 GDP는 유아 생존율을 80%까지 설명해줬습니다."**** 다른 말로 하면, 유아 생존율이 그 나라의 보건 수준을 보여준다고 봤을 때, 높은 소득과 더 나은 보건 간에 상당히 분명한 상관관계가 있다는 뜻이다. 하지만 이 상관관계가 모든 걸 설명해주지는 않는다. 성장이 먼저냐 시민의 건강을 개선하

**** 나머지 20%에 대해 묻자 그는 이렇게 말했다. "그게 우리가 공공 보건 서비스를 갖고 있어야 하는 이유입니다. 그게 내 존재의 이유입니다."

는 것이 먼저냐 하는 문제에도 답을 주지 못한다.

　로슬링의 연구는 또한 20%의 경우 정책 수립을 잘못 할 수도 있음을 의미한다. 아프리카 남부의 앙골라가 그런 사례다. 앙골라는 15년 간 급격한 성장을 이뤘지만 그 다음 국제 유가가 추락했다. 그 15년 동안 앙골라는 두 자릿수의 경제성장을 했지만 이를 국민 대다수의 생활 개선으로 연결시키는 데는 실패했다. 가장 큰 이유는, 독재자 호세 에드아르두 두스 산토스Jose Eduardo Dos Santos 정권에 빌붙은 소수의 사람들이 그 부의 대부분을 가져갔기 때문이다. 산투스 대통령은 37년간 독재하고 2017년에야 권좌에서 내려왔다. 그 모든 경제성장에도 불구하고 앙골라의 2017년 유아사망률은 1,000명 당 89명이었고 기대수명은 53세였다. 전 세계 순위에서 최하위였고 앙골라보다 명목상 더 가난한 나라들보다도 훨씬 열악한 수치였다.

　앙골라가 실패한 원인에는 나쁜 정책과 분배의 문제도 있지만, 이 나라의 경제성장이 비교적 최근에 일어난 일이기 때문이기도 하다. 경제성장의 혜택이 국민 후생으로 이어지게 하는 데에는 시간이 걸린다. 바그와티의 주장처럼, 가끔씩은 성장이 국민보건의 개선보다 먼저 이뤄져야 한다는 뜻이다. "건강은 슈퍼마켓에서 살 수 있는 게 아니에요. 쿠웨이트, 사우디아라비아, UAE를 보세요. 돈 많은 나라들이지만, 그 돈으로 사회 복지와 보건 시스템을 만드는 데에는 25년이 걸렸어요." 그렇긴 해도, 보건과 경제성장의 상관관계는 상당히 단단하다. "1인당 2만 달러 이상을 버는 나라 중에 유아사망률이 높은 나라 없고, 인당 1,000달러 미만을 버는 나라 중에 유아사망률이 낮지 않은 나라는 없습니다. 그러니까 자본주의자의 지옥이란 존재하지 않고, 공산주의자의 천국 역시 존재하지 않죠."*

국민 보건이 크게 개선되는 시점은 그 나라가 소득 중하위권(인도, 인도네시아 수준)에서 중상위권(중국 수준)으로 이동할 때다. 명목 소득 약 4,000달러 정도에서 그런 일이 벌어진다.** 인도가 중국이 될 때 가장 큰 점프가 이뤄지는 것이다. 반면 중국 같은 나라에서 유럽이나 북미 같은 나라가 되는 것은 국민 보건 수준에는 큰 차이를 가져오지 않는다. 다른 말로 설명하자면, 국민 보건의 개선은 소득이 꽤나 낮은 상황, 약 4,000달러 수준에서 이뤄질 수 있다. 그 지점을 넘어서면 큰 효과를 보기 어렵다. 백신과 항생제 같은 기초의약의 발달은 적은 비용으로도 많은 건강 개선 효과를 낼 수 있다. 현재의 베트남 국민들은 1880년대의 미국 국민들과 대체로 비슷한 경제 수준에 놓여있다. 그러나 현재 베트남의 평균 수명은 1980년대 미국과 비슷하다. 보건의 관점에서 보면 베트남은 100년의 기간을 단축한 셈이다.***

로슬링은 불평등에 대해서도 얘기했다. 가난한 국가가 경제성장을 시작할 때는 어쩔 수 없이 불평등이 심화된다. 모든 사람이 한 번에 가난에서 탈출할 수는 없기 때문이다. 그는 에티오피아의 예를 들었다. 인구 1억 명의 에티오피아는 빠른 성장을 하면서 그 성장의 혜택을 국민 보건 향상으로 이어나가고 있다. "그들은 동시에 두 가지를

---

* 로슬링의 법칙을 깨는 나라가 적어도 하나는 있다. 적도기니Equatorial Guinea는 물가를 반영한 1인당 GDP가 3만 달러다. 이 나라의 엘리트 계급은 엑손모빌 덕분에 석유를 팔아 번 돈으로 부자가 됐다. 그러나 국민 3분의 2는 극심한 가난 속에 살고 있으며, 유아사망률은 100명 중 67명이다. 이는 GDP가 적도기니의 20분의 1밖에 안 되는 에리트레아의 유아사망률보다도 높은 것이다.

** 세계은행은 1인당 순국민소득(GNI) 1,026달러에서 4,035달러 사이에 있는 나라를 중하위층 국가로 정의한다. 계산은 국가 간 환율의 변동으로 인한 차이를 부드럽게 보정한 아틀라스Atlas 기법을 이용한다. 중상위층 국가는 GNI 4,036달러에서 1만 2,475달러 사이다.

*** 로슬링의 이야기.

다 하고 있어요. 하지만 에티오피아 사회를 5등분으로 나눠보면 계층별로 다른 양상이 보인다는 걸 알 수 있습니다." 나라 전체로 보면, 에티오피아 여성의 출산율은 1990년대 7에서 2015년 4.6으로 내려갔다.* 그러나 이 수치는 엄청난 지역별 차이를 숨기고 있다. 오지 지방에서는 여성들이 여전히 많은 수의 자식을 낳고 있다. 반면 빠르게 성장하는 수도 아디스아바바에서는 출산율은 2 미만으로 이는 런던보다도 낮은 수치다.

로슬링이 옳다면, 가난한 나라에서는 평등을 우선하는 게 현명한 선택이 아닐 때도 있다. "아프리카는 향후 10년 동안 불평등을 줄이지는 못할 거예요. 아프리카는 앞으로 전진해야만 하고, 교육을 많이 받은 사람들이 먼저 더 좋은 보건 서비스와 교육 서비스를 받게 될 겁니다. 그런 다음 나머지 사람들이 그 뒤를 따라올 것이에요." 로슬링은 이렇게 말한다. 장기적으로 보면 이런 격차를 줄이고 부의 일부를 재분배하는 정책들이 필요하다. 그렇지 않으면, 사회적 마찰 혹은 그보다 더 나쁜 일들이 생길 수 있다. "하지만 10년에서 20년 정도까지는 가장 못사는 사람과 가장 잘사는 사람의 차이가 꼭 줄어들 필요는 없습니다." 중국의 변혁적인 경제성장의 길에 올려놓은 덩샤오핑도 같은 논리를 폈다. 그는 공산주의의 평등 원칙을 살짝 비틀며 '선부론先富論'으로 불리는 다음과 같은 유명한 말을 남겼다. "먼저 부자가 될 수 있는 사람부터 부자가 되자."

경제의 성장과 사회의 개선은 유기적으로 서로를 강화시킬 수 있

---

* "Why Ethiopian Women are Having Fewer Children than Their Mothers", *BBC*, 2015년 11월 6일.

다. "상호적입니다. 돈이 많으면 사회적으로 더 웰빙을 추구할 수 있죠. 그리고 정책을 현명하게 펼친다면 더 많은 웰빙이 더 많은 돈을 벌어다줍니다." 로슬링의 말이다. 그는 경제의 성장을 사회의 발전으로 이어가기 위한 해법도 제시했다. "정부기관과 제도를 계속 개선해 나가야 합니다. 인종 간에, 지역 간에 평화를 유지해야 합니다. 나랏돈을 사람에, 학교와 기초 보건에, 전염병 퇴치에 투자해야 합니다. 그리고 담배에 세금을 물려야 합니다. 그리고 민간 섹터가 번성하도록 놓아두어야 합니다. 이런 일들을 잘하면 나라가 곧 날아오르기 시작할 것입니다. 한국이 그랬고 다른 많은 나라들이 그랬죠."

보건과 교육 등 기초 생활의 개선이 이뤄지면 무조건 경제성장이 뒤따를까? 로슬링은 "절대 저절로 되지는 않습니다. 절대로요"라고 답했다. 쿠바가 그 사례다. 쿠바는 여러 사회적 지표가 매우 뛰어났지만 이를 경제성장으로 전환시키지 못했다. 로슬링은 '바보 경제' 때문이라고 말한다. "한 번은 아바나Havana에 있는 쿠바 보건부에서 강의를 했었어요. 내가 정치적으로 중립적인 사람이니까 초대를 받았죠. 강연을 마치니까 교육부 장관이 그러더군요. '이 교수님은 우리 쿠바가 가난한 나라들 가운데서 가장 건강하다는 것을 보여주셨습니다.' 그리고 다들 박수를 쳤어요." 로슬링은 장관의 논리를 설명하며 킥킥 웃었다. "강연을 마치고 나가는데, 아주 똑똑하고 용감한 젊은 통계담당자 한 명이 제 귀에 대고 속삭이더군요. '가난한 나라들 중에서 가장 건강한 게 아닙니다. 건강한 나라들 중에서 가장 가난한 거죠.'라고요."

CHAPTER 9.

블랙 파워, 그린 파워
Black Power, Green Power

사람들은 '에어포칼립스airpocalypse', 즉 공기air의 종말apocalypse이 찾아왔다고 말했다. 2015년 11월, 2,200만 명이 사는 중국의 수도 베이징 시 하늘 위로 숨 막히는 독성 스모그가 담요처럼 돌돌 덮였다. 매연 대부분은 인근 허베이 성과 산시 성에서 불어온 것이었다. 그곳에는 석탄 화력발전소들과 석탄을 태워 돌아가는 공장들이 있었는데, 이들이 바로 중국 경제성장의 기적을 가져온 주역들이었다. 12월이 되자 대륙 반대편에 있는 프랑스에서는 기후변화에 대한 파리협정 회담을 위해 세계 지도자들이 모였다. 동시에 베이징 네티즌들은 온라인상에서 시위를 시작했다.

중국 정부는 다음과 같이 대응했다. 우선 사상 최초로 대기오염 적색경보를 발령했다. 학교 3,200곳을 폐쇄했고 아이들은 집에 머물도록 권고했다. 민간 소유의 자동차들에 대해서는 번호판에 따라 2부제가 시행됐다. 이로 인해 250만 대의 차량이 순식간에 도로에서 사라졌다. 용감하게 차를 몰고 나오는 운전자들은 낮에도 헤드라이트를 켜야지만 앞을 볼 수 있었다. 천안문광장은 암흑에 잠겼다. 세계 최대 크기의 광장인 이곳에는 유황 냄새가 나는 공기가 두껍게 내려앉아, 마오쩌둥 초상화와 옛 자금성의 성벽 주위를 맴돌고 있었다. 공기가 너무 나빠서 아주 커다란 빌딩들, 이를테면 '새의 둥지'라는 애칭으로 알려진 2008년 베이징올림픽 주경기장의 그물모양 철골 구조조차도 조금만 멀어지면 눈에 거의 보이지 않았다. 야외 취사는 금지됐다. 중국인들이 좋아하는 불꽃놀이도 금지됐다. 공장들은 문을 닫았고, 건설 및 토목공사는 중단됐다.

이런 상황에서도, 많은 베이징 주민은 힘겹게 일상생활을 이어나갔다. 유령도시 같은 공원에서 시끄러운 음악에 맞춰 에어로빅을 한다든가, 암흑 속을 뚫고 터벅터벅 출근을 했다. 한 외국인 기자는 본인이 목격한 작은 저항 – 혹은 미친 짓 – 을 보고 트위터를 열었다. 그는 "베이징 하이쿠(전통 일본식 3행시)"라면서 이렇게 썼다.*

벤치 위의 남자는 적색경보 스모그 속에서
마스크를 내리고
담배 한 대를 빤다

---

* Chris Buckley 储百亮, @ChuBailiang

나는 베이징의 공해를 많이 경험해봤다. 하늘이 파스텔 블루 빛깔로 맑아지는 날이면 베이징은 정말 매혹적인 도시지만, 공기가 나빠지면 이 역사 깊은 도시는 지옥의 모습으로 변한다. 화학물질이 들어있는 공기 때문에 피부가 따끔거린다. 눈물이 나고, 폐에서는 먼지 섞인 가래가 나온다. 심한 날에는 베이징의 공해지수가 200을 넘어가기도 한다. 이것이 알려지게 된 계기는 미국 대사관이 지붕 위에서 공기의 질을 직접 측정해서 SNS에 올리기 시작했기 때문이었다. 중국당국에게 망신을 주기 위한 것이었다. 미국 기준에 따르면, 이 공해지수는 약 50이 안전의 상한선이지만 베이징 주민들은 100보다 낮으면 안심할만하다고 여긴다. 미국 대사관이 2014년 2월 25일 화요일에 보낸 트윗을 보자. 참고로 이 날은 중국인에게 평범한 날이었다. "공해지수 440. 해로움. 건강 경보: 누구에게나 심각한 건강상 영향이 있을 수 있습니다. 몸을 움직이는 일이나 야외활동을 삼가세요." 한 미국 정부 인사는 500 이상 넘어가는 수치를 "미친 나쁨crazy bad"이라고 표현한 바 있다. 에어포칼립스가 최악에 이르렀을 때는 1,000을 넘긴 적도 있었다.

중국의 대기오염 물질은 유황, 오존, 블랙카본(탄소), 사막 먼지입자, 수은, 산성비 등이 있다. 카본 성분의 숯가루는 자동차와 요리용 화로, 공장에서 나오는데 지름이 2.5 마이크로미터 이하라서 폐 조직 깊숙이 파고들어가서 다른 독성물질들이 더 쉽게 폐에 흡수되게 한다. 이는 천식, 기관지염, 호흡곤란, 그리고 만성 호흡기 질환 등을 일으킨다. 의학저널 란셋은 2010년 중국의 대기오염이 120만 명의 조기 사망을 불러일으켰다고 추정했다. 이는 전 세계에서 같은 이유로 조기 사망하는 사람수의 40%에 해당한다.*

중국 정부와 중국인 대다수는 오랫동안 경제성장에 집착해왔다. 건강을 생각한다면, 공해지수는 경제성장의 속도보다 중요한 것이겠지만 최근까지도 미세먼지 입자에 대한 정보는 비밀이었다.

2017년이 되자 시진핑習近平 주석부터 시작해 모든 중국 사람들이 환경 문제에 더 많은 관심을 갖게 됐다. 그럼에도 불구하고 오랜 집착증은 쉽게 사라지지 않았다. 그 해엔 〈인민의 이름으로人民的名義〉라는 TV 드라마가 인기를 끌었다. 미국으로 치면 〈하우스 오브 카드House of Cards〉와 비슷한 내용인데, 많은 사람이 이 드라마에 나오는 리다캉李达康이라는 캐릭터에 애착을 보였다. 리다캉 역시 경제성장에 외길로 집착하는 사람으로 그려진다. 그는 이렇게 말한다. "옛 중국을 허무는 일에는 잘못된 게 하나도 없어. 오래된 것을 허물지 않고서는 새 것도 들어올 수 없다." 즉, 시민들의 항의가 있다 하더라도 중국은 경제성장을 밀고 나가야 한다는 뜻이다.

뉴욕타임즈 역시 이 캐릭터에 대한 평을 실었다. "(리다캉은) 때때로 경제성장을 맹목적으로 추구하는 것의 부작용을 무시한다. 그도 환경을 보호하고 싶어 하지만, 시청자들이 그를 좋아하고 인터넷 밈meme까지 생긴 이유는 리가 GDP에 집착하기 때문이다." 인터넷 유행어 중에는 이런 말도 있다. "고개 숙이지 마. 고개 숙이면 GDP 떨어진다."**

---

* Edward Wong, "Air Pollution Linked to 1.2 Million Premature Deaths in China", *New York Times*, 2013년 4월 1일. www.nytimes.com

** Javier Hernandez, "Greed, Injustice and Decadence: What 5 Scenes From a Hit TV Show Say About China", *New York Times*, 2017년 5월 27일.

에어포칼립스 6개월 후, 2015년 4월의 축축한 날에 나는 택시를 타고 베이징의 교통체증 안으로 들어갔다. 도시 위의 하늘은 잿빛으로 덮여있었지만 베이징 기준으로 볼 때 공기는 괜찮은 날이었다. 택시는 2환로(베이징에는 이제 7개의 도시 순환도로가 있다. 가장 안쪽이 1환로다)를 따라 달렸고, 라마교 사원을 지나쳤다. 원래는 17세기에 궁녀들의 거주지로 지어진 곳인데 지금은 티베트교도들이 쓰고 있다. 넓은 도시의 외곽으로 나갈수록 미래적인 형상을 한 고층건물들은 점차 줄어들고 평범한 건축물들이 늘어났다. 마침내 택시는 납작한 모래색 건물 앞에 섰다. 중국과학원이 들어있는 곳이다.

내가 이곳에 온 이유는 니우웬유안牛門元을 만나기 위해서였다. 그는 70대 중반에 들어선 작은 체구의 남자로, 사무실 안으로 나를 들여보내고는 90분 동안 얘기하면서 내 얘기에 계속 미소를 보내고 고개를 끄덕여줬다. 그 세대의 중국인 상당수가 그렇듯이 니우의 얼굴에는 강인한 자존감이 엿보인다. 그는 유명한 경제학자이자 중국의 내각인 국무원國務院 고문이다. 또 2011년에는 중국 정부로부터 환경보호와 지속가능 성장에 대한 공로에 대한 상을 받았다. 그는 중국의 '그린 GDP' 발명자이기도 하다.

그의 사무실에는 니우가 후진타오胡錦濤 전 주석, 원자바오溫家寶 전 총리 등 여러 정치인과 찍은 사진들이 놓여져 있다. 후진타오와 원자바오는 2013년 시진핑이 권력을 잡기 전의 인물들이다. 니우는 뭔가를 지적하려 할 때 손을 크게 휘젓는 버릇이 있었다. 또 생각이 정리되면 팔짱을 끼고 인자한 미소를 지었다. 우리의 대화 내내 그는 평범한 은색 보온병에서 향기 좋은 차를 따라 마셨고, 비서가 가끔씩 끓는 물을 채워주었다.

경제 생산량을 계산해낸다는 건 "흥미롭고 복잡한 일"이라고 그는 아주 좋게 포장해서 말한다. 그에 따르면 중국은 1992년에 와서야 GDP를 공식적으로 측정하기 시작했다. 그 전까지는 소련식 국민계정 시스템인 'MPSMaterial Product System'을 사용했다. 이 방식은 소련이 주로 중공업에 초점을 두고 개발한 것이다. 별로 중요하게 여기지 않았던 서비스업은 거의 포함하지 않는다. 중국은 1986년부터 1990년까지 진행된 7차 5개년 경제개발 계획 시기에 들어가서야 GDP 방식으로 전환했다. 이미 공산당은 수년 전 공산주의를 버린 거나 다름없는 상황이었다. 이들은 비공산권 세계와 자신들의 경제성과를 비교해보고자 한 것이다.

시작 단계부터, 중국은 마치 GDP로 종교를 바꾼 사람처럼 열정을 보였다. 공산당에게 있어서 매년 빠른 경제성장이란 자신들의 존재를 정당화할 수 있는 첫째 이유였다. 장이머우李克强 감독이 만든 영화 〈인생活着〉은 중국이 지주와 소작농 시대에서 공산주의를 거쳐 국가자본주의로 나아가는 과정을 보여주는데, 이 영화에서 아버지와 아들, 손자가 대를 이어 암송하는 시가 있는데 이 시가 바로 물질적 진보라는 생각을 잘 표현해준다.

우리 가족은 자그마한 닭 같았지.
그것이 자라면 거위가 되네.
그리고 그것은 양으로 변하지.
양은 황소로 변한다네.

그리고 황소 다음엔 공산주의가 오고

그리고 매일매일 만두와 고기가 나올 거야.

중국 공산당이 권력 독점을 정당화할 수 있었던 것은 이들이 한때 비참할 정도로 가난했던 농민들에게 점점 더 많은 부를 가져다주는 성과를 꾸준히 냈기 때문이다. 공산당 간부가 승진하기 위해선, 드라마 〈인민의 이름으로〉의 주인공 리다캉이 했던 것처럼 지역 단위에서부터 경제성장을 만들어 낼 수 있는 능력을 보여줘야 한다. 최근에는 성장 속도가 늦춰지긴 했지만 이전 수 년 동안은 연간 경제 성장률이 8% 밑으로 떨어지면 안 된다는 것이 거의 하나의 신념과도 같았다. 그렇게 되면 인민들의 시위가 폭발할 것이라는 우려 때문이었다. 절대 권력을 향해 달려가는 경주 속에서, 오직 자기 지역의 경제를 빠르게 발전시킨 간부만이 공산당의 최고 등급에 오를 수 있었다.

니우는 모든 것을 희생해 경제성장을 이뤄야 한다는 생각에 회의적이다. 그러나 중국의 자유로운 사상가들 상당수가 그렇듯이 니우 역시 자신의 주장이 공산당의 사상에 어긋나지 않게 잘 포장하는 법을 배웠다. 그는 경제성장이 나쁘다며 시작하지 않고 오히려 경제성장을 칭찬하며 시작한다. "GDP는 한 나라의 부를 측정하는 아주 중요한 수단 중 하나입니다. 지금까지는 GDP에 대적할 만한 대안이 없어요." 그는 웃으며 말한다. "당신도 알다시피 GDP는 20세기 가장 위대한 발명 중 하나라고 불립니다. 현재 GDP를 계산하는 방식에 문제가 있지만, 이보다 더 나은 방법은 아직 발명되지 않았습니다."

1986년 중국이 처음으로 UN의 국민계정체계를 공부하기 시작했을 때, 이들은 국민계정을 1952년의 것부터 다시 집계하기 시작했다. 공산당이 집권한 것이 1949년이니까 그 3년 후부터 보기 시작한 것이다. 거의 25년 동안 중화인민공화국 창립의 아버지인 마오쩌둥은 집단경제체제의 확립과 경제성장을 위해 여러 과격적인 실험들을 해왔다. 여전히 조심스럽게 얘기해야 하는 문화대혁명(1958~1962)이 대표적이다. 산업화된 국가들을 빨리 따라잡기 위해 마오쩌둥은 농업에 집단운영체계를 도입해 좀 더 효율적인 단위로 재조직하고자 했지만 잘 되지 않았다. 소규모 제철시설을 만들어 고철로부터 철을 생산하려고도 했으나 이 역시 실패했다. 잘못 설계된 이런 실험적 정책들 때문에 작물 생산량이 떨어졌지만, 각 지역 정부들은 중앙에서 내려온 목표치를 맞추기 위해 수확량을 거짓으로 보고했다. 초과 생산량을 가짜로 올려 보내고, 중앙정부는 외화를 벌기 위해 계속 곡물을 수출했다. 이렇게 어떤 대가를 치르더라도 산업화를 이뤄내자는 식의 정책은 결국 전국적인 기근을 불러왔고 최대 4,600만 명의 사망자를 내었다.*

새로운 성장 지표로 다시 계산해보니, 공산주의 시절 중국의 경제성장은 극도로 불안정했음을 확인할 수 있었다. 어떤 해에는 성장률이 10%를 넘기다가 다시 괴멸적인 경기 침체로 떨어지곤 했다. 마오쩌둥의 문화대혁명이 한참이던 1961년, 경제는 무려 27%나 축소됐다. 하지만 새로운 국민계정 집계가 확실하게 뿌리를 내린 1990년 초가 되자 그림이 싹 바뀌었다. 너무 일관적이라서 의심스럽긴 하지만,

---

* 이에 대해서는 다음을 보라. Frank Dikotter, *Mao's Great Famine*, Bloomsbury Publishing, 2010.

중국은 1992년부터 2010년까지 거의 매년 약 10%의 성장률을 기록했다.** 이 시기의 경제성장은 중국을 가난한 농업국가에서 현대식 강국으로 탈바꿈시켰다.

결과는 놀라웠다. 1979년 인당 국민소득은 고작 272달러였다. 바로 이 해 덩샤오핑이 시장 중심적인 조치들을 도입했다. 농부가 잉여 생산물을 판매할 수 있게 하고 경제특구를 지정해서 외국 투자를 끌어들였다. 2015년의 인당 국민소득은 8,000달러까지 올랐다. 이제 중국은 중진국 단계에 안착했다. 그리고 인구가 매우 많기 때문에 세계 무대에서 존재감을 과시하는 강국이 됐다. 2000년에 G7 회원국인 이탈리아를 추월하는 것을 시작으로 2005년에는 프랑스를, 2006년에는 영국을, 2007년에는 독일을 넘어섰다. 2010년에는 쓰디쓴 감정을 갖고 있는 라이벌 일본을 넘어서 세계 제2의 경제 대국이 되는 달콤한 순간을 맞이했다. 이제 미국만이 중국의 앞에 놓여있다. 국가의 부가 증가하는 동안 국방비에 쓰는 돈 역시 같은 추세로 증가했다.

이런 모든 성장에는 비용이 수반됐다고 니우는 말한다. 그는 아까보다 심각한 표정이다. 발전은 인민들의 생활을 와해시키고, 대기와 강을 오염시키고, 자연자원을 돌이킬 수 없을 정도로 파괴했다. 마오쩌둥의 문화대혁명 시기에도 그랬듯이 중국 공산당은 이런 폐해를 인정하지 않았고, 인정할 수도 없었다. 뭔가 더 좋은 측정방식의 필요성이 대두됐다. 이런 폭발적인 경제성장의 좋은 점도 추적할 수 있고

** 나중에 중국 총리가 된 리커창은 중국의 GDP 숫자를 너무 진지하게 받아들이지 말라고 2007년에 경고한 바 있다. 그는 대신 세 종류의 수치를 볼 것을 추천했다. 전기 생산량, 열차 화물량, 은행 대출이다. 이에 대해서는 다음을 보라. David Pilling, "Chinese Economic Facts and Fakes Can Be Hard to Tell Apart", *Financial Times*, 2015년 9월 16일.

나쁜 점도 추적할 수 있는 방법 말이다. 그래서 니우가 그런 방법을 하나 만드는 데 착수했다.

"저와 연구팀은 먼저 그린 GDP라는 개념을 제안하는 논문을 발표 했습니다." 그의 말이다. 전통적인 GDP는 시장에서 교환하는 것들 만 집계한다. 이는 "사회 안정을 가져오는 힘이나 도덕을 유지하는 힘은 측정하지 못한다."는 것이다. 로버트 케네디Robert Kennedy가 했 던 유명한 말처럼, 니우 역시 GDP는 "인생을 가치 있게 만드는 것들 을 제외한 나머지 것"을 측정한다고 덧붙인다.

"우리는 상당히 거친 방식을 씁니다." 니우는 자신이 만든 대안에 대해 인정할 점은 솔직히 인정한다. "현재의 GDP 수치를 놓고 거기 서 우리가 보기에 틀렸다거나 잘못 계산됐다고 생각하는 부분을 빼 버립니다. 이런 과정을 통해 우리는 진짜 GDP에 가까운 무언가를 얻 게 됩니다."

니우는 그린 GDP를 계산할 때 세 가지 원칙이 있다고 말한다. 첫 번째, 환경을 과소비해서는 안 된다는 것이다. 만일 내가 '석탄 한 무 더기와 전기 100유닛'만을 필요로 하고 있는데, 석탄 세 무더기와 전 기 300유닛을 소비한다면 그 낭비되는 부분은 집계되어서는 안 된다. 그 초과분은 제외해야 한다고 그는 말한다.

두 번째는 실수에 의한 성장을 할 때다. 니우가 눈을 반짝이며 말한 다. "제가 예를 들어보지요. 어떤 지방에 장이라는 성을 가진 공산당 서기가 있다고 합시다. 장 서기는 당신이 이 땅을 파야 할 필요가 있다 고 결정합니다. 땅을 파는 동안 당신은 GDP를 창출해냅니다. 그리고 나서 리 라는 다른 당 서기가 와서 이렇게 말합니다. '이 땅은 파면 안 됩니다. 구멍을 메우세요.'라고요." 니우는 이 말을 하고 슬프게 고개를 절래절래 젓는다. 장 서기와 리 서기 같은 사람들이 너무도 많이, 그리도 훨씬 더 큰 스케일로 존재한다는 것처럼. "이런 종류의 잘못된 운영은 피할 수 있어요. 이런 것들은 GDP에 집계되면 안 됩니다."

중국인들이 땅을 팠다가 메웠다가 하는 일을 비웃기 전에, 서구에 사는 사람들 스스로도 이런 통계적 마술에서 자유롭지 않다는 것을 인정해야 한다. 나는 이것을 '땅에서 금을 파낸 다음에 그것을 은행 안에 저장하는 행위'로 표현하기를 좋아한다. 한 유명한 경제학자는 다음과도 같이 말했다. "인간은 지구의 뱃속에서 금을 캐낸 다음, 다시 지구의 뱃속에 있는 포트녹스 금고*에 가져다 넣는다."**

니우의 리스트의 세 번째 항목은 그가 '사회에 대한 비용'이라고 부르는 것이다. 한 사회의 인간관계가 조화롭고, 범죄율이 낮고 시민들의 시위가 적은 상황이라면 굳이 질서 유지에 많은 돈을 쓸 필요가 없다고 그는 말한다. "무질서의 수준이 높으면 평화를 유지하기 위해 더 큰 경찰력이 필요합니다. 그렇게 되면 GDP가 창출되죠. 그것은 불필요하기 때문에 집계해서는 안 되는 것입니다. 이런 식의 성장이 우리가 원하는 건 아니지 않습니까?" 사이먼 쿠즈네츠가 중국인으로 태어났나 싶다.

니우가 제안하는 그린 GDP는 경제학자들이 외부효과extermalities라고 말하는 것을 고려해 만들어진 것이다. 우리는 경제생산의 부작용 중 기록에 남지 않는 것을 부정적 외부효과라 말한다. 예를 들자면,

---

* 미국 켄터키주에 있는 연방준비은행 지하 금고.

** Paul A. Samuelson, *Economics*, McGraw-Hill Book Company, 1948, p. 10.

철강이나 플라스틱을 제조하는 공장은 유독물질이나 먼지입자로 강물과 대기를 심각하게 오염시킬 수 있다. 이런 공장이 만드는 생산물과 이윤은 경제활동으로 잘 기록되지만, 이로 인해 모든 사람의 건강이 악화되고 유독물질 처리를 위해 더 많은 세금을 내야 한다. 이런 것들은 생산자가 조용하게 사회로 떠넘길 수 있는, 눈에 보이지 않는 비용이다. 전통적인 경제성장 집계 방식은 이런 비용들을 마이너스 요인으로 기록하지 못할 뿐 아니라 플러스 요인으로 기록하기도 한다. 오염된 강물의 흙을 준설하는 것이나 암 환자를 돌보는 것, 환경오염으로 조기 사망한 희생자에게 멋진 장례식을 치러주는 것은 모두 경제활동으로 집계된다. 어떤 비평가는 우리가 경제성장을 측정하는 방식을 두고 "통계적 세탁소"라고 말하기도 했다. 사회악을 마법처럼 사라지게 한다는 것이다.* 물론 긍정적인 외부효과들도 있다. 긍정적 외부효과란 어떤 활동이나 자산이 가져다주는 혜택 중에 측정되지 않는 것들을 말한다. 도시 안에 녹지를 만드는 것은 경제에 부담을 주는 것처럼 보일 수 있다. 그 자리에 제철소를 짓는 것에 비한다면 말이다. 하지만 공원은 경제의 관점에서는 보이지 않는 혜택들을 준다. 휴식, 스트레스 감소, 정신적인 웰빙 등으로 인해 헬스케어에 들어가는 비용을 줄일 수도 있다.

니우는 부정적 외부효과의 숨겨진 비용을 드러내보자는 목적으로 새로운 GDP 집계 방식을 제안했다. 다소 독특했지만 겸손한 제안이었다. 그러나 하나의 정당만이 존재하는 국가, 경제성장을 극대화하

---

* Lorenzo Fioramonti, *Gross Domestic Problem*, Zed Books, 2013, p. 151.

는 것이 존재의 목적인 국가에서 이런 제안은 반역적인 것이었다. 중국은 환경에 보이지 않는 해를 가하고 있기도 하지만, 정치 시스템 역시 보이지 않는 사회적 비용을 수반하고 있었다. 중국 경제성장의 엔진 중 하나는 농업용지를 산업용지로 바꾸는 것이다. 후자가 더 생산성이 높기 때문이다. 지방 정부의 공무원들은 중앙정부에서 내려온 성장률 목표를 달성하기 위해, 또 자신들의 부를 늘리기 위해 이런 방식을 사용한다. 이를 거의 예술의 경지까지 승화시켰다. 이들은 땅에서 농민들을 쫓아내고 미약한 보상을 해주거나 아예 보상을 하지 않기도 한다. 이 땅은 산업체나 부동산업체에게 팔린다. 단 한 번의 붓질로 인해 허공에서 돈과 경제성장이 탄생했다.

여느 개발도상국들과 마찬가지로, 중국의 경제성장과 근대화는 무언가를 다른 무언가로 바꾸는 과정에서 나오는 결과물이다. 젊은 농촌 여성이 공장 노동자로 바뀐다. 땅 속의 석탄이 에너지와 공해로 바뀐다. 공동 소유의 땅이 개인 소유로 바뀐다. 때때로 경제성장이라는 것은 이미 존재하는 무언가를 돈으로 환산하는 과정에 지나지 않는다. 여느 곳과 마찬가지로, 여기엔 숨겨진 비용이 있다. 환경의 파괴, 사회의 혼란, 불평등, 그리고 중국의 경우에는 경제성장을 계속 추진하기 위해 필요했던 부채의 증가다. 2017년 기준 중국의 국가부채는 GDP의 250%였다.** 특별히 중국의 성장 모델이 잘못되었다고 비판하고 싶지는 않다. 또 이렇게 경제성장을 위해 무언가를 희생해야 하는 트레이드오프trade-off 관계가 가치 없다고 비판하고 싶지도 않다.

** Leo Lewis, Tom Mitchell and Yuan Yang, "Is China's Economy Turning Japanese?", *Financial Times*, 2017년 5월 28일.

이는 사회의 진보를 위해 치러야 할 대가일 수도 있다. 하지만 경제성장에 대한 우리의 집착이 가져오는 문제는, 우리가 이런 부작용들을 아예 신경 쓰지 않게 된다는 점이다. 한쪽 편만 측정하고 한쪽 편은 측정하지 않으면서 이를 트레이드오프라고 부를 수는 없다.

니우의 관점에서 국가가 국민들을 억압하는 것은 경제성장에 도움이 되는 플러스 요인이 아니라 마이너스 요인이다. 마찬가지로, 파지 않아도 될 땅을 팠다거나, 쓸데없이 큰 댐을 지었다거나, 아무데로도 가지 않는 도로를 건설했다거나, 불필요한 제철소를 지었다거나 하는 일들을 GDP 집계에 집어넣는 것 역시 마이너스 요인을 플러스로 잘못 회계장부에 기록한 것과 마찬가지다. 성장이 가져오는 환경의 파괴를 GDP에 계산하는 것은 잘못됐다고 니우는 말한다. 미래의 세대가 그걸 치우는 비용을 내야하기 때문이다. "실수를 했다면, 당신이 만드는 GDP는 현실이 아니다"라고 그는 말한다.

다른 인터뷰에서 니우는 "2006년에 그린 GDP를 발표하려 했지만 성공하지 못했다"고 말한 바 있다.* "정치적 압박이 한 가지 이유였다. 지방 정부 공무원들은 그린 GDP가 자신들의 승진 기회를 위협한다고 느꼈다. 대중이 이해하기엔 내용이 너무 복잡했다는 것도 실패의 요인 중 하나다." 그러나 좌절하지 않고 니우는 5년 후 다시 자신이 만든 GDP 품질 지표를 들고 돌아왔다. 이번에는 처음 버전보다 더 단순해진 버전이었다. 지방의 지도자들은 여전히 불편해했고, 니우가 만든 그린 GDP 지수는 실제 정책에는 영향을 주지 못하고 학문

* Jonathan Watts, "China's Green Economist Stirring a Shift Away from GDP", *Guardian*, 2011년 9월 16일. www.theguardian.com

적인 실험 정도로 남겨졌다.

어쨌든, 니우의 작은 연구팀은 중국의 '실질적인' 성장률을 계산해 냈다. 낭비와 환경파괴, 사회적 혼란을 고려한 수치다. 이 숫자들은 논란을 불러일으킬만하고, 불편하고, 그리고 거의 비밀로 남아있다. "대략적인 수치들은 갖고 있지만 발표하지는 않아요." 그는 알쏭달 쏭한 표정으로 말했다. 계속 물었더니 마지못해 이야기한다. 자신의 계산에 따르면 "중국이 발표하는 GDP의 약 3분의 1은 진짜가 아닙 니다"라고.

또 다른 자리에서 니우는 이렇게 말했다. "GDP를 숭배할 필요도 없고 GDP를 버릴 필요도 없습니다. 우리의 목적은 좀 더 적은 자연 자원을 소비하고, 환경에 악영향을 덜 끼치고, 사회적인 운영비용도 낮은 GDP를 갖는 것입니다. 우리는 이성적인, 순수한 GDP를 원합 니다."**

니우는 이상주의자다. 그는 어떤 경제학자도, 혹은 어떤 사회과학 자도 아직 발견하지 못한 무언가를 좇고 있다. 그가 "녹색 멘탈리티" 라 부르는 무언가를 수치화하는 방법이다. 그의 궁극적인 목적은 "사 람들의 마음속에 있는 녹색을 찾는 것"이라 말한다. 정신없이 달려가 는 중국의 근대화 속도를 고려하면 너무 순진하게 들리지만 말이다. "사람들이 더 현명해져야만 GDP도 청신호가 될 수 있습니다."

2013년 3월, 상하이 주민들은 아침에 일어나자 도시 외곽 지역의

** 위의 기사.

강을 따라 내려오는 수천 마리의 돼지 시체를 목격했다. 몇 년 전, 중국이 2008년 하계올림픽을 준비하면서 정체불명의 녹조가 퍼지기 시작했다. 마치 호러 영화의 한 장면처럼 녹조가 퍼지면서 항구도시 칭다오에서는 조정 경기가 열리지 못할 뻔 했다. 관계당국이 대응에 나섰을 때는 이미 녹조가 중국 동쪽 해안을 따라 수백 킬로미터 퍼진 상황이었다. 공영방송에서는 이 녹조가 자연현상이라 말하는 과학자들을 동원해 사태의 파장을 축소하려 했다. 중국의 환경운동가들은 다른 의견을 냈다. 이 현상이 공업 오염물질과 양식업에서 비롯된 것이라고 그들은 주장했다. "중국의 바다를 구하는 네트워크Save China's Seas Network"의 코디네이터 웬보는 "바다의 자연적인 생태계가 파괴되어 이런 이상한 일들이 생깁니다"라고 말했다.*

중국의 하천수 중 5분의 2는 마실 수 없고 6분의 1은 너무 오염되어서 어떤 용도로도 쓸 수가 없다. 양쯔강돌고래(바이지)는 양츠강의 여신이라고도 불린다. 바이지는 지구상에 네 종만 있는 민물 돌고래 중 한 종으로 지구상에서 2,000만 년이나 살아왔지만 지금은 거의 멸종 단계다. 언론매체에서는 대기오염이 주로 보도되지만 토양오염도 그만큼이나 괴멸적이다.** 토양이 지표면에서 차지하는 부분은 몇 센티미터, 많아야 몇 십 센티미터에 불과하다. 농산물의 과잉 경작으로 인해 토양이 오염되거나, 바람에 날아가 버리거나 강물에 씻겨가 버리면 많은 시간이 지나야 다시 회복된다. 추정에 따르면 중국의 토양

---

* Geoff Dyer, "Chinese Algae Spreads to Tourist Resorts", *Financial Times*, 2008년 7월 12일. www.ft.com

** Jonathan Watts, *When a Billion Chinese Jump*, Simon & Schuster, 2010.

오염 속도는 자연적인 복원속도에 비해 30배에서 40배 빠르다. 중국에는 또 '암 마을'이라 불리는 곳들도 많다. 윈난성 싱룽興隆이라는 마을에서는 화학공장 하나가 수천 톤의 크롬 폐기물을 주변 구릉과 강으로 쏟아냈다. 크롬은 발암물질로 알려져 있다.

경제성장의 부정적인 측면에 대해 글을 쓰는 사람들은 보통 긍정적인 측면은 잘 다루지 않는다. 공정하게 얘기하자면, 중국의 경제성장은 많은 혜택도 가져왔다. 대기오염으로 인해 최대 120만 명이 조기 사망한다고는 하지만, 동시에 놀라온 경제적 발전으로 인해서 중국인의 평균 수명이 훌쩍 늘어난 것도 사실이다. 1949년 35세였던 평균수명은 오늘날 75세가 됐다. 전 세계 대부분의 국가보다 빠른 개선이다. 좀 더 나은 음식, 좀 더 나은 병원과 좀 더 나은 주거시설로 인해 중국인 대부분의 생활수준이 드라마틱하게 올라갔음을 반영한다.

중국의 경제성장이 지구를 위협하고 있는지, 또 중국 자체의 지속가능성을 위협하고 있는지도 한 번 생각해볼 문제다. 영국의 성직자이자 학자 토마스 맬서스Thomas Malthus가 '인구론'을 쓴 1798년 이래, 많은 사람들은 지구가 자연의 한계에 도달하고 있다고 예측해왔다. 맬서스는 인구의 증가속도가 농산물 생산의 증가속도를 뛰어넘기 때문에 생활수준이 정체되고 결국은 대참사가 벌어질 것이라 생각했다. 그래서 맬서스는 두고두고 비웃음의 대상이 됐다. 항상 폭락장만을 예측하는 증권가 애널리스트처럼, 맬서스의 유령 역시 전 세계가 계속 발전을 거듭하는 것을 지켜만 봐야 했다.*** 물론 종종 가뭄도 있

***『총, 균, 쇠』의 저자 재레드 다이아몬드는 맬서스가 얘기한 과잉인구 상황이 1994년 르완다에서 발생한 학살 사건의 원인 중 하나라고 말했다.

었고 전쟁과 전염병도 있었지만, 전반적으로 인류의 개체 수는 폭발적으로 증가했다. 가난이 여전히 남아있긴 하지만 인류 전체적으로 보면 과거와는 비교할 수 없을 정도로 부유해졌다.

경제성장에는 패턴 하나가 있다. 발전의 초기 단계에 있는 국가는 환경을 오염시킨다. 그러다가, 좀 더 부유해지고 기술적으로 더 발전하게 되면 오염을 청소하기 시작한다. 런던을 보자. 1952년까지만 해도 "완두콩 스프pea-souper"라 불리던 날들이 있었다.* 대기오염이 너무 지독해서, 화이트시티 경기장에서 열린 그레이하운드 경주 대회가 취소된 적도 있었다. 경주견들이 토끼 모형을 따라 달려야 하는데 앞을 볼 수 없었기 때문이다.

1952년의 런던은 2015년의 베이징과 같았다. 그러나 중국의 산업화는 지구의 허리 위에 마지막 지푸라기를 올려놓는 것과 같다고 보는 사람들도 있다. 중국이 너무 큰 나라이기 때문이다. 다른 나라들은 점점 부유해지면서 갖고 있던 공해산업들을 더 가난한 다른 나라들로 밀어낼 수 있었다. 폭탄 돌리기 게임처럼. 미국과 유럽에서 물건을 만드느라 발생했던 오염의 대부분은 간단히 중국으로 아웃소싱됐다. 문제는, 중국이 충분히 부유해진다면 그 폭탄을 다른 곳 이를테면 아프리카 같은 곳으로 돌리게 될 것인가이다. 아니면 전 지구적인 경제활동의 부산물로 발생하는 폭탄의 크기가 너무 커져서 다른 누군가에게 떠넘길 수 없을 정도가 될 것인가이다. 중국과 미국의 국부 차이가 좁혀지면서, 중국 한 나라의 이산화탄소 발생만으로도 기온이

---

* 대기오염이 심해서 완두콩 스프 색깔이라는 뜻

지속불가능할 정도로 오르고 전 지구적으로 대참사를 불러오는 기후 이상 현상이 발생할 것인가? 다른 국가들이 산업화의 사다리를 오르면서 했던 짓을 중국이 똑같이 반복할 수 없다고 하면, 맬서스가 옳았을 수도 있다. 그저 예언이 몇 백 년 앞서나왔을 뿐이다.

물론 중국이 오염 문제를 해결할 수 있을지도 모른다. 관련 기술을 발전시키고, 제조업에서 서비스업으로 이동하고, 이미 환경에 가해진 피해를 점차 복구하면서 말이다. 그러나 그렇게 하기 위해서는 먼저 문제를 인지하는 것부터 시작해야 한다. 어떤 측면에서 이미 그렇게 하고 있다. 2015년, CCTV의 앵커였던 차이징柴靜은 자비로 제작한 다큐멘터리 하나를 인터넷에 올렸다. 제목은 〈돔 지붕 아래서穹頂之下〉였고, 산시 지방의 환경 재앙을 다뤘다. 이 다큐멘터리의 가장 가슴 아픈 장면은, 차이징이 여섯 살 소녀에게 별을 본 적 있냐고 묻는 대목이다. 소녀는 본 적이 없다고 말한다.

이 다큐멘터리에 대한 대중의 반응은 – 중의적으로 얘기해 – 숨이 막힐 지경이었다. 중국 검열당국이 재빨리 인터넷에서 내렸지만 이미 1억 5,000만 건이나 다운로드된 상황이었다. 그리고 당시 환경 장관 역시 이 영화를 칭찬했다. 1962년 레이첼 카슨Rachel Carson이 쓴 책 『침묵의 봄Silent Spring』에 비유하기도 했다. 『침묵의 봄』은 미국 화학 산업을 비판하고, 현대적인 환경운동을 시작하게 만든 책이다. 차이징의 다큐멘터리가 나오기 전인 2014년에 이미 리커창李克強 총리는 '공해에 대한 전쟁'을 선포했다. 그는 스모그를 '비효율적이고 맹목적인 발전 모델에 대해 자연이 주는 적색경보'라 불렀다.

중국 지도자들이 쓰는 레토릭은 조심스럽게 받아들여야 한다. 그렇긴 해도, 실제로 많은 것이 변했다는 것은 인정해줄 필요가 있다. 한 리포트는 이렇게 썼다. "중국은 신재생 에너지renewable energy를 전략 산업으로 지정하고 녹색 에너지 분야의 거인이 됐다. 전 세계 풍력 발전 설비의 3분의 1, 태양광 발전 설비의 4분의 1 이상이 중국에 있다. 10대 태양광 패널 메이커 중 6개가 중국 회사이고, 10대 풍력 터빈 메이커 중 4개가 중국 회사다. 그리고 지난 해 중국에서 판매된 순수 전기차의 판매량은 나머지 국가 전부를 합친 것보다 많다."*

중국이 원자력을 포함한 신재생 에너지로 에너지 정책을 전환하고는 있지만, 서구적인 생활수준을 따라잡기 위해 해야 할 일들이 많다 보니 그 과정에 어려움이 많다. 고성장을 수년 이상 지속해야 한다는 뜻이다. 베이징의 지도자들이 경제성장에 대한 기대치를 두 자릿수에서 7% 이하로 낮추기는 했지만 말이다. 전체 에너지 사용에서 비화석 연료의 비율이 늘어나고는 있지만, 절대량으로 따지면 더러운 화석연료의 사용도 계속 상승 중이다. 2016년 한 중국 정부 관계자에 따르면 석탄을 사용한 발전은 향후 5년간 20% 증가할 것으로 전망된다.**

중국이 대기오염 등의 측면에서 나아질 수 있었던 이유 중 일부는 나라 안에서 폭탄 돌리기 게임을 하고 있기 때문이다. 그린피스에 따르면 2016년 1월부터 3월까지 베이징의 PM2.5(초미세먼지) 지수는 1년 전 같은 기간에 비해 28% 내려갔다. 정부의 종합적인 규제 때문에 상하이의 대기 역시 12% 개선됐다. 하지만 북부 허베이 지방에서

---

* Pilita Clark, "The Big Green Bang: How Renewable Energy Became Unstoppable", *Financial Times*, 2017년 5월 18일.

** Aibing Guo, "China Says It's Going to Use More Coal, With Capacity Set to Grow 19%", *Bloomberg*, 2016년 11월 7일. www.bloomberg.com

는 석탄발전소들이 문을 닫고 있었지만, 규제가 느슨한 중부와 서부 지방에서는 새롭게 건설되고 있었다. 중부와 서부에 있는 도시들에서 설문조사한 결과에 따르면 응답 도시 중 91%에서 대기오염 수치가 상승한 것으로 나왔다.[***]

그렇지만, 런던정경대London School of Economics가 2016년 연구한 바에 따르면 중국의 탄소배출량은 2025년을 기점으로 내려갈 것으로 예상된다. 어쩌면 이미 최고점을 지났을지도 모른다. 보고서는 전망치들이 다소 보수적으로 작성됐다고 얘기했다.[****] 중국 경제가 이미 중공업에서 탄소배출량이 적은 테크 산업과 서비스 산업으로 이동하고 있기 때문이다. 중국의 기후변화 관련 최고 당국자인 시에젠화解振华는 아직 중국의 이산화탄소 배출량이 증가추세에 있다고 말했다. 도시화에 따른 토목건설과 자가용 소유 때문이다. 그러나 그는 중국의 정책 변화 때문에 이 추세가 곧 안정화될 수 있다고 말한다. "현실적으로, 우리의 이산화탄소 배출량은 아직 늘어나고 있습니다. 하지만 우리도 매우 많은 노력을 하고 있습니다."[*****]

정치적인 변화의 시작도 감지되고 있다. 니우가 만든 그린 GDP가 주목을 받기 시작했다. 2015년, 중국 환경부는 지방 공무원의 성과를 측정할 때 환경이 얼마나 개선되었는지도 평가하는 안을 다시 제시했다. 이미 2014년에 70여개 이상의 소도시와 농촌 단위에서는 공무

*** Yuan Yang, "China's Air Pollution Lifts in Coastal Cities, But Drifts Inland", *Financial Times*, 2016년 4월 20일.

**** 원문은 "projections were too bleak이다." 저자가 역자에게 부연 설명한 바에 따라 번역했다.

***** Yuan Yang, "China Carbon Dioxide Levels May Be Falling, Says LSE Study", *Financial Times*, 2016년 3월 7일.

원들의 성과 평가 지표에서 GDP를 제외하고 대신 환경보호와 빈곤 감소 지표를 집어넣었다. 그 해 여름, 시진핑 주석은 당직자들에게 이렇게 말했다. "명백히 눈에 보이는 성취도 살펴봐야 하지만 눈에 보이지 않는 성취도 살펴봐야 합니다. 이제는 더 이상 단순히 GDP 성장률을 놓고 누가 (당의) 영웅인지 결정할 수는 없습니다."[*]

국제적으로 봐도, 중국은 후발주자에서 이른바 글로벌 지도국의 지위로 올라갔다. 미국 도널드 트럼프 대통령이 파리기후협정에서 탈퇴하려 하는 동안, 중국은 EU와 함께 화석연료 사용을 더 빨리 줄이는데 합의했다. 이를 역사적인 움직임이라 부른 사람도 있다. 북경 국제관계학원University of International Relations in Beijing의 왕후이王辉는 미국의 탈퇴 덕분에 중국이 리드할 수 있는 기회를 잡았다고 말한다. "트럼프는 모두의 이익보다 미국 스스로의 이익을 강조하는 비즈니스맨입니다. 중국과 유럽은 이제 속도를 높이고 우리의 국제적인 책임을 함께 맡아야 합니다."[**]

녹색기술이 발전하면, 경제성장과 환경파괴의 트레이드오프에 대한 논쟁은 사소해질 수도 있다. 성장과 환경파괴의 트레이드오프 중 몇 가지 요인들은 단지 우리가 제대로 측정을 하지 못하고 있기 때문에 생겨나는 것이다. '경제성장'이라는 것의 일부가 사람들의 생활을 끔찍하게 만들고 심지어 사람들을 기대수명보다 일찍 죽이기까지 한다면 거기에 성장이라는 이름을 붙여서는 안 될 것이다. 그런데 모든

---

[*] Gabriel Wildau, "Small Chinese Cities Steer away from GDP as Measure of Success", *Financial Times*, 2014년 8월 13일.

[**] Arthur Beesley et al., "China and EU Offer Sharp Contrast with US on Climate Change", *Financial Times*, 2017년 6월 1일.

중국인들이 그렇게 생각하는 건 아니다. TV 드라마 〈인민의 이름으로〉에서 경제성장에 '올인'하는 주인공 리다캉을 좋아하는 사람들이 있는 걸 보면 말이다. 만일 누군가가 막 가난에서 벗어나는 참이라면 그 어떤 형태의 경제성장이라도 반길 것이고, 그 대가가 어떤 것이라도 상관하지 않을 것이다. 하지만 리다캉조차도 최소한 문제가 무엇인지에 대한 데이터는 갖고 있는 편이 낫다는 데는 동의할 것이다. 그래야 그 트레이드오프가 무엇인지 알고 판단을 내릴 수 있기 때문이다.

중국의 환경문제를 집중적으로 다뤄온 기자 조너선 와츠Jonathan Watts는 2012년 중국을 떠나며 기념적인 연설을 했다. 그는 자신이 머물렀던 9년 동안 중국정부가 취한 정치적 개혁은 거의 없었지만, 환경 분야에서는 큰 도약을 이뤄냈다고 말했다. 와츠는 사막화를 막기 위한 캠페인들과 나무 심기 운동, 환경 관련 투명성을 높이는 법의 도입, 탄소 목표치의 도입, 친환경 서비스에 대한 보상정책, 친환경 회계, 물 사용 규제, 경제성장률 목표치 낮추기, 제12차 5개년 계획, 초미세먼지에 대한 모니터링 강화와 사회적 논의 강화, 신재생 에너지와 클린테크 산업에 대한 투자 등을 예로 들었다.

물론 이런 일들을 했다고 해서 중국이 더 깨끗한 나라가 된 건 아니다. 그 9년 동안 중국 경제는 4배로 커졌고, 거리에 있는 자동차의 수는 5배로 늘어났고 탄소발생량은 2배가 되어 미국을 넘어섰다. 중국은 이제 지구상 석탄 화력의 거의 절반을 차지한다. 와츠는 중국이 '검은 초강대국이자 녹색 초강대국'이 됐다고 말했다. 지구를 죽일 수도 있고, 지구를 구할 수도 있다는 뜻이다.

PART THREE

성장을 넘어서

BEYOND GROWTH

CHAPTER 10.

국부
Wealth

빌과 벤이라는 두 사람이 있다고 상상해보자. 빌은 투자은행 직원이다. 골드만삭스에서 연봉 20만 달러의 연봉을 받는다. 그렇다. 투자은행 업계 기준으로 보면 형편없이 낮은 액수다. 어쨌든 일단 넘어가자. 벤은 정원사다. 장미를 손질하거나 덤불을 다듬으면서 연 2만 달러를 번다. 둘 중 누가 더 잘 사는 걸까? 각자가 받는 수입을 생각한다면 분명 빌이 벤보다 정확히 열 배 더 부자다. 이 측정법은 GDP 집계와 같은 것이다. 즉 이것은 각자가 특정 연도에 받는 수입의 '흐름flow'을 알려준다. 그러나 GDP도 마찬가지이듯이, 이 숫자들은 빌과 벤의 진짜 재산에 대해서는 많은 정보를 주지 않는다.

좀 더 잘 알아보려면, 이들이 가진 자산의 축적량stock을 알아야 한다. 참고로 정원사 벤은 고작 19세이며 최근 롱아일랜드에 있는 1억 달러짜리 거대 장원을 유산으로 물려받았다. 사실 벤은 매주 화요일 오후에만 자기 소유의 땅에서 취미 삼아서 정원을 가꾸는 것이며 그 수입은 그냥 상징적으로 자기 스스로에게 주는 것일 뿐이다. 내년에는 그 장원을 팔고 맨해튼 도심에 있는 좀 더 검소한 집을 사서 이사를 가려 한다. 새 집을 사는데 들어가는 돈 빼고, 나머지 약 9,500만 달러 정도에서 나오는 이자로 먹고 살 계획이다.

이에 비해, 불쌍한 빌은 빚이 목까지 차오른 상황이다. 매달 자기 월급의 절반을 부동산 대출 갚는데 넣고 있는데, 그렇게 10년을 더 갚아야 한다. 중고 포르셰를 사느라 할부금도 갚아야 하고, 고상하게 보이는 라이프스타일을 유지하다보니 은행 마이너스 통장의 빚도 골치 아픈 수준이다. 불행하게도, 그는 또 거의 50세가 다 됐다. 은행은 곧 그를 내쫓을 것이다.

자 이제 빌과 벤 중에서 누가 더 잘 사는 것 같은가?

우리가 쓰는 표준적인 경제성장 지표는 수입income에 대한 모든 것을 보여주지만 재산wealth에 대해서는 아무 것도 보여주지 않는다. 이것이 가장 근본적인 결점 중 하나다. 개인에게 뿐만 아니라 국가에 있어서도 마찬가지다. 사우디아라비아의 경제성장률 관련 수치들은 사실상 무의미하다. 왜? 그 수치들은 석유에서 나오는 돈의 흐름 없이는 무의미하고, 석유는 언젠가 고갈될 것이기 때문이다. 그 시점에 이르렀을 때, 사우디아라비아가 오늘날의 소득 수준을 유지할 수 있는 뭔가 다른 방법을 찾지 못했다면 그 나라의 경제는 쪼그라들 것이다.*

---

* 마틴 울프와의 사적인 대화. 파이낸셜타임스 2016년 8월 런던.

즉 사우디아라비아는 50세 투자은행 직원 빌과 같은 나라다.

세계의 진짜 모습을 그려보기 위해서는 재산, 즉 각 나라가 갖고 있는 자산의 축적량을 재는 것이 필수적이다. 하지만 그럼에도 불구하고 국민계정에 있어서는 우리가 쓸 수 있는 도구가 많지 않다. 국민계정에는 엄청난 양의 정보가 들어 있지만, 정책 결정자들은 경제성장에만 집착하다보니 단 하나의 수치, 즉 GDP에만 집중한다. 다른 정보들에는 거의 관심을 갖지 않는다.

잠깐 멈춰 생각해보면 아주 이상한 일이다. 금융투자자들이 기업의 가치를 측정할 때는, 그 회사의 수익과 손실도 체크하지만 대차대조표도 체크한다. 이윤과 손실을 적은 장부, 즉 손익계산서income statement는 특정 기간에 걸친 매출과 지출의 흐름을 보여준다. 일반적으로 얘기하자면, 매출이 지출보다 많으면 그 회사는 수익을 내고 있는 것이고 그렇지 않다면 손해를 보고 있는 것이다. 대차대조표balance sheet는 다르다. 들어오는 돈과 나가는 돈의 흐름을 측정하는 게 아니라, 특정 순간의 스냅샷을 찍는다. 대차대조표에는 자산들과 채무관계와 주주의 자본금이 쭉 나열되어 있다. 이것은 그 회사가 무엇을 얼마나 갖고 있고 또 얼마나 빚을 지고 있는지를 보여준다. 그 과정에서, 대차대조표는 해당 기업이 실질적으로 얼마만큼의 '가치'가 있는지를 보여준다. 올해뿐만 아니라 미래에도 얼마만큼의 수입을 만들 능력이 있는지를 보여주는 것이다.**

이에 비해, 정치인들과 정책입안자들은 아주 부실한 통계 데이터

** 기업에게 있어서는 세 번째 방법도 있다. 현금흐름표다. 실제로 회사가 가지고 있는 현금의 상태를 측정한다. 즉 당장 사용할 수 있는 '현금 유동성'을 보여주므로 이것 역시 손익계산서와는 다르다.

세트에 의존한다. 우리는 그걸 GDP라 부른다. 이것은 기업의 손익 계산서에 해당한다. 몇 번의 실험적인 부속 통계를 제외하면, 아직 한 나라의 자산의 축적량 즉 국부를 시스템적으로 측정하려는 시도는 없었다.* 가죽잠바를 입고 다니는 경제학자 우마이르 하크는 이렇게 말한다. "국민계정에 있어서는 전혀 혁신이 없었습니다. 완전히 정체되어 버렸죠." 그는 이것이 충격적인 실패라고 간주한다. 경제성장을 측정하는 기법이 지금까지 수없이 많이 업데이트되고 수정되어왔듯이, 국부를 측정하는 기법 역시 지금보다 개선되어야 한다면서, 그 일을 IMF나 세계은행 같은 국제기구 등에서 일하는 위대한 경제학자들이 시급히 맡아야 한다고 주장한다. 그는 한 손에 담배를, 다른 손에 에스프레소 커피를 들고 입에서 연기를 뿜으며 말한다. "우리가 경제의 모습을 좀 더 정확하게 그려볼 수 있도록 하는 국민계정의 혁신은 왜 이뤄지지 않는 것일까요? 국부를 측정하지 못한다면 우리는 아는게 아무것도 없는 거예요. 축적량에 대한 그림을 그려볼 수 없으니 우리가 얼마나 부자인지를 정확히 안다고 말할 수가 없죠."

파르타 다스굽타Partha Dasgupta는 영국 캠브리지대의 석좌교수이며 환경경제학의 선구자다. 그는 경력의 대부분을 경제에 대해 다르게 생각하는 법을 연구하는 데 썼다. 내가 그와 대화를 나누기 위해 캠브리지에 갔을때, 그는 세이트존스 칼리지의 육중한 대문 앞에서 양복 자켓과 바지, 그리고 하얀 운동화를 신고 나를 맞이했다. 74세 남성

---

* 많은 선진국에서는 생산 자본produced capital이라 불리는 통계를 만든다. 이는 도로, 건물, 항구와 같은 물리적 자산의 양을 의미한다.

치고는 날씬하고 날렵해 보였다. 그는 근처에 있는 자신의 사무실로 나를 데려가더니 나에게 셰리주를 권했다. 멋이 있던 시대의 관습이다. 나는 감사히 받았다.

새로운 나라에 와서 정착한 사람들이 흔히 그렇듯이, 다스굽타는 영국인보다 더 영국스럽다. 그는 현재 방글라데시가 된 지역에서 태어나 1960년대 경제학 박사학위를 따기 위해 캠브리지 대학 트리니티 칼리지에 왔다. 점잖고 세련된 분위기가 풍기는 사람이다. 다스굽타는 경제성장에 대한 비판론자라기보다는 그저 그것이 엉뚱한 것을 측정하고 있다고 확신하는 사람이다. 어떤 경제 단위(가구, 국가, 혹은 지구라는 행성 전체)를 다루든 간에 우리는 소득이 아니라 부에 더 관심을 가져야 한다고 그는 주장한다. 여기서 '부'라는 것은 '하나의 경제가 가지고 있는 자본 자산capital asset 축적량의 사회적 값어치'를 의미한다고 말한다. 자본 자산에는 제조 자본(도로, 항만, 기계류), 인적 자본natural capital(인구규모와 구성, 교육, 보건), 지적 자본(예술, 인문학, 과학), 그리고 자연 자본(생태계, 수자원, 대기, 토지, 지하자원)이 포함된다.**

아주 어려운 일처럼 보인다. 예를 들어 지식이나 문화를 수치로 측정한다는 게 어떻게 가능하겠는가? 다스굽타도 이런 개념적인 어려움을 잘 알고 있다. 그러나 그는 두 가지로 답한다. 첫째, 1940년대 이후 인류는 경제성장 지표를 만들고 개선하고 다듬는데 엄청난 양의 인적 자본과 수백억 달러의 비용을 썼다. 그에 비해, 국민계정의

** Partha Dasgupta, "Getting India Wrong", *Prospect Magazine*, 2013년 8월.

대차대조표 버전을 만드는데 들어간 노력은 미미하다. "추정치를 내는 게 얼마나 어려운지를 걱정하면 안 됩니다. 추정치를 내는 게 어렵다고 해서 그 일을 피해도 된다는 핑계가 되지는 않습니다." 그는 단호하게 말한다. "GDP 역시 추정하는 게 어렵기는 마찬가지니까요."

둘째, 그에 따르면, 어떤 문제를 해결하는 데 있어서 가장 똑똑한 접근법은 일단 하나의 명제를 극단까지 밀어붙인 다음에 그 결과가 너무 어려운 것 같으면 차차 뒤로 물러나는 것이다. 개념적으로 볼 때, 우리는 국가경제의 대차대조표를 갖고 있어야 한다. 우리가 무엇을 소유하고 있으며 무엇을 빚지고 있는지를 스냅샷으로 찍어놔야 한다. 그 일은 게을리해서 안 된다. 우리 모두의 두뇌를 모아서 대차대조표를 만들어야 한다.

기업의 손익계산서와 대차대조표가 하나의 세트를 이루듯이, 국가경제 역시 축적량을 재는 것과 흐름을 재는 것이 서로 아주 밀접하게 연결되어있다. 어떤 기업이 기계와 숙련된 노동자를 가지고 제품과 서비스를 만들어서 올해 그리고 내년 이후에도 소득을 계속 창출할 수 있다고 해보자. 이 회사는 기존에 갖고 있는 자산을 희생해서 현재의 이익을 늘릴 수 있다. 혹은 자산을 더 늘려서 현재의 수입은 줄이더라도 미래에 더 많은 돈을 벌게 할 수도 있다. 예를 들어, 기계류 교체를 중단하고 현재의 수익을 극대화할 수 있다. 어떤 시점에 이르면 기계들은 낡아서 작동을 멈추게 된다. 이와는 반대로, 차세대 로봇에 투자하거나 직원들을 값비싼 훈련 프로그램에 등록시켜서 보유기술을 발전시키게 할 수도 있다. 이런 조치들은 미래의 경쟁력과 수익을 극대화하겠지만 현재의 수입은 감소시킨다.

가계 단위에서도 마찬가지다. 잘 사는 나라에서는 보통 한 사람의 재산에는 그의 집과 그의 투자자산, 그리고 그가 평생도록 벌어들일 것으로 예상되는 수입과 연금 수령액이 포함된다. "그건 축적량이죠. 당신이 인생 계획을 세울 수 있게 해 줍니다. 원한다면 재산을 써버릴 수도 있어요. 교육비라든가 말이죠. 갖고 있는 금융자산의 규모를 줄여서 다른 자산 즉 인적 자본을 채우는 셈입니다." 가난한 나라에서는 보통 한 사람의 재산에 토지, 가축, 해안에서 물고기를 잡을 수 있는 권리 등이 포함된다. 생활이 어려운 시기에는 소를 팔아서 음식을 사서 자신의 인적 자본(이 경우에는 육체적 에너지)을 유지하기도 한다. 혹은 대도시로 나가는 교통편에 돈을 써서 일자리를 찾을 수도 있다. "이는 한 종류의 자본을 다른 종류의 자본으로 바꾸는 행위입니다."

가구의 자산이나 국가의 자산은 천연자원이나 산업자산 같은 물리적 자산을 넘어선다. 거기에는 실력 있는 목수, 박사학위를 가진 전문직 종사자 등 '기술'도 포함된다. 이 개념은 문화적 자본으로까지 확장해 볼 수 있다. 바다 위에 다른 모든 조건이 같은 섬 두 개가 있다고 상상해보자. 한쪽 섬에 사는 가구들은 서로에 대해 전혀 신뢰관계가 없다. 다른 섬에 사는 가구들은 완벽하게 서로를 신뢰한다. 신뢰가 있는 섬에서는 가구들 간 물물교환이 가능하다. 일 년 동안 우유를 주고 담요 두 장을 받는 식으로, 상대방이 계약을 이행할 것이라 믿기 때문이다. 그러나 사람들 사이에 신뢰가 없는 섬에서는 가구 사이에 물물교환이 일어날 것이라는 전망을 할 수가 없다. 이 두 섬이 정확히 똑같은 자산을 갖고 시작했다 하더라도 미래의 모습은 완전히 달라질 것이다.*

우선 일단 지금은 천연 자본에 대해서만 생각해보자. "경제성장과 발전에 대한 현대 모델들은 자연이 하나의 고정된, 파괴될 수 없는 생산 요소라고 간주합니다. 문제는 이런 가정이 틀렸다는 것이죠." 다스굽타는 이렇게 적었다. "자연이라는 것은 망가지기 쉬운 자산들이 모자이크처럼 모여 있는 것입니다. 농지, 숲, 하천, 어장, 담수원, 강 하구, 습지, 대기 등등이죠. 더 일반적으로 얘기해 생태계라는 것은 스스로 회복하는 힘을 가진 자산입니다. 하지만 인간의 사용에 의해 상태가 나빠지거나 아예 고갈되어버릴 수 있죠."**

GDP, 즉 국내총생산이라는 말에서 "나쁜 단어는 '총'입니다"라고 다스굽타는 말한다. 왜냐하면 이 말이 자산의 가치 하락을 고려하지 않기 때문이다. "습지가 메워지고 쇼핑몰이 들어선다고 해보죠. 쇼핑몰 건설은 GDP 상승에 도움이 됩니다. 그러나 습지의 파괴는 기록이 안 되죠." 만일 쇼핑몰의 사회적 가치가 습지의 사회적 가치보다 낮다면, "그 경제는 더 가난해지게 된 거죠. 국부가 줄어들었으니까요. 그리고 현재 세대와 미래 세대의 잠재적인 웰빙 역시 감소하게 될 겁니다. 그러나 GDP는 정반대의 신호를 보냅니다."

우리가 '경제성장'이 의미하는 부의 흐름에만 관심을 쏟을 게 아니라 부의 축적량에도 신경을 써야 하는 데에는 세 가지 교차되는 이유들이 있다.

---

* 이 사례는 2016년 9월 다스굽타와의 대화에서 나왔다.

** Partha Dasgupta, "The Nature of Economic Development and the Economic Development of Nature", *Economic and Political Weekly*, Vol. 48 Issue 51, 2013년 12월 21일.

첫째, 그렇게 해야 우리가 축적량과 흐름의 상관관계에 대해서, 현재와 미래에 대해서 좀 더 나은 결정을 내릴 수 있다. 개인이라면 내가 현재 은행에 돈을 얼마나 갖고 있는지 알고 있을 것이다. 그 중에서 얼마만큼이나 쓸 수 있을지, 예를 들어 나의 미래 수입을 올려주고 배움의 기쁨을 느끼게 해 줄 대학원 학위과정에 돈을 쓸 여력이 있는지를 가늠해볼 수 있다. 국가의 차원에서도 마찬가지로 현재의 소득을 써서 자본 축적량을 늘려야 하는지 아니면 경제성장을 위해서 자산을 줄여야 하는지 따져봐야 하는 상황들이 무수히 많다. 예를 들어 한 나라가 대학교육을 무료로 한다는 것은 감당하기 어려운 경제적 희생처럼 보일 수 있다. 하지만 만일 우리가 돈의 흐름이 아니라 부의 축적량을 측정한다면, 그렇게 무료 대학 교육을 받은 사람들이 늘어난다는 것은 곧 국부의 증가로 보이게 될 것이다. 경제성장의 감소로 보이는 게 아니라 말이다. 인프라에 대한 투자도 마찬가지다. 미래의 수익을 위해 고속철도에 투자하는 사례를 생각해보자. 이런 투자를 어떤 지표로 측정할 것인지가 중요하다. 미국의 무당파 버니 샌더스Bernie Sanders 의원과 영국의 야당인 노동당 리더 제러미 코빈Jeremy Corbyn은 둘 다 공적 지원을 늘리고 등록금을 없애야 한다고 주장한다. 만일 우리가 GDP가 아닌 국부를 기준으로 보는 국민계정 시스템을 갖고 있다면 이들의 정책은 지금보다 훨씬 덜 급진적으로, 더 실현 가능한 것으로 보일 것이다.

자산을 측정해야 하는 두 번째 이유는 현재의 행위가 미래 세대에게 영향을 미치기 때문이다. 현재의 국가 소득을 측정하는 것은 세대 간 영향을 주는 이슈에 대해 결정을 내릴 때 전혀 도움이 안 된다. 소득을 기준으로 판단을 내리면, 미래에 미치는 영향이 어떻든 오늘날의 경제성장을 극대화하는 방향으로 가게 된다. 극단적인 경우, 한 세대가 그 나라의 산림자원을 모조리 써버리고 매장된 석유도 다 써버리면서 두 자릿수 성장을 달성할 수도 있다. 미래 세대야 자기들이 알아서 어떻게든 살아가겠지 하면서 말이다. 그런 정책을 쓰는 현재의 정부는 빠른 경제성장을 가리키며 자신들의 행위가 정당하다고 주장할 것이다. 하지만 이때 국부國富의 변화를 측정한다면 급격하게 떨어졌음을 볼 수 있을 것이다. 그렇게 되면 최소한 유권자들이 잠시 멈춰서 생각해 볼 기회를 줄 수 있다. 얻는 점과 잃는 점을 비교해가면서 말이다. '경제가 3% 성장했다'는 말만 들었을 때는 좋아 보이지만, '국부는 5% 감소했다'는 말을 들으면 생각이 바뀔 수 있다. 국부의 변화를 보여줄 수 있는 좋은 방법을 찾는다면, 현재의 세대가 자신들의 자식 세대, 그리고 손자손녀 세대에게 어떤 미래를 남겨주게 될 것인지를 좀 더 확실하게 이해할 수 있을 것이다.

우리가 국부를 고려해야 하는 세 번째 이유, 아주 밀접하게 연관된 이유는 지속가능성sustainability이다. 쉽게 얘기해, 국부를 측정할 수 있으면 사회의 몰락을 예방할 수 있다. 한때 번성하던 문명이 갑자기 망해버린 것으로 잘 알려진 곳이 있다. 남아메리카 해안에서 2,000마일 떨어진 이스터섬이다. 신비스러운 거대 석상으로도 유명하지만 이 석상들은 현재 버려진 채로 놓여있다.* 이스터섬은 1722년 네덜란드의 탐험가 야코프 로헤베인Jacob Roggeveen이 부활절에 '발견'했다. 그

---

* Jared Diamond, "Easter's End", *Discover Magazine*, 1995년 8월.

당시의 모습은 나무 한 그루 없고 3m 이상 되는 덤불도 없는 황량한 초원이었다. 섬에는 원래 폴리네시아인들이 살고 있었다. 이들은 한 때 훌륭한 항해기술을 자랑하던 민족이다. 하지만 로헤베인이 도착했을 무렵에는 이 섬의 문명이 보잘 것 없는 쪽배에서 노를 젓는 수준으로 쇠락해있었다. 사람들은 동굴 속에서 비참하게 살고 있었다. 과거의 이스터섬과는 아주 다른 모습이었다. 서기 400년 경 처음 인류가 이 섬에 정착했을 당시에는 온통 나무와 덤불로 덮여있었고, 야생 동식물도 풍부해서 풍족한 식단을 누릴 수 있었다. 서기 1200년경, 섬사람들은 섬의 한쪽 지역에서 바위를 캐 석상을 만든 다음, 통나무와 로프를 사용해 몇 마일 떨어진 해안까지 옮겼다. 그리고 거대한 기단 위에 석상들을 올려 세웠다.

　그들은 석상을 옮기기 위해 나무를 베기도 했지만, 불을 떼거나 집을 짓고 카누를 만드는 용도로도 나무를 베었다. 대체 이들은 왜 마지막 한 그루의 나무까지 다 베어버렸을까? 그 한 그루에 자신들 문명의 운명이 달려있었는데 말이다. 물론 실제로는 마지막 한 그루를 베었다고 바로 파멸을 맞은 게 아니다. 파멸은 아주 천천히 찾아왔다. 솥에다 개구리를 넣고 천천히 열을 가하면 산 채로 삶아지는 것과 마찬가지로 조용한 신음을 내며 서서히 무너졌다. 로헤베인이 도착했을 당시의 인구는 과거 전성기 인구의 4분의 1에서 10분의 1로 줄어들었다. 동식물 생태계는 완전히 파괴됐고, 인간 문명도 엉망이었다. 이스터섬 사람들은 과거 쥐돌고래, 갑오징어 등 해산물을 즐겼었지만 로헤베인 도착 무렵에는 서로를 잡아먹는 식인종으로 추락해버렸다. 그들이 쓰는 가장 심한 욕은 "너의 엄마 살코기가 내 이빨에 끼어

있다"였다.*

이스터섬의 이야기는 인류가 생태계라는 부를 무시할 때 지구에 벌어질 일을 보여주는 축소판 사례다. 미국의 지리학자이며 다양한 분야에 뛰어난 지식을 자랑하는 재레드 다이아몬드Jared Diamond는 북미 지역의 벌목꾼들이 자주 쓰는 말인 "나무보다 일자리가 먼저"를 인용하며 현대 문명 역시 급격한 몰락을 맞을 수 있다고 말한다. "우리가 현재 사는 방식을 그대로 계속한다면, 전 세계의 주요 어장과 열대우림, 화석연료, 토양 대부분이 고갈되어 버릴 것입니다." 그리고 몇 세대 안에 "아마도 언젠가는 뉴욕의 마천루들이 지금의 앙코르와트나 티칼 사원들처럼 정글 안에 버려진 채로 서있게 될 것입니다." 라고 그는 덧붙인다.

한 사회의 부를 정확히 기록하는 것만으로는 대참사를 막기에 부족하다. 과학자들은 오랜 기간 동안 지구온난화의 위험에 대해 경고해왔다. 탄소배출과 기온 상승, 그리고 이미 벌어지고 있거나 앞으로 벌어질 법한 환경 변화의 연관성을 입증하는 강력한 증거들도 제시해왔다. 하지만 그런 과학적 증거를 받아들이려는 자세나 이를 행동으로 옮기려는 정치력 실행력이 없다면, 그 모든 데이터들은 무용지물이다. 이스터섬 사람들이 섬의 부를 정밀하게 측정하고, 그래서 자신들의 삶의 방식이 지속가능하지 않다는 걸 깨달았다고 하더라도 그들이 삶의 방식을 바꾸기 시작했을지는 아무도 모른다. 하지만 측정하는 것은 변화의 시작점이 될 수 있다. 그런 측정조차 하지 않는다

---

* 위의 글에서.

면, 우리 인류라는 종족은 이스터섬 사람들의 집단 자살을 지구적 단위로 되풀이 할 운명에 놓여있을 지도 모른다.

다스굽타는 이를 큰 연못의 물고기에 빗대어 생각하기를 좋아한다. "물고기의 수가 많지 않으면 연못 안에 먹잇감이 풍부할 것이고 그래서 물고기 수는 늘어납니다. 물고기 수가 너무 많아지면 먹잇감을 충분하게 나눌 수가 없고 그래서 물고기 수가 감소합니다." 인간의 개입이 없는 상황이라면 연못 내 먹잇감과 영양소의 공급 상황에 따라 물고기 수는 자연적은 균형상태에 도달한다. "자, 이제 인간 어부들이 이 연못에 왔습니다. 그들은 물고기를 잡고 당연히 개체수가 줄어들겠죠. 하지만 그렇다 해서 꼭 이 어장이 망가지는 건 아닙니다. 물고기 개체수가 줄어들면 물고기의 순 생산량, 즉 번식량이 늘어날 수 있습니다. 물고기 수가 줄었으니까요. 먹을 것이 많이 남으니까 더 빠른 속도로 번식합니다. 그러나 어부들이 물고기를 점점 더 많이 잡는다면 결국 그 생태계는 무너지고 맙니다." 어장을 효율적으로 관리한다는 것은 다시 재생산될 수 있는 만큼의 적당한 양만 잡아들이는 것을 의미한다.

"우리 생태계가 어장 같은 것이라 생각해보죠. 안정 상태에 있는 어장입니다. 그런데 우리 인간의 수가 늘어나면서, 생태계 생산량을 점점 더 많이 가져가게 됩니다. 생산량의 상태를 바꾸게 되죠. 그리고 우린 이런 질문을 던지게 됩니다. 현재 우리가 우리의 목적을 달성하기 위해 사용하는 생태계의 생물자원의 양과, 생태계에서 재생산되는 생물자원의 양을 비교한다면 어떨까요? 우리가 남기는 발자국은 결국 수요와 공급의 비율입니다."

자연의 부를 측정하는 방법론들은 각자 나름대로의 한계점들이 있다. 하지만 자연자원의 가치를 낮게 평가하는 것, 심지어 그것들이 공짜인 것처럼 평가하는 행태는 경제학자들이 재고해봐야 할 필요가 있다. 자연에 가격표를 붙이려는 시도는 우리가 하는 행동을 더 잘 보고, 어쩌면 그것을 멈출 수 있게 해 줄 것이다. 왜 그럴까? 다스굽타는 다음과 같이 설명한다. "당신이 기업을 하는 사람이라 생각해보죠. 당신은 꿀이라든가, 자동차라든가, 아무튼 뭔가 새로운 제품을 만들기 위해 새로운 기술을 개발할 생각입니다. 이 제품의 생산비용을 절감하려 할 때, 비용이 많이 드는 부분에서 절감하려고 하시겠어요? 아니면 비용이 적게 드는 부분에서 절감하려고 하시겠어요? 당연히 비용이 많이 드는 부분을 절감하려고 할 것입니다. 자 이제 생태계를 생각해보죠. 자연 자본은 가치가 낮게 평가되어 있습니다. 따라서 기술은 필연적으로 좀 더 자연 자본을 많이 소모하는 방향으로 발전하게 됩니다. 아주 자연스러운 현상입니다. 공기는 공짜입니다. 물도 공짜죠. 또 석유 역시 가치가 낮게 평가되어 있습니다. 왜냐하면 석유 1갤런을 태울 때마다 나오는 어마어마한 양의 외부효과(탄소)는 석유 가격에 포함되어있지 않으니까요. 이렇게 무언가의 가치가 낮게 평가돼 있는 것들에 대해서는 기술의 변화 역시 느리게 일어나는 경향이 있습니다. 다시 말해, 기술혁신이 자연을 해치는 방향으로 편향되어 있다는 얘기죠."*

---

* 저자의 다스굽타 인터뷰.

이스터섬 사람들이 겪었던 것처럼, 대참사는 인류에게 단번에 들이닥치기보다는 서서히 목을 조르는 듯한 형태로 다가올 것이다. 동식물종과 생물 다양성이 점점 파괴되고 있는 것이 좋지 않은 징조다. "캥거루나 호랑이처럼 눈에 보이는 것을 얘기하는 게 아닙니다. 눈에 보이지 않는 것들 얘기입니다. 곤충들, 새들, 꽃가루를 매개해주는 것들, 사체를 분해해주는 것들 말이죠. 우리가 너무 무리하게 살아왔고 그런지 한참 됐다는 걸 보여주는 통계들이 이미 많습니다. 원한다면 그것을 시장markets이라고 불러도 좋아요. 인류의 진보에 대해 낙관적인 견해를 갖는다는 건 쉽지 않다. "우리는 전보다 오래 살고, 전보다 더 잘 먹고, 전보다 키도 크고, 전보다 더 많은 교육을 받고, 많은 제품과 서비스를 누리고, 또 여행도 다닙니다. 하지만 그로 인해서 미래에 더 많은 피해를 보게 되는 게 아닐까요? 미래로부터 빚을 진 건 아닐까요? 지금은 어느 때보다 탄소를 더 많이 배출하고 있고 그래서 미래에 곤란을 겪게 되는 게 아닐까요? 모든 각도에서 따져 봐도 그 대답은 '예스'입니다. 우린 이제 큰일 났어요."

CHAPTER 11.

현대판 둠즈데이북
A Modern Domesday

1086년, 정복왕 윌리엄King William the Conqueror의 지시로 '둠즈데이북'이라는 것이 완성됐다. 이것은 잉글랜드와 웨일즈 대부분의 영토를 조사한 기록서로, 그 목적은 사람들이 무엇을 얼마나 소유하고 있는지 확인하고 그에 따라 세금을 얼마나 내야 하는지를 정리해두기 위함이었다. 또 20년 전 노르만 정복Norman Conquest으로 정권을 잡은 윌리엄 왕가의 영토 지배권을 확립하기 위함이기도 했다. 17세기 올리버 크롬웰이 아일랜드를 정복하고 지도를 만들었던 일, 또 20세기 GDP의 초기 역사와 마찬가지로, 우리가 오늘날 경제라고 부르는 것을 측정하려는 시도는 이렇게 종종 전쟁의 결과에서 파생됐다.

중세의 기록서인 『앵글로-색슨 연대기』는 정복왕 윌리엄이 만든 이 두꺼운 둠즈데이북의 목적을 "각각의 사람이 무엇을 얼마나 많이 가지고 있는지, 그리고 잉글랜드의 토지와 자산을 누가 가지고 있는지, 그것이 돈으로는 얼마나 가치 있는지" 확인하는 것이라 묘사한다. 이렇게 기록된 사항은 수정 불가능했다. 그래서 기독교 성경에 나오는 '심판의 날'에 비유해서 둠즈데이북이라는 이름으로 알려지게 됐다. 원래 이 기록서가 스스로에게 붙인 이름은 다소 평범한, '기록서 descriptio'다. 그 안의 내용은 굉장히 자세하다. 가축 한 마리 한 마리를 다 세어가며 마치 모든 것을 다 안다는 식으로 쓰여 있다. "황소 한 마리, 암소 한 마리, 돼지 한 마리도 빠짐없이 파악했다."*

둠즈데이북은 세계를 대차대조의 시각으로 바라본 것이었다. 900년 이상이 지난 지금에도, 현대의 통계 기관들은 최신 조사기법과 컴퓨터와 인공위성까지 동원하고 있지만 둠즈데이북의 방법론을 따라잡지 못하고 있다. 만일 우리가 현대판 둠즈데이북을 만들 수 있다면, 즉 우리가 보유한 자연 자산과 물리적 자산들을 기록한 대차대조표를 만들 수 있다면, 경제를 생각하는 방법의 부족한 부분을 채울 수 있을 것이다. 이 시도를 옹호하는 한 사람은 "별로 아름다운 광경은 아닐 것"이라고 말했다. 그런 대차대조표는 우리 인간이 얼마나 지속가능하지 않은 방법으로 성장만을 추구하며 자원을 고갈시키고 있는지를 보여줄 것이기 때문이다. 그러나 "GDP를 이용해서 경제성과를 좀 더 밝게 포장한다고 해서 현실이 달라지는 것은 아니다."라고 그는 말한다.**

자연 자본부터 시작해보자. 좀 더 일반적인 명칭으로 부르자면, 그

---

* www.gutenberg.org
** Dieter Helm, *Natural Capital*, Yale University Press, 2015, p. 96.

냥 자연이다. 우리가 자연에 가격표를 매긴다면 그 값은 얼마나 될까? 기독교 성경에 따르면 자연은 6일 만에 만들어졌으니 별 것 아닌 것 같다. 그렇다면, 한 33조 달러(약 3경 7,000조 원)는 어떨까?

이 숫자는 내가 막 만들어낸 숫자는 아니다. 이것은 유명한 '환경 경제학자'인 로버트 코스탄자Robert Costanza의 연구에 따른 것이다.*** 33조 달러라는 추산은 1997년 학술지 네이처에 실린 논문에 나온 것이며, 획기적이라는 평가를 받는 동시에 엄청난 논란을 불러왔다. 그 논문의 제목은 "지구에 가격 매기기Pricing The Planet"이었다. 경제학자와 환경운동가들 모두가 그 논문을 공격했다. 경제학자들은 '생태계 서비스'에 가격을 매기자는 생각은 우습다고 공격했다. 또 환경론자들은 그들 나름대로, 열대우림이나 목초지처럼 소중한 것을 돈으로 계산한다는 아이디어에 반대했다. 오스카 와일드Oscar Wilde의 작품 『윈더미어 부인의 부채Lady Windermere's Fan』에 등장하는 인물인 달링턴 경은 "모든 것의 가격price을 알아도 그 가치value는 모르는 사람"이 바로 '냉소가cynic'라고 정의했다. 냉소가라는 말 대신에 경제학자라고 했어도 좋았을 것이다.

그런데, 사람들은 값을 매길 수 없는 것에 대해서는 가치도 별로 인정하지 않으려는 경향이 있다. 정부가 어떤 해변이나 어떤 습지를 보존하자고 할 때 그 경제적인 논리를 세울 수 없다면, 자연보호의 논리는 거의 항상 경제성장의 논리에게 패배하기 마련이다. 경제학 교과서를 보면 세상은 노동과 자본의 투입으로 돌아가며 생산과 교환, 소

*** Robert Costanza et al., "The Value of the World's Eco systemServices and Natural Capital", *Nature*, 1997년 5월. www.nature.com

비를 통해 매개된다고 되어있다. 자연의 역할에 대해서 언급하는 경우는 많지 않다.[*]

썩 내키지 않는다 하더라도, 일단 자연에 가격표를 붙이려는 시도를 한다고 치자. 대체 어디서부터 시작해야 할까. 복잡한 생태계는 고사하고 공기와 물 같은 것들도 돈으로 거래되는 경우는 드물다. 비는 공짜로 하늘에서 떨어지고 나무는 빛의 방향을 향해 스스로의 힘으로 자라난다. 영양소는 조용하게 생태계를 순환한다. 생태계는 너무나도 복잡하면서 정교하게 균형이 맞춰져 있어서 어떻게 그런 기적적인 생명의 재생산이 일어나는지 파악하기가 쉽지 않다. 이러한 자연의 활동에 어떻게 가격을 매긴단 말인가? 정답은 "매길 수 없다"이다. 그런데 경제학자들은, 매우 부정확하긴 하지만, 시장에서 거래되지 않는 재화나 서비스에다 '잠재가격shadow price'을 매기는 법을 생각해냈다. 두 가지 방법이 있다. 사람들이 무언가에 대해 돈을 얼마나 낼 의향이 있는지를 대용물proxy을 통해 알아보는 것을 '현시 선호revealed preference'라 하고, 그냥 얼마나 내고 싶은지 직접 물어보는 것을 '잠재 선호stated preferene'라고 한다. 대용물을 통한 방법 중 하나는, 인간이 만든 자연 대용물의 비용이 얼마나 되는지 따져보는 것이다. 뉴욕시는 허드슨 강 상류에 있는 캐츠킬 산맥이 가져다주는 생태계 서비스의 가치를 추정했다. 캐츠킬 산맥은 뉴욕 시민들이 마시는 물을 자연적으로 정화해주는데, 그 역할을 대신할 수 있는 정수장을 만들려면 80억 달러에서 100억 달러가 들어갈 것으로 조사됐다.

---

[*] 다스굽타와의 대화에 일부 기초한 내용. 2016년 9월.

코스탄자의 기념비적인 논문은 위에 소개한 뉴욕시 사례와 같은 단독 연구를 100개 이상 묶어서 종합한 것이다. 코스탄자와 논문 공저자들은 이런 연구들에서 가져온 수치들에다 자신들의 계산을 더했다. 그들의 논문은 자연 생태계를 16개의 바이옴biome, 생물군계로 나눈다. 바다, 숲, 습지, 호수와 강 등이다. 그리고 생태계 서비스도 17가지로 구분했다. 용수 공급, 식물의 수분pollination, 식량 생산, 영양소의 순환, 토양 형성, 유전자 자원, 휴양, 문화생활 등이다. 그리고 이 16가지 생물군계가 17가지 서비스를 각각 얼마나 제공하는지를 행렬로 표시했다. 예를 들어 바다는 식물의 수분이나 토양 형성에는 전혀 기여하지 않지만, 식량 생산과 '문화적 서비스'에는 아주 많이 기여하고 있다.

하지만 바다의 미적, 예술적, 교육적, 영적, 과학적인 혜택과 같이 주관적인 가치들을 어떻게 돈으로 환산할 것인가? 코스탄자는 내륙에 있는 부동산 가격 대비 해안에 있는 부동산 가격의 차이를 그 대용물로 사용했다. 이는 사람들이 바다에 가까이 있기 위해 지불할 용의가 있는 프리미엄, 즉 현시 선호를 보여준다. 코스탄자는 이 프리미엄이 1만 제곱미터(헥타르) 당 76달러라고 설정했다. 이 값을 전 세계 바다에 대입하면 2조 5,000억 달러라는 결과가 나온다.

각각의 계산에서, 이들은 이렇게 사람들이 어떤 자연 자산을 위해 얼마만큼의 돈을 쓸 것인가를 측정해서 가상의 시장가격을 계산해냈다. 예를 들어, 코스탄자의 논문에 들어있는 내용은 아니지만, 르완다와 우간다와 콩고민주공화국 열대우림 지역에 사는 1,000여 마리의 마운틴고릴라들의 가치는 얼마일까? 이를 알아보는 한 가지 방법은 이 고릴라들을 보기 위해 사람들이 얼마의 돈을 낼 의향이 있는지를 알아보는 것이다. 중앙아프리카 지역까지 가는 항공료, 호텔 숙박비와 고릴라를 보기 위해 해당 국가 정부에 내야 하는 입장권 가격 등이다. 우간다의 경우 이 입장권만 해도 시간당 1,500달러이고, 마치금가루처럼 귀하고 까다롭게 배정된다. (이것은 철저히 우리 인간 종족의 입장에서 평가하는 것임을 잊지 말자.) 마운틴고릴라mountain gorilla는엄청나게 멋있고 또 엄청나게 점잖은 동물이다. 저자는 운 좋게 우간다의 대나무숲에서 마운틴고릴라를 볼 수 있었다. 이 동물들은 경제학자들이 흔히 '존재가치existence value'라고 부르는 가치도 지니고 있다. 존재가치란, 사람들이 꼭 직접 고릴라를 보러 아프리카까지 가지는 않더라도, 고릴라가 멸종하지 않고 계속 지구상에 존재할 수 있도록 하는 데에 얼마만큼의 돈을 낼 의향이 있는지를 측정하는 것이다.

자연의 가치를 측정한다는 건 공원을 산책하는 것처럼 쉬운 일은아니다. 비유하자면, 칼 한 자루 들고 콩고의 정글 속을 뚫고 들어가는 것처럼 힘들고 복잡한 일이라고 보는 편이 맞다. 그러나 어쨌든 코스탄자의 연구 결과를 요약하자면 다음과 같다.

생물군계별 서비스	조 달러
대양大洋	8.4
해변지역	12.6
해양생태계 총합	21.0
숲	4.7
초지와 목장	0.9
습지	4.9
호수와 강	1.7
농업용지	0.1
육상생태계 총합	12.3
총합	33.3

생태계별 서비스	조 달러
가스 조절	1.3
자연의 충격(바람, 비, 파도 등) 흡수	1.8
물 정화	1.1
물 공급	1.7
영양소 순환	17.1
폐기물 처리	2.3
식량 생산	1.4
문화적 서비스	3.0
기타	3.6
총합	33.3

* 달러는 1994년 가치로 환산

　　이런 방법론은 대충대충 한 것 같다고 말하기에도 과분할 정도로 부정확하다. 복잡해 보이기만 하고 완전히 엉터리라고 생각할 수 있다. 예를 들어 자연이 주는 문화적 서비스는 3조 달러라고 평가했으면서 왜 자연이 주는 식량 생산 서비스는 그 절반밖에 되지 않느냐고 물을 수 있다. 식량 생산이 없으면 인간의 존재 자체가 불가능한데 말이다. 코스탄자의 용감한 지적 탐험은 이런저런 비판들을 불러왔지만, 본인은 개의치 않았다. 한 비평자에게 그는 이렇게 말했다. "우리

(논문의 저자들)는 생태계 서비스의 가치를 측정하는 데 단 하나의 방법만 있다고 보지는 않습니다. 하지만 단 하나의 틀린 방법은 있습니다. 바로 아예 측정하지 않는 것입니다."*

2012년, 영국정부는 자연 자본 위원회Natural Capital Committee를 설립했다. 세계 최초라 알려진 위원회의 임무는 "숲, 강, 미네랄, 바다 등과 같은 자연 자본에 대해 정부에 조언하는 것"이다. 영국정부는 또 2020년까지 통계청이 국가계정 안에 자연 자본에 대한 측정을 포함하기를 원한다. 자연 자본위원회는 환경의 상태를 추적할 수 있고 영국과 타국의 자연 상태를 비교할 수 있는 '적절한 지표'를 개발하도록 돕겠다는 계획이다. 또 자연파괴 위기에 놓인 지역의 '리스크 관리대장'을 작성하고, 정부의 25개년 환경보호 정책에 대해 조언을 제공할 것이다.

7인의 위원회를 이끄는 것은 옥스퍼드대 교수이자 환경 회계의 전문가인 디터 헬름Dieter Helm이다. 헬름은 그의 학문적인 작업 안에서 하나의 철칙을 세웠다. 그리고 이 철칙을 갖고 현실 세계의 위원회를 이끌어갈 생각이다. 그가 세운 원칙은 단순하지만 실은 복잡한 의미를 담고 있다. "자연 자본의 총합 수준은 감소하지 않아야 한다."**

헬름은 우선 지속가능 개발의 표준적인 정의부터 시작한다. "인류는 미래 세대를 희생하지 않고서도 현재 세대의 욕구를 충족시킬 수

---

* Robert Costanza, "Twenty years of Ecosystem Services", *Elsevier*, 2019.

** Dieter Helm, *Natural Capital*, Yale University Press, p. 8.

있는, 지속가능한 개발을 할 수 있는 능력이 있습니다."*** 그는 이어서 '세대 간 전해지는 편지 릴레이'가 무엇인지를 설명한다. 편지 릴레이란, 한 세대의 사람들이 다음 세대에게 충분한 자원을 남겨주겠다는 내용의 보이지 않는 계약서 한 장을 써주는 것을 의미한다. 자연 자본에 있어서는, 각 세대는 자신들이 물려받은 만큼 그대로를 다음 세대에게 넘겨줄 의무가 있다. 그것이 "자연 자본의 총합 수준은 감소하지 않아야 한다"는 말의 의미다.****

분명히 말하건대, 이것은 우리가 자연에 전혀 손을 대지 말아야 한다는 뜻은 아니다. 어떤 사회도, 심지어 원시인 사회라 할지라도 그렇게 살 수는 없다. 인간은 자연환경과 상호작용을 한다. 나무를 베어내고 들판에 쟁기질을 한다. 석유나 가스처럼 재생되지 않는 자원은 뽑아다 쓴다. 재생되는 자연자원은 변형시키거나 파괴하기도 한다. 수력발전을 위해 댐을 세워 강의 일부를 변형시키는 것처럼. 또 여러 세대에 걸쳐 원시 상태의 숲을 차차 베어내고 그것을 목초지와 농장과 덤불 울타리로 이뤄진 근대 영국식 시골의 풍경으로 바꿔갈 수도 있다. 들소가 번성하던 평원을 밀 재배지로 바꾸기도 한다. 한 세대가 물려받은 생태계를 완전히 똑같은 모습으로 다음 세대에게 물려주리라고 기대하는 것은 비현실적이다. 헬름의 원칙이 말하는 핵심은, 자연 자본의 총합을 그대로 유지해야 한다는 것이다.

그러나 어떻게 그렇게 할 것인가? 그리고 총합이 유지되는지를 우

*** 노르웨이의 전 총리 그로 할렘 브룬틀란Gro Harlem Brundtland은 UN으로부터 전 세계 정부들이 지구를 파괴하지 않는 성장을 하도록 설득하라는 임무를 받았다. 그의 위원회는 1987년 "Our Common Future"라는 보고서를 냈다.

**** 같은 법칙이 인프라스트럭쳐와 사회적 기관과 같은 다른 자본에게도 적용되어야 한다.

리가 어떻게 알 것인가? 경영학의 구루, 피터 드러커Peter Drucker는 이렇게 말한 바 있다. "측정할 수 없으면, 경영할 수도 없다." 이 책에도 딱 적합한 말이다. 만일 자연이 변화한다면, 숲에서 양떼목장으로, 강에서 전기로 변화한다면, 그런 변화가 자연 자본에 얼마나 큰 손해를 미치고 있으며 그 손해를 보상하기 위해 우리가 무엇을 해야 하는지를 알 수 있도록 해주는 일종의 회계적인 도구가 필요하다.

어떤 면에서 보면 이런 시도는 본질적으로 오류가 있다. 자연에 대한 문제를 논의할 때 경제학자들을 찾고싶어 하는 사람은 없다. 경제학자들이 우리의 호수나 우리의 숲에 손을 대는 순간, 조각조각 상품화되어 다시는 돌아오지 못할 상태로 팔려나갈 위험성이 있다. 사실 경제학자들은 "주택 부족 문제를 풀기 위해 그린벨트 위에 집을 지어야 하나?"와 같은 문제에도 답을 못하는 사람들이다. 이런 종류의 문제들은 도덕과 윤리에 관련된 것이다. 숫자와는 큰 관련이 없다. 어느 지역에서 수십만 명의 시민들에게 수백만 와트의 전기를 공급하기 위해 강 위에 수력발전소를 건설하려 하는데, 발전소를 지으면 그곳에 살던 강돌고래가 멸종한다고 해보자. 경제학자라면 건설할만한 가치가 있다고 판단할 것이다. 그러나 이런 문제는 경제학자보다는 윤리학자가 더 어울린다. 이런 문제는 2003년부터 2013년까지 영국 중앙은행 총재를 지낸 머빈 킹Mervyn King에게 물어보는 것보다 솔로몬 대왕에게 물어보는 게 나을 수 있다.* 다만, 경제학자들이 이런 논의에서 할 말이 전혀 없는 것은 아니다. 그들이 뭐라고 말하는지 들어

---

* 킹(왕)이라는 이름을 두고 저자가 말장난을 친 것이다

볼 가치는 있다.

측정할 수 없는 것을 측정하기 위한 그의 여정에서, 헬름 교수는 우선 자연 자본을 두 부류로 나눴다. 재생가능한 자연 자본과 재생불가능한 자연 자본이다. 지금까지는 주로 재생불가능한 자연 자본에 사람들의 관심이 집중됐다. 전 세계 석유 생산량이 줄어들기 시작하는 '피크 오일peak oil' 지점에 우리는 도달했는가? 석탄이나 구리가 고갈되고 나면 우리는 어떻게 대처할 것인가? 이런 재생불가능한 자원의 측정은 상대적으로 쉽다. 시장에서 거래되는 가격을 이용해서 그 가치를 측정할 수 있다. 만일 정부가 50년 쓸 만큼의 천연가스가 남아 있다는 걸 안다면 오늘의 천연가스 가격을 곱해서 총 가치를 계산해낼 수 있다. 그런 다음 그중 얼마만큼을 오늘 사용하고 얼마만큼을 내일을 위해 남겨둘 것인지 정할 수 있다.

재생가능한 자원의 경우는 조금 더 복잡하다. 자연산 연어의 예를 보자.** 우리는 연어가 1킬로그램에 얼마에 팔리는지를 안다. 하지만 자연산 연어는 무한정으로 번식하므로, 그것이 가져올 현재와 미래의 수익은 측정이 불가능하다. 무한대로 번식하므로 가격은 공짜인 셈이다. 물론, 만일 인류 때문에 자연산 연어가 멸종된다면 그 값을 매길 수 없게 된다. '가격이 없는priceless'이라는 표현은 경제학자들이 '멸종'을 의미할 때 쓰는 말이다. 그러므로 연어의 가치를 매기는 것보다 저 중요한 것은 연어가 멸종하지 않고 계속 번식할 수 있는 한계치가 어디인지를 알아내는 것이다. 특정 지역에서, 미래의 생산을 위

** Dieter Helm, *Natural Capital*, Yale University Press, pp. 99-118.

협하지 않을 수준에서 얼마만큼의 연어를 안전하게 잡을 수 있는지를 알 수 있어야 한다. 또 그만큼이나 중요한 일은 연어가 계속 번성할 수 있게 해주는 생태계의 한계치는 어디인지도 알아내는 것이다.* 아주 조심스럽게 접근해야 하는 문제다. 일단 우리가 넘어서지 말아야 할 선이 어디인지를 확인하고 나면, 그 선까지 도달하기 전에 적당히 멈출 수 있어야 한다는 게 상식이다.

그렇게 하기 위한 한 가지 접근법은 자연 자본, 특히 위기에 놓인 생태계의 대차대조표를 그리는 것이다. 그래서 자연 자본의 총합을 살펴보는 것이다. 헬름의 원칙에 따르면, 생태계의 한 부분이 피해를 입으면 다른 부분에서 그 피해를 보상할 만큼의 개선이 이뤄져야 한다. 만일 쇼핑센터를 짓기 위해 습지가 파괴되면, 그 행위에 관련된 정부(혹은 민간기업)가 그만큼의 피해를 상쇄할 수 있을 만큼의 무언가를 해야 할 의무가 생긴다. 예를 들어 농사짓던 땅을 숲으로 돌린다든가 토양의 품질을 높인다던가 하는 방식으로 말이다. 나무가 베어지면 그만큼의 나무를 다른 곳에 심어야 한다. 강의 물줄기를 돌려야만 한다면 그 대신 다른 어느 곳에서는 습지를 보호하기 위한 노력해야 한다. 석유와 같이 재생이 불가능한 자원의 경우에는, 다른 종류의 자본을 축적함으로써 그 감소분량을 보상해야 한다. 미래 세대를 위해 저축을 하거나, 재생이 가능한 다른 자연 자본을 늘려나가는 식으로 말이다.

이러한 주장이 너무 복잡한 측면이 있는 것은 사실이다. 인류는 탄

---

* 현실에서는 이런 문제는 '공유지의 비극tragedy of the commons'라는 문제를 가져온다. 남들이 가져가는 것을 보느니 내가 최대한 많은 자원을 가져가겠다는 것이다.

소배출량을 줄이는데도 합의를 못하고 있지 않은가. 과학적으로 볼 때 지구온난화가 참혹한 결과를 가져올 수 있음이 분명한데 말이다. 아니, 이미 그런 일들이 벌어지고 있다. 아프리카의 아무 농부에게나 물어보라. 수 세대동안 일정하게 내리던 비가 갑자기 불규칙해진 것에 대해서.** 탄소배출량 거래 제도는 환경오염에 값을 매긴다는 취지였지만, 전체적으로 볼 때 비참한 실패로 끝나고 있다. 사람들은 탄소배출에 세금을 매기자는 생각에 극단적으로 반발한다. 경제성장을 해칠 것이라는 게 주된 이유다. 다른 종류의 환경 파괴에 대해서도 우리가 더 잘 측정하거나 더 잘 예방할 것이라는 보장이 없다. 열대우림의 파괴, 쓰레기 대량 매립 같은 행위들 말이다.

실행에 옮기기가 어렵든 말든 지간에, 영국정부는 헬름의 원칙을 공식 정책으로 채택했다. 집권 보수당의 2015년과 2017년 공약집을 살짝 들여다보자. "다음 세대에게 자연환경을 물려줄 때 우리가 받은 것보다 더 나은 모습으로 물려주는 최초의 세대가 되겠습니다."라는 식의 말을 찾아볼 수 있을 것이다. 물론 정당들은 이런 식으로 책임질 필요도 없는 선언을 쉽게들 한다. 이런 공약이 현실이 되는지 판단할 수 있을 시기가 되면 현재의 정치 지도자들은 이미 오래 전에 사라지고 없을 것이다. 그러나 바로 그것이 우리가 튼튼한 측정 체계를 갖춰야 하는 이유라고 환경 경제학자들은 말한다. 정치인들을 정직하게 만들기 위해서다.

헬름은 자연에 가격을 매기는 일에 대해서 강조하는 만큼 그 한계

** 기후변화가 아프리카의 가난한 농부들에게 가장 큰 위협이라고 아프리카 녹색혁명을 위한 동맹Alliance for a Green Revolution in Africa의 회장 애그니스 칼리바타Agnes Kalibata는 말한다. 강수량이 전혀 예측할 수 없게 변하고 있지만 이들은 여전히 빗물로만 농사를 짓는다. 저자와의 인터뷰. 2017년 4월, 나이로비.

에 대해서도 인정하지만, 그가 이끄는 위원회는 실제로 숲과 습지의 가치를 평가한 적이 있다. 이 위원회가 정부에 제출한 보고서는 잉글랜드의 자연 자본이 "장기적인 감소추세에 있다"고 밝혔고, 몇 가지 우선순위를 나열했다. 위원회가 추천한 정책 중에 임의로 세 가지를 소개하면 다음과 같다.

– 25만 헥타르의 추가적인 나무 심기. 마을과 도시 주변에 이렇게 나무를 심는다면 연간 5억 파운드 이상의 사회적 순 효용을 가져올 것임.
– 14만 헥타르 가량의 고지대 이탄습지peatland* 복원. 이는 향후 40년에 걸쳐 탄소 조절효과로만 5억 7,000만 파운드의 순 효용을 가져올 것임.
– 10만 헥타르 가량의 습지 생성. 특히 주요 마을과 도시의 상류 지형 등 물길의 모양이 유리한 지역에서. 생산성 높은 농업지대는 피해야 함. 효용: 일반적으로 비용 대비 3배 효용이 있을 것이며, 일부 지역에서는 9배까지 가능함.

이런 정책 추천을 보고 비웃기는 쉽다. 실제로 사람들은 비웃는다. 공문서 특유의 지루한 문체에다가 허공에서 뽑아낸 것 같은 숫자들을 결합시킨 이 보고서를 보고 있자면, 자연에 가격을 매긴다는 시도가 멍청해 보이기까지 한다. 애초에 왜 자연의 측정단위가 돈이 되어

---

* 기온이 낮은 지역에서 나무와 풀 등이 썩지 않고 땅에 켜켜이 쌓이면서 서서히 탄화되는 지형.

야 하나? 무게나 높이를 잴 때는 달러나 유로를 측정단위로 사용하지 않는다. 이럴 때는 킬로그램이나 미터가 우리에게 유용한 정보를 제공한다. 예를 들어, 의사는 몸무게와 키의 비율이 일정 수준 초과하는 환자에게 다이어트를 하라고 조언할 수 있다. A380 여객기가 착륙하기 위해서는 활주로 길이가 어느 정도 이상 되어야 한다는 것도 우리는 알고 있다. 안전과 관련해서는, 그런 활주로를 건설하는데 7억 파운드가 필요하다는 사실까지 알 필요는 없다. (반값이라고 해서 더 짧은 활주로를 건설하겠는가?) 그러니, 왜 '도덕적 국제통용어'로 꼭 화폐단위를 사용해야만 하는가?** GDP의 발명 이후, 오직 달러나 파운드 같은 화폐만이 유용한 단위라는 생각이 지배적이었다. 우리는 그런 생각에서 벗어날 필요가 있다.

돈은 자연에 적용하기에는 꽤나 부적절한 단위다. 우리는 돈을 원하는 대로 찍어낼 수 있다. 각국의 중앙은행들은 실제로 마구잡이로 돈의 유통량을 늘려왔다. 자연의 가치를 측정하려는 시도의 근본 목적은 자연이 유한한 자원이라는 것을 보여주기 위해서다. 만일 탄소의 가치를 화폐로 매긴다면, 그리고 그 화폐가 중앙은행에 의해 얼마든지 더 발행될 수 있고 그 가치가 0으로 떨어질 수도 있다는 걸 생각한다면, 탄소 역시 마음대로 배출해버려도 된다는 결론에 이를 수 있다.*** 달러나 유로, 파운드화 대신에 어쩌면 탄소를 '몸메momme,' 단위로 측정할 수도 있다. 몸메는 일본에서 진주를 측정하는 단위이고, 1

** William Davies, *The Happiness Industry*, Verso, 2015, p. 65.

*** Andrew Simms, "It's the Economy That Needs to Be Integrated into the Environment – Not the Other Way Around", *Guardian*, 2016년 6월 14일. www.theguardian.com

몸메는 3.75g이다. 아니면 우리는 '캣Cat'이라는 단위를 사용할 수도 있겠다. 이것은 오래전 미국에서 나온 단위로, 고양이를 죽이는데 필요한 독약의 양을 고양이 무게 1킬로그램 당으로 나눈 것이다.* 나는 개인적으로 GDP 대신 캣을 경제활동 측정의 주된 지표로 썼으면 좋겠다는 생각이다. 그러면 나는 신문기사 제목에 "지난 분기 경제는 고양이 수염만큼 성장"**이라고 쓸 수 있을 것이다.

자연에 가격을 매기는 것은 무의미할 수도 있고 위험할 수도 있다. 그런 행위는 자연이 판매 가능하고 거래 가능하다는 인식을 심어주기 때문이다. 또한 자연이 인류를 위해서 어떤 도움을 줄 때만 가치가 있다는 생각도 심어준다. "환경경제학의 패러독스가 여기 있습니다. 대차대조표상에 환경 파괴를 기록하기 위해서는 먼저 자연에 가격을 매겨야 하지만, 바로 그러는 과정에서 자연의 상품화와 자연의 과소비를 정당화하게 됩니다." 최악의 경우, '생물 다양성 상쇄'라는 개념이 '자연의 한 부분을 기계적으로 다른 부분과 교환해도 된다'는 식으로 해석될 수도 있다. 파괴되는 부분이 얼마나 아름답고 경이로운지, 얼마나 오래되었는지에 관계없이 말이다. "등이 굽고, 갈라지고, 가지치기 된 참나무 한 그루"를 "도로변에 보호대와 함께 심어진 묘목 하나"로 대체해도 된다는 생각을 하게 될 수 있다.*** 자연보호라는 논의를 화폐의 개념으로만 생각하면 경제학자들에게 도덕적 권위를 넘

---

* 위의 글을 쓴 앤드류 심스의 멋진 아이디어.

** "고양이 수염만큼by a whisker"은 "약간"이라는 뜻의 표현.

*** George Monbiot, "Can You Put a Price on the Beauty of the Natural World?", *Guardian*, 2014년 4월 22일. www.theguardian.com

거주게 된다. 경제학자들은 잔인할 정도로 실용적인 세계관을 가진 사람들이다.

이런 딜레마를 피하기 위해 몇몇 경제학자들은 다른 접근법을, 즉 화폐가 개입되지 않는 접근법을 택했다. 그 중 하나는 글로벌 풋프린트 네트워크GFN라는 캘리포니아 소재 연구기관이 만든 것이다. GFN은 아예 새로운 기념일까지 만들었다. 여러분이 미리 알았는지 모르겠지만, 2017년 8월 2일은 '지구 생태용량 초과의 날Earth Overshoot Day'이었다. 미국이라면 독립기념일과 추수감사절 사이에 지나갔을 것이다. 여러분이 사는 지역에서는 이 날을 따로 기념하지 않았을 수도 있다. 홀마크 사가 이 날에 대한 느끼한 말이 적혀있는 카드를 만들지도 않았을 테니 모르고 지나갔다고 해서 걱정할 필요는 없다. 지구 생태용량 초과의 날이란, 지구가 1년간 재생할 수 있는 생태 용량을 인간이 다 써버리는 시점을 말한다. 8월 2일이 지난 시점에서부터는 인간은 지구의 엑기스를 쪽쪽 빨아가며 소진시키기만 한 것이다.

지구 생태용량 초과의 날을 만든 이유는 인간이 생태에 남기는 영향-풋프린트-과 지구의 생태용량-인간의 풋프린트를 흡수하고 자연을 재생시키는 능력-의 비율을 조명하기 위해서다. 환경을 화폐가 아닌 다른 무언가로 측정하려는 시도라고 할 수 있다. GFN은 이를 통해 지구가 제공할 수 있는 생산량과 우리가 쓰는 소비량을 비교할 수 있는 방법을 제시했다고 말한다. 이 단체의 창립자이자 회장인 매티스 웨커너겔Mathis Wackernagel은 이 방법론이 과학적이라고 말한다. 그러나 이것이 정책의 도구라기보다는 홍보의 도구라고 비판하는 사람들도 있다.

생태용량은 지구가 인간과 다른 동물에게 식량과 자원을 제공하는 능력을 의미한다. 집을 짓기 위한 나무, 곡식을 재배하기 위한 물, 사자의 아침식사가 될 영양 같은 것들이다. 또 거기서 나오는 폐기물을 흡수하는 능력도 포함된다. 폐기물이란 농장에서 나오는 질산염과 공장에서 나오는 탄소가스와 같은 인간의 오염물질을 포함한다. 수요란 인간의 풋프린트다. GFN은 지구를 크게 다섯 카테고리로 나눈다. 농지, 목초지, 숲, 어장, 그리고 인공지다. 농지는 식량을 제공하고, 숲은 건축재와 땔감과 이산화탄소 격리 효과를 제공한다. 사막처럼 대체로 비생산적이라고 여겨지는 지역은 이 분류에서 제외된다.* 이때 측정의 기본단위는 글로벌 헥타르global hectare다. 이는 땅의 넓이에다 생산성을 곱하고, 다시 등가계수equivalence factor라 불리는 값을 곱해서 나오는 값이다. 예를 들어 농지의 넓이에다가 그 농지의 생산성나라마다 다르다을 곱하고, 거기에 농지와 농지보다 덜 생산적인 목초지의 차이를 반영하는 등가계수를 곱한다. 이 방법은 부정확하긴 하지만 모든 토지의 가치를 하나의 단위, 즉 글로벌 헥타르로 표현할 수 있게 해준다.

GFN의 계산에 따르면 모든 토지와 수면의 총량은 120억 글로벌 헥타르였다. 약 70억 명의 인간이 지구상에 있으니, 1인당 약 1.72 글로벌 헥타르에 해당한다.** (1헥타르는 대략 축구장 하나의 넓이인 1만 제곱미터다.) GFN에 따르면, 우리가 지구의 생태용량의 재생산 능력을

---

* www.footprintnetwork.org

** www.footprintnetwork.org

초과하기 시작한 것은 비교적 최근의 일이다. 1961년 기준 인간의 소비량이 지구 생태 용량의 재생산 능력의 0.7 정도였다. 1980년대 중반이 되자 1을 넘겨 적자의 영역으로 들어가기 시작했고, 2008년에는 인간의 소비량이 지구 용량의 1.5배에 달했다. 이는 지속가능하지 않은 수준임이 확실했다. 토머스 맬서스가 무덤 안에서 몸을 뒤집으면서 "내가 그렇다고 얘기했었지?"라고 말할지도 모르겠다.

'부'는 현재뿐만 아니라 미래를 측정하는 지표이기도 하다. 오늘 우리가 갖고 있는 부, 즉 자연 자산, 물리적 자산, 사회적 자산 등은 결국 미래에 소득을 가져다주기 때문이다. 이는 우리의 표준 경제지표인 GDP와 대비된다. GDP는 기본적으로 과거를 측정하는 지표다. 예를 들어 작년에 뭐가 얼마나 생산됐는지를 기록하는 것이다. 그런데 부를 측정함으로써 미래를 들여다보려고 하는 데에는 다음과 같은 개념적인 문제들이 있다.

첫째, 현재 우리가 보유하고 있는 자산의 가치를 근본적으로 알 수가 없다. 기술의 변화가 주 요인이다. 콩고에서 채굴되는 코발트는 현재 가치가 높은 광석이다. 전기자동차 배터리에 필수적으로 들어가기 때문이다. 그런데 어쩌면 미래에는 다른 어떤 값싼 광물이 코발트를 대체할 수도 있다. 기술의 진보 여하에 따라서 우리는 좀 더 적은 노력으로 좀 더 많은 것을 생산해낼 수 있는 것이다. 어쩌면 우리는 현재로서는 채굴하기 힘든 석유와 천연가스를 꺼낼 수 있는 기술을 개발할지도 모른다. 이는 셰일혁명에서 이미 벌어진 일이다. 어쩌면 석유와 천연가스가 아예 필요 없어질지도 모른다. 현재로서는 발견되지 않았거나 사용되고 있지 않은 새로운 에너지원이 개발된다면 말이다.

일부 경제학자들은 자연 자본을 측정하려는 시도 역시 근본적으로 사기에 가깝다고 말한다. 환경론자들이 불필요한 경제성장을 막기 위해서 쓰는 수법이라는 것이다. 내가 이야기해 본 한 경제학자는 익명으로 다음과 같이 지적했다. 그는 자연 자본 운운하는 이런 주장들은 이미 부유해진 사람들이 가난한 사람들에게 "미안하지만, 지구가 더 이상은 경제성장을 받아들일 수가 없어요(그러니 계속 가난하게 남아있으세요)"라고 말하는 수작에 불과한 것 아니냐고 묻는다.

"내 생각에 이 모든 것은 어두운 정치적 공작이에요." 내가 그에게 전화를 걸어 자연 자본을 측정하는 것에 대해 묻자 그는 수화기에 대고 으르렁거리듯 말했다.* "석유를 채굴하는 것이 GDP에 마이너스 요인이 되어야 한다는 이론들이 있는데, 그런 식이라면 새로운 석유 매장지를 찾아낼 때마다 GDP도 상승해야 하겠죠. 그런데 그런 사람들(환경 경제학자들)은 절대로 플러스 요인을 인정하지 않아요. 그 사람들은 석유의 고갈이 곧 자본의 고갈이라고 말하는데, 프래킹fracking 기술**이 발명되어서 자원이 늘어났다는 것을 인정할 정도로 정직하지는 않더라고요."

그 경제학자는 또 이렇게 말했다. "인류가 비디오 컨퍼런스 기술을 발명했기 때문에, 비즈니스 미팅을 위해서 여행을 떠나야 할 필요성

---

* 저자와의 인터뷰. 2017년 3월.

** 셰일 모래 안에 섞여있는 석유를 뽑아내기 위해 고압의 물을 투입하는 방법. 이전에는 채산성이 없었던 많은 석유 광구들이 이 방식 덕분에 생산 가능해졌다.

이 줄어들었죠. 탄소배출량을 감소시키는 발명이에요. 이런 공헌을 인정해야죠. 그런데 그 환경 경제학자들은 그냥 한쪽 눈만 뜨고서 모든 사람이 집에만 머물러야 한다는 식으로 이야기를 해요. 누구나 집에 앉아서 뜨개질이나 해야 한다는 식으로요."

줄무늬 잠옷을 입고 뜨개질을 하는 모습을 잠깐 그려본 후, 나는 다시 질문했다. 환경론자들의 선전책동을 넘어서는, 뭔가 더 철저한 이론적 프레임워크를 만드는 것이 그렇게 어렵지는 않을 것 같다고. 그는 답했다. "만일 당신이 개념적으로 올바르게 통계를 보정했다면, GDP는 지금보다도 더 빠르게 성장하고 있는 것으로 나왔을 겁니다. 이런 일은 양쪽 측면을 다 생각해야 해요. 나쁜 것들도 고려해야 하고 좋은 것들도 고려해야 하죠. 제대로만 한다면 매우 흥미로운 결과가 나올 거예요. 하지만 요즘 분위기에서는, 이런 작업 (GDP 계산)을 하는 사람들을 비난하는 것이 마치 옳은 행동인 것처럼 여겨지고 있죠."

경제학자들뿐 아니라 누구에게라도, 더하기와 빼기를 함께 하는 것은 그리 어려운 일이 아니다. 그러나 여기 또 다른 문제가 있다. 우리의 미래와 관련된, 좀 더 철학적인 문제다. 왜 우리는 미래에 신경을 써야할까? 어쨌든 우리 모두는 결국 다 죽을 것이고, 이 우주 역시 죽을 것이다. 우주는 결국 무에너지 상태로 돌아갈 것이다. 아주 장기적으로 보면, 우리가 현재 가지고 있는 자산들은 가치가 전혀 없다.*** 또 이렇게 생각해보자. 누구나 자신이 낳은 아이들, 그리고 그 아이

*** 마틴 울프와의 대화 2016년 9월.

들이 낳은 아이들을 사랑할 수는 있다. 아직은 태어나지 않았다고 해도 말이다. 그런데 그 아이들의 아이들의 아이들, 그리고 그들의 아이들까지도 사랑할 것인가? 계속 무한으로 반복되어도? 인간들은 수천 킬로미터 떨어진 곳에서 전쟁이 나거나 가뭄이 닥쳐도 아무렇지도 않게 살아가곤 한다. 이런 인간들이, 아직 태어나지도 않은 사람들을 위해, 현재의 우리와 거의 연관도 없는 다른 시간 차원에 사는 사람들을 위해 어떤 행위를 하리라고 기대할 수 있을까? 경제학적으로뿐만 아니라 철학적으로 말해도, 이것은 대답하기가 불가능한 질문이다.

지금까지 우리는 주로 자연 자본에 얘기해봤다. 그런데 이렇게 '종합적인 부comprehensive wealth'를 측정하려는 시도를 해온 기관 중에는 세계은행World Bank처럼 존경 받는 기관도 있다. 자연 자본뿐 아니라 물리적 자본과 사회적 자본까지 측정하는 것이다. 미국 워싱턴 D.C.에 있는 세계은행은 1990년대 중반부터 작은 팀을 하나 꾸려서 이 일을 전담시키고 있다. 이 팀의 행동방침은 이들이 펴냈던 주요 리포트 중 하나의 서문에 적혀있다. "우리가 경제개발을 측정하는 방식이 우리가 경제개발을 하는 방식을 결정할 것이다."*

이 보고서가 찾아낸 것 중 하나는 국가가 부유해질수록 자연 자본의 중요성은 줄어든다는 것이다. 왜냐하면 자연자원을 착취함으로써 얻을 수 있는 수입의 흐름이 다른 종류의 자본으로 전환되기 때문이다. 예를 들어 바나나나 석유나 우라늄을 팔아서 번 돈으로 도로를

---

* Glenn-Marie Lange et al., "The Changing Wealth of Nations", *World Bank*, 2011년 12월. p. xii. www.worldbank.org

건설하거나 대학을 세우거나 자동차 제조 로봇을 만드는 식이다. 이 것이 기본적인 아이디어다. 나이지리아는 아프리카 사하라사막 남쪽 지역에서 가장 중요한 석유 수출국이다. 이 나라는 석유 수출로 돈을 꽤나 많이 벌기 시작한 1990년대 중반부터 많은 투자자의 관심을 받 기 시작했다. 세계은행 보고서는 나이지리아가 경제성장 측면에서는 아주 훌륭하게 해왔다고 보지만, 국부의 측면에서는 역주행해왔다 고 지적한다. 나이지리아의 엘리트 계층은 이 나라의 미래를 도둑질 하거나 펑펑 낭비해왔다. 석유에서 나온 수입을 물리적 혹은 인적 자 본으로 바꾸는데 실패한 것이다. 물론 우리가 경제를 측정하는 방식 을 바꾼다고 해서 부패한 지도자들이 국가의 재산을 팔아먹는 일을 막을 수는 없다. 그러나 적어도 뭐가 어떻게 돌아가고 있는지는 환히 드러나게 해준다. 만일 신문기사 제목이 "나이지리아 경제성장률 급 등"이 아니라 "나이지리아 국부 급감"이라고 나온다면, 나이지리아 정부는 뭔가 정책을 바꿔야 하지 않겠냐는 여론의 압력을 느끼게 될 것이다.

인간의 생산 자본, 즉 물리적 자본을 측정할 때 세계은행은 가능 한 각국의 통계 담당 기관에서 수집한 숫자들을 사용한다. 약 30개 국 정부가 공장, 도로, 하수시스템 등 각자 가지고 있는 물리적 자본 에 대한 종합적인 데이터를 수집하고 있다. 이런 데이터는 거의 외부 로는 홍보가 되지 않고 있지만, 어쨌든 존재한다. 나머지 국가에 대 해서는 네덜란드의 호로닝언 대학교University of Groningen가 수집하는

150개국 데이터에 의존한다.[*]

　자연 자본 측정에 관해서 세계은행은 코스탄자보다 훨씬 현실적인
방법을 사용한다. 전체 생태계의 가치를 측정하기보다는, 농업용지
와 숲과 지하자원(석유, 석탄, 보크사이트, 금)등의 가치에만 집중하고
있다. 이들은 아주 대략적으로 농업용지의 가치를 시장 가격으로 계
산한다. 호주의 밀 농장 하나를 사는데 돈이 얼마나 들까? 스페인의
오렌지 농장은? 이런 식이다. 지하자원에 대해서는 오직 4종의 에너
지원과 10종의 주요 광석만 집계한다. 충분한 양의 매장량과 가격 데
이터가 있는 것들만 고른 것이다.[**] 숲의 경우, 숲의 아름다움이나 탄
소 흡수 능력 같은 것은 고려하지 않고, 그저 단순하게 이 나무들을
베어내서 목재로 팔았을 경우 얼마나 받을 수 있을 지만 고려한다.[***]
　자연이 제공하는 서비스들, 예를 들어 벌들이 식물의 수분을 돕
는 것은 이미 땅의 가격에 포함된 것으로 간주한다. 심지어 다이아몬
드, 우라늄, 리튬 같은 귀중한 광물이나 물고기 같은 해양 자원들마
저도 데이터가 부족하다는 이유로 세계은행 통계에는 집계되지 않는
다. 물은 에너지원으로 쳐주지 않는다. 중국이나 에티오피아 같은 나
라에서는 수력발전이 엄청나게 중요한데도 말이다. 미국의 옐로스톤
국립공원Yellowstone National Park이나 탄자니아의 세렝게티처럼 국립공

***

[*] 시계열 GDP 측정의 선구자인 앵거스 매디슨Angus Maddison은 1978년부터 1997년까지 흐로닝언 대학
의 교수였다. 또 '흐로닝언 성장과 개발 센터'를 만들었다.

[**] 석유, 천연가스, 무연탄, 유연탄, 보크사이트, 구리, 금, 철광석, 납, 니켈, 인산염, 주석, 은, 아연.

[***] 세계은행은 최근 사냥, 낚시, 여가활용의 가치 등을 삼림의 가치 계산에 포함시키기로 했다.

원으로 보호되는 지역들은 자연의 아름다움이나 유전자의 다양성 기준으로 가치를 산정하는 게 아니라, 농업용지로 판매했을 때 받을 수 있는 금액을 기준으로 가치를 산정한다. 결국 세계은행의 추정치는 자연의 진짜 '가치'를 어마어마하게 평가절하하고 있는 것이다.

세계은행의 '부' 보고서에서 흥미로운 점 하나가 있다. 이 보고서는 무형 자본intangible capital, 즉 숙련된 노동력이나 제대로 운영되는 사회기관 같은 것의 가치를 상당히 높게 평가한다. 예를 들어 부유한 나라들에서는 평균적으로 자연 자본이 전체 국부의 2% 정도에 해당하며 무형 자본이 81%나 차지한다고 본다. 인간의 생산 자본이 나머지 17%에 해당한다.[****]

그러면 그 무형 자본이라는 것은 어떻게 계산되는가? 허무하게도, 그건 계산해서 얻은 수치가 아니다. 보고서상에서 무형 자본은 '잔차residual'로 기록된다. 쉬운 말로 오차라는 뜻이다. 우리가 무언가를 측정하는데 그 값의 81%가 오차라면, 눈살이 찌푸려질 수밖에 없다. 어떻게 해서 저렇게 잔차가 클까. 세계은행은 세부사항은 무시하고 총합에서부터 거꾸로 내려왔다. 먼저 우리가 이만큼의 소득을 만들어내기 위해서는 어느 정도의 자본이 필요하다는 것을 계산한다. 그리고 거기서 자연 자본과 물리적 자본의 값을 빼면 나머지 부분은 사회적(무형) 자본일 수밖에 없다. 마치 천문학자들이 우주의 암흑물질에 대해 논할 때 쓰는 방법 같다.

이전 장에서 예로 들었던 두 섬나라의 이야기를 기억하는지? 한 섬

**** Lange et al., "The Changing Wealth of Nations", p. 7. 여기엔 2005년 이후 부에 대한 종합적인 데이터가 있다. 세계은행은 조정순저축액Adjusted Net Savings과 같이 부와 관련된 수치들은 좀 더 정기적으로 발표한다.

에 사는 사람들은 서로를 신뢰해서 가진 것들을 거래했고, 다른 섬에 서는 서로를 믿지 않아서 거래도 하지 않았다. 이렇게 보면 우리가 얻 는 수입의 많은 부분이 사회적인 역량에서 온다는 주장이 그럴듯하 게 들린다. 하지만 아무리 그래도, 세계은행이 주장하는 사회적 자본 의 가치는 자연 자본에 비해 지나치게 높아 보인다. 아래 표를 보자. 가장 왼쪽 숫자들은 부의 총합을 조 달러 단위로 적은 것이다. 오른쪽 숫자들은 각 유형의 자본이 차지하는 비율이다.*

소득수준별 국가군 부의 총합(조 달러)	부의 총합 (조 달러)	무형 자본 (사회적 자본, %)	생산 자본 (물리적 자본, %)	자연 자본(%)
저소득 국가군	3.6	57	13	30
중저소득 국가군	58	51	24	25
중상소득 국가군	47	69	16	15
고소득 국가군	552	81	17	2
세계	674	77	18	5

이 표를 보면 몇 가지 생각이 떠오르게 된다. 위에서 내가 말했듯 고소득 국가군에 있어서 자연 자본은 전체 부의 2%밖에 차지하지 않 는다. 심지어 제조업이 별로 발달하지 않은 저소득 국가군에서도 자 연 자본은 전체 부의 30%만 차지할 뿐이다. 전 세계 부는 674조 달 러인데 이 중 5%만이 자연 자본인 것으로 나타나있고, 77%가 인간

* Table 1.1, p. 7 documents.worldbank.org

이 만들어낸 무형의 사회적 자본인 것으로 되어있다.

둘째, 이 표에서 각각의 퍼센트는 동일한 비중을 갖는다. 그러므로 이론적으로 말해서 어느 나라든 자신이 갖고 있는 자연 자본을 다른 형태의 자본으로 바꾸어서 부유해질 수 있다. 석유와 천연가스를 도로와 학교로 바꾸고, 밀과 연어를 대학과 재판소로 바꾸는 것처럼. 이것이 바로 저개발국가가 선진국으로 가기 위해 택해야 하는 길이라고 세계은행이 주장하는 바다. 하지만 여기엔 명백한 문제점이 있다. 만일 모든 나라가 문자 그대로 이 조언을 따른다면, 자연은 전혀 남아있지 않게 될 것이다. 지구라는 행성은 자연 자본이 전혀 없게 되고 지구상 모든 것은 죽어있을 것이다. 어떤 나라가 경제성장을 위해 환경파괴를 지속해서 모든 동식물을 멸종으로 몰고 간다고 해도, 이런 통계상에서는 별 문제가 아닌 것으로 보이게 된다. 세계은행도 이런 단점을 알고 있다. 이 문제는 하나의 자본이 다른 종류의 자본으로 전혀 손실 없이 형태를 전환할 수 있다는 가정에서부터 나온다. 세계은행은 이를 '대체가능성'이라고 부른다. (다른 학문들에서와 마찬가지로 경제학에서도 단어가 길어지면 길어질수록 뭔가 수상하다는 생각을 해야 한다.) 이런 가정은 자본이 하나의 형태에서 다른 형태로 모습을 바꾸는 과정에서 어떤 되돌릴 수 없는 일이나 파괴적인 사건이 발생할 수 있다는 점을 간과한다. 지금 우리가 부의 새로운 측정법을 만들려 노력하는 근본 이유가 바로 지속가능성이라는 고려하면, 이 방법론에게는 심각한 결점일 수밖에 없다.

세 번째 문제는 호기심에 관련된 것이다. 세계은행은 자연 자본을 측정할 때 광물과 농장 등의 시장가격에 기반을 둔다. 로버트 코스탄자가 네이처에 발표했던 논문의 방법론과는 완전히 다르다. 코스탄자는 전체 생태계의 가격을 계산할 때 인간이 아름다운 경치를 보면서 느끼는 즐거움과 휴식의 가치까지 포함하려 했다. 세계은행은 그저 석유와 금과 암소와 감자 같은 것에만 집중하고 있는데, 그럼에도 불구하고 자연 자본이 전 세계 부의 총합인 674조 달러 중에서 5%를 차지한다고 말하고 있다. 약 33.7조 달러다. 코스탄자가 계산한 값인 33.3조 달러와 고양이 수염 하나 정도의 차이만 난다. 단지 우연의 일치일 뿐이다. 하지만 아주 다른 접근법을 택했는데도 이렇게 유사한 수치가 나왔다는 데에는 뭔가 꺼림칙한 느낌이 있다.

나라의 부를 측정하려는 방법론들은 아직 갈 길이 멀다. 그건 분명하다. 여전히 아주 많은 개념적인, 철학적인 문제들이 있다. 그리고 경제학자들은 이런 문제에 대해 더 이상 말할 수 있는 것이 없다. 사실 경제학자들은 우리의 의사결정 프로세스에서 이미 너무나 많은 권위를 갖고 있다. 경제에 해가 되는 행위는 아무것도 해서는 안 된다는 생각이 우리를 지배하고 있고, 그것이 무엇인지 결정하는 것이 바로 경제학자 집단이다. "주도권을 되찾자"라는 말이 우리 시대의 화두가 되었는데, 경제학자들로부터 정책 결정권을 뺏어오는 것 역시 하나의 해결책일 수 있다. 역설적으로, 이론은 옆으로 제쳐두고 이런 문제들을 해결하기 위한 행동부터 먼저 취했을 때 상황이 더 명쾌해지는 경우가 있다. 노르웨이의 예를 보자.

누트 올리 비켄Knut Ole Viken은 노르웨이의 나무 계수원tree counter이다.* 나무의 수를 세기 시작한 지 30년 정도 됐다. 어렸을 때 아버지와 함께 북극권 가까이에 있는 먼 숲 지역에서 이 일을 시작했고, 현재는 노르웨이 생태경제 연구소Norwegian Institute of Bioeconomy Research가 진행하는 장기 프로젝트에 참여해 노르웨이의 숲들을 조사하고 있다. 5년 주기로 비켄이 포함된 숲 전문가 팀은 노르웨이 전역을 돌아다니며 1만 5,000곳의 삼림에서 나무를 조사한다. 노르웨이는 국토의 거의 40%가 삼림이다. 항상 겨울날씨를 보이는 북쪽지방도 마찬가지다.** 5년 주기의 조사가 끝나면 바로 다음번 조사가 시작된다. 노르웨이의 나무를 세는 일은 영원히 끝나지 않는다.

노르웨이가 나무를 세기 시작한 것은 약 100년 전인 1919년이었다. 정부의 결정이었다. 노르웨이는 원래 숲으로 덮여있던 나라였지만 이전 한 세기동안 무차별적으로 숲이 파괴됐었다. 수백 년간 방해받지 않고 자라온 원시림이 베어져 유럽 각지로 수출됐다. "지역 농부들은 나무를 때서 난방을 했고, 베어낸 자리에는 가축들이 들어와서 다시 숲이 자라지 못했죠." BBC 프로그램에서 비켄이 말했다. "그때는 나무를 심거나 숲을 재생시키는 정책이 없었습니다."

한 나라의 숲 전체를 조사하겠다는 계획은 전 세계에서 노르웨이가 처음 만들었다. 다른 유럽 국가들도 과거에 일부분씩 그런 조사를 했었지만 노르웨이가 하는 것만큼은 아니었다. 노르웨이의 국가 삼림 통계National Forest Inventory가 일종의 터닝포인트가 됐다. 이 정보 덕분에 정부는 어느 곳의 숲이 파괴되었고, 어느 곳에서는 여전히 건강

* "Discover How Norway Saved its Vanishing Forests", *BBC*, 2015년 11월 4일. www.bbc.co.uk

** "State of Forest Genetic Resource in Norway", *Norsk institutt for skog og landskap*, p. iii.

히 살아있으며 어느 곳에 생물 다양성이 여전히 존재하고 있는지를 명확히 파악할 수 있었다. 그런 정보를 기반으로, 어느 지역에서 안전한 벌목이 가능하고 어느 지역은 야생 생태계를 보전해야 하는지를 결정할 수 있었다. 또 일부분이긴 하지만 원시림도 보전할 수 있었다.

오늘날의 노르웨이는 100년 전에 비해 3배 많은 나무를 가지고 있다. 정확히 말하자면 8억 2,300만 세제곱미터의 숲이 자라나고 있으며 이 중 800만에서 1,100만 세제곱미터가 매년 벌목되고 있다. 나무가 자라는 속도가 벌목되는 속도보다 두 배 빠르므로 노르웨이의 숲은 점점 커지고 있다. 이 나라가 배출하는 온실가스의 거의 60%를 흡수할 수 있는 만큼이다. 물론 모든 게 완벽하지는 않다. 이 나라 숲의 겨우 4%만이 원시림이고, 나머지는 상업적인 벌목을 위해 심어진 새 나무들이다. 19세기 동안 오래된 숲들이 왕창 파괴되었고 생물다양성도 줄어들었다. 그렇긴 해도 노르웨이의 삼림 조사는 선구적인 아이디어였다. 이 덕분에 노르웨이는 지구상 어떤 나라보다도 더 자연자원을 잘 보호하는 나라가 될 수 있었다.

1969년의 크리스마스 이틀 전, 필립스석유Philips Petroleum는 북해의 대륙붕에서 거대한 유전을 찾았다고 노르웨이 정부에게 보고했다. 이 발견에 이어 다른 유전들도 발견되었고 노르웨이는 이후 수십 년 동안 세계 최대 산유국의 하나로 이름을 올릴 수 있었다. 석유가 발견되고 나서 처음 20년 동안, 노르웨이 정부는 늘어나는 석유 수출에서 들어오는 돈을 다시 석유 산업에 투자하거나 국가를 개발하는데 썼다. 그러나 1990년대 초반, 석유에서 버는 돈이 모두의 기대치를 넘어설 정도로 늘어났고 앞으로도 더 늘어날 것으로 전망되자 노르웨이 정부는 미래를 위한 계획을 세우기 시작했다. 그리하여 노르웨이 석유 펀드*가 설립됐다. 미래 세대를 위한 저축이라 할 수 있는 국부 펀드sovereign wealth fund였다.

1996년 처음으로 석유 판매 수익이 이 펀드에 들어갔다. 그리고 불과 20년 만에, 이 '오일 펀드'는 이런 종류로서는 세계 최대 규모로 커졌다. 현재 자산은 약 8,750억 달러다.** 이 펀드는 자신을 '국민들의 돈'이라고 부르며 세 종류의 자산에 투자한다. 주식, 채권, 부동산이다. 그리고 모두 노르웨이 국외에만 투자한다. 오늘날 이 펀드는 애플, 네슬레 등 전 세계 약 8,000개 기업에 지분을 갖고 있으며 전 세계 주식시장에 상장된 주식의 약 1%를 보유하고 있다. 또 수백억 달러를 국채에도 투자했고 부동산 포트폴리오도 계속 넓혀가고 있다. 노르웨이 오일펀드가 보유한 부동산 중에는 런던의 리젠트 스트리트의 일부, 그리고 뉴욕 5번가와 타임스퀘어의 건물들이 있다. 파르타 다스굽타의 표현을 빌리자면, 노르웨이는 하나의 형태의 자본(바다 아래 묻혀있는 석유)을 다 써버리는 대신 이를 다른 형태의 자본(다음 세대를 위해 은행에 넣어둔 돈)으로 바꾼 것이다.

말은 쉽다. 하지만 노르웨이는 예외적으로 잘 하고 있는 케이스다. 다른 많은 국가들, 특히 개발도상국 단계에 있고 아직 사회적 인프라가 약한 나라들은 이른바 '자원의 저주'에 빠지곤 한다. 자원을 팔아서 나온 돈을 나라의 미래를 건설하는데 쓰는 게 아니라 최대한 빨리

---

* Petroleum Fund of Norway. 현재 공식명칭은 GPFGGovernment Pension Fund Global .

** 2006년 이전의 공식 명칭은 'Government Pension Fund Global'이었다. 이 펀드는 연금pension 펀드가 아니라 국부, sovereign wealth 펀드였으므로 이는 부정확한 명칭이었다.

소비해버리는 것이다. 국가의 미래를 바꿀 수 있는 일생일대의 기회는, 경제학자들이 '지대추구rent-seeking' 기회라 부르는 것으로 전락한다. 권력을 가진 자들과 그들에 빌붙어 먹는 자들만이 쉽게 돈을 챙기면서.

개발도상국에만 적용되는 얘기가 아니다. 일반적으로 잘 작동하는 사회적 인프라를 갖추고 있다는 영국 역시 석유 수익을 날려버렸다는 비판을 받는다. 노르웨이처럼 영국 역시 북해에서 발견된 많은 양의 석유에서 나오는 혜택을 받았다. 하지만 노르웨이와는 달리 영국은 그 돈을 다 써버렸다. 1970년대부터 현재까지 석유회사들은 약 3,300억 파운드의 세금을 영국정부에 냈다. 현재 세대가 그 엄청난 돈의 혜택을 챙겼다. 늘어난 정부지출, 더 많은 투자(그 중 일부는 미래에도 좋은 영향을 줄 자산에 쓰이긴 했지만) 그리고 낮은 세율의 형태를 통해서. 하지만 미래 세대를 위한 배려는 딱히 하지 않았다. 영국 오일 펀드라는 것은 존재하지 않는다. 오히려, 2010년 무렵부터 석유 매장량이 바닥을 드러내기 시작하자 석유 산업이 영국 정부의 재정에 오히려 짐이 되기 시작했다. 이제는 석유 산업으로부터 돈을 받는 게 아니라 보조금을 주어서 말라붙은 유전 시설을 해체하도록 돕고 있다.

석유가 자연계의 은행 금고 같은 것이라고 본다면, '북해은행'은 이제 파산할 것이다.

CHAPTER 12.

행복의 제왕
The Lord of Happiness

어떤 것의 가치를 알아내기 위해 경제학자들은 흔히 '지불용의 willingness to pay'라는 원칙을 적용한다. 예를 들어, 사탕이 들어있는 플라스틱 용기와 같이 물리적 형태가 있는 물건을 사기 위해 사람들이 얼마나 지불할 의향이 있는지, 혹은 오염되지 않은 바닷물이나 휴식시간과 같이 물리적 형태가 없는 것들을 위해 사람들이 얼마나 지불할 의향이 있는지를 묻는 것이다. 1832년에 사망한 영국의 위대한 철학자 제러미 벤담Jeremy Bentham의 머리는 얼마의 가치가 있을까? 지금까지 이 책에서 저자는 우리가 측정하고 있는 경제적 가치들에 대해 회의적인 시각을 보였다. 또 저자는 공해나 가사노동, 자연의 소중함 같은 것들에도 가치를 매겨야 하지만 현실적으로 가치를 매기기가 어렵다는 이야기도 많이 했다. 하지만 여기 이 단순한 질문에 대한

단순한 정답이 있다. 제러미 벤담 머리의 가치는 10파운드였다.[*]

우리가 이 답을 알게 된 이유는, 1975년 유니버시티 칼리지 런던 University College London, UCL에서 짓궂은 학생들이 벤담의 머리를 훔쳐 갔고 이를 찾아오기 위해 머리의 소유주인 학교 측이 10파운드를 내 기로 동의했기 때문이다. 그 가격제안은 받아들여졌다. 경제학에서 보면 이것은 슬램덩크라 할 정도로 명쾌한 사건이었다.

벤담의 머리가 어떻게 해서 UCL의 컬렉션에 들어갔는지는 흥미로 운 이야기다. 벤담은 평생 무엇이 인간을 행복하게 만드는지에 대해 서 글을 쓴 사람인데, 본인의 생애 후반부에 이르러서는 자신의 육체 가 사망 이후에도 보존이 되어야한다는 생각을 본인의 10파운드짜리 머릿속에 갖게 됐다. 이런 의지가 너무 강해서, 마지막 10년 동안은 항상 자기 주머니 속에 한 쌍의 유리눈알을 넣고 다녔다고 한다. 갑자 기 죽게 되어서 시체의 방부처리를 할 때 자신의 눈구멍을 그걸로 채 우라는 뜻이었다. 유언장에는 사체를 미이라 처리한 다음 검정 양복 을 입혀놓고 유리 케이스 안에 똑바로 앉은 모습으로 세워두라고 적 었다. 그는 이를 '오토 아이콘auto-icon'[**]이라고 말했다. 벤담은 인간을 행복하게 만드는 것에 대한 사상으로 유명한 철학자이니, 그의 유언 장에 대한 적절한 반응은 '당신 마음대로 하세요.'가 아닐까 싶다.

벤담의 몸은 지금도 UCL의 남쪽 회랑에 있는 방 안에, 전면이 유리 로 된 케이스에 들어있다. 그가 원했던 대로 가끔씩 이 대학의 회의에 참석하곤 한다. 케이스에서 꺼내어진 채로. 예를 들어 벤담은 2013년

---

[*] 1975년 파운드 가치 기준.

[**] '스스로의 이미지'라는 뜻으로 벤담이 만든 말.

당시 학장이 마지막으로 주재한 이사회에 참여했다.[***] (회의록에 따르면, 회의에 참석은 했지만 안건 투표에는 참여하지 않았다.) 벤담에게는 안 된 일이지만 그의 머리는 몸과 함께 있지 않다. 84살의 나이로 그가 죽었을 때, 시체 방부처리에 문제가 생겨서 머리 부분은 왁스 복제품으로 대체됐다. 진짜 머리는 캐비닛 안에 보관되어 있었는데, 그것을 1975년에 짓궂은 학생들이 자선기금을 모금한다며 훔쳐간 것이다. 현재는 안전을 위해 다른 장소에 보관되어 있다.

사실 이번 장은 벤담의 머리 값이 얼마인가보다는 벤담의 두개골 안에 무엇이 들어있었는지에 관한 것이다. 그는 행복했을까 아니면 슬퍼했을까? 벤담의 행복론을 오늘날에는 어떻게 해석해야 할까? 이번 장에서 다룰 주제는 행복을 측정하는 것이 가능하기나 한지, 그리고 그럴만한 가치가 있는 지이다.

경제학에서 행복에 대한 논의가 나올 때마다 빠지지 않는, 그러나 별 도움은 되지 않는 이름이 있다. 부탄이다. 이 작은 산악 국가는 국가총행복Gross National Happiness, GNH이라는 지수를 만들어 홍보해왔다. 사람들에게 행복을 측정하는 것에 대해서 이야기를 하면 몇몇 사람들은 당신을 쳐다보며 무슨 얘기인지 알겠다는 투로 이렇게 말할 것이다. "아, 부탄처럼 말이지?" 부탄에 대해서는 이 장의 후반부에서 더 다루기로 하고, 일단 여기서는 부탄이 아니라 미국과 유럽에 있는 명문대학의 학자들이 행복을 측정하는 이슈에 대해 나눈 것보다 흥미로운 대화들을 소개하고자 한다.

[***] "Jeremy Bentham Makes Surprise Visit to UCL Council", *UCL News*, 2013년 7월 10일. www.ucl.ac.uk

1974년, 펜실베니아 대학교의 경제학 교수인 리처드 이스털린 Richard Easterlin은 "경제성장이 인간의 행복을 촉진하는가?"라는 제목의 저명한 논문을 썼다. 이 논문은 이후 연구자들로 하여금 심리학과 신경과학, 경제학, 사회학 등을 동원해 행복의 미스터리를 탐색하게 했다. 이스털린은 소득과 행복의 관계에 질문을 던지는 것으로 시작했다. 그는 일단 어느 정도의 경제적 번영을 이루고 나면, 그 이상의 소득은 더 이상 즐거움을 가져오지 않는다고 주장했다. 이는 급진적인 생각이었다. 시민들의 삶을 개선하기 위해서 경제성장을 극대화해야한다는 것이 세계 각국 정부의 최우선순위가 되어있었는데, 그런 통념을 부수려 했기 때문이다.

이후 경제학자들은 점점 더 행복을 정의하고 측정하는 일에 더 많은 관심을 갖게 됐다. 그리고 어떤 조건과 어떤 정책들이 행복을 가져오는 지에도 관심을 쏟았다. 한 통계에 따르면 이 주제에 관련된 학술 논문이 1만 건 이상 나왔다. 또 서구 각국의 정부는 시민 개개인의 행복도를 측정하는 설문조사를 주기적으로 시행하고 있다. 간단히 말해 행복은 치명적으로 중요한 이슈가 됐다. 그리고 이런 주제에 대해서 얘기할 때 제러미 벤담을 빼놓고 시작할 수는 없다.

벤담은 영국의 철학자이자 사회평론가다. 1748년 런던의 하운즈디치Houndsditch에서 태어났다. 부친은 부유한 변호사였고, 벤담은 영재였다. 3세에 라틴어 문법을 배웠다고 한다. 12세에 옥스퍼드 대학교에 입학했고 18세에 석사 학위를 취득했다. 하지만 법률가의 길을 싫어했기 때문에 재빨리 커리어를 전환해 저술과 사회변화 운동 분야에서 활동하기 시작했다.

벤담은 괴짜였다. 미이라 처리된 그의 머리 이야기만 봐도 알겠지만 말이다. 한번은 영국 내무부에 편지를 보내, '대화용 튜브'라는 것으로 각 부서를 연결해서 서로 원활히 소통하라는 제안을 하기도 했다. 인터넷의 아버지라고 불러도 될 것이다. 또 간수 한 명이 모든 죄수를 감시할 수 있는 판옵티콘panopticon 감옥을 디자인하기도 햇다. 벤담은 또 사회 운동가였다. 날카로운 문장을 통해 양성평등이나 국가의 형벌제도 등 다양한 주제를 다뤘다. 그의 사상에서 가장 핵심적인 명제는 '최대 다수의 최대 행복이 옳고 그름의 판단기준'이라는 것이다.

200년 전에 살았던 저술가로서는 꽹장히 진보적으로 들리겠지만, 경제학의 벤담은 영웅이면서 동시에 악당이기도 하다. 벤담은 일반적으로 '공리주의utilitarianism'이라 불리는 사상의 창시자로 알려져 있다. 공리주의에 따르면, 어떤 행위가 전반적인 행복도를 높인다면 그 행위는 옳은 것이다. 벤담은 이 사상에 대해 이렇게 썼다. "자연은 두 가지 절대군주의 지배 아래 인간을 두었다. 고통과 쾌락이다. 이것들만이 우리가 무엇을 해야 할지를 정해준다."*

벤담의 생각들은 실용적인 가치인 '공리utility'라는 개념에 바탕을 두고 있다. 벤담이 말하는 공리란, 무엇이 어떻게 유용한지가 아니라 "어떤 것이 혜택, 이점, 쾌락, 기쁨, 행복을 생산하는지"이다. 그의 사상들을 요약하자면 행복의 극대화라고 할 수 있다. 그는 사회의 목적은 특정 개인이 아닌 전체 구성원의 행복의 총합을 극대화하는 것이

---

* Jeremy Bentham, *An Introduction to the Principles of Morals and Legislation*(도덕 및 입법의 원리 서설). 1789. http://socserv.mcmaster.ca/econ/ugcm/3ll3/bentham/morals.pdf

라고 공공연하게 말했다.

벤담의 공리주의는 이후 존 스튜어트 밀John Stuart Mill에 의해 계승됐고 현대 경제학의 기반이 됐다. 즉 구성원들(쉬운 말로 하면 '사람들')이 각자 논리적으로 이익을 추구하려 하는, 거의 기계적인 과학이라는 것이 현대 경제학의 기본 개념이다. 만일 시장이 제대로 기능한다면, 이런 활동은 구성원들 개개인에게도 이익이 되지만 사회 전체에도 이익이 된다. 이런 해석은 실용과학에서 많이 빌려온 것이다. 개개인이 하고 싶은 대로 놓아둘 때 시장이 가장 잘 작동한다는 생각이 이 사상의 시작점이다. 즉 도덕주의moralism에 대한 메커니즘의 승리다. 이런 측면에서 볼 때 벤담의 공리주의는 애덤 스미스의 '보이지 않는 손'과 합쳐져서, 주어진 제약조건 안에서 이성적으로 행동하는 구성원들이 가장 좋은 결과를 가져온다는 세계관을 형성한다. "우리가 저녁식사를 할 수 있는 이유는 푸줏간 주인, 양조장 주인, 빵집 주인의 자비심 때문이 아니라 그들의 이기심 때문이다"라고 스미스는 썼다.

벤담의 공리주의는 개개인의 결정들이 합쳐져서 거대한 이해관계를 형성하게 되는 메커니즘이다. 신자유주의자들은 시장이 "하나의 거대한 감각기관이며, 수백만 개인의 욕구와 의견, 가치를 취합해서 이를 가격으로 전환한다"라고 말한다.* 벤담은 선량함, 도덕적 의무, 선과 악과 같은 추상적인 철학적 개념들을 싫어했다. 플라톤Plato이나 아리스토텔레스Aristotle 같은 사람들은 그런 추상적 개념들을 좋아

---

* William Davies, *The Happiness Industry*, Verso, 2015, p. 10.

했지만, 실제로 그런 말들이 의미하는 것은 무엇인가? 벤담은, 그런 허구적인 개념들은 무시해버리고 차라리 우리가 확실히 실체를 알고 있는 개념들, 즉 쾌락과 고통 같은 것에 대해 연구하는 것이 낫다고 생각했다.

이런 관점은 매우 그래드그라인드적인 세계관이다. 찰스 디킨즈Charles Dickens의 소설 『어려운 시절Hard Times』에 등장하는 인물 토머스 그래드그라인드Thomas Gradgrind는 학교 교장이자 사업가다. 이 인물은 실제로 당시 빅토리아 여왕 시대의 공리주의자들을 모델로 만들어진 것이다. 디킨즈는 그래드그라인드를 이렇게 묘사한다. "팩트와 계산을 좋아하는 남자. '2 더하기 2는 4'이지 그 이상은 아니라는 원칙을 가진 남자. 주머니에 항상 줄자와 곱셈표를 가지고 다니며, 인간 본성의 어느 부분이라도 무게를 달고 길이를 잴 준비가 되어있으며, 그 결과를 당신에게 말해줄 준비가 되어있는 남자."

벤담의 사상을 다소 우스꽝스럽게 표현한 것인지는 모르겠지만, 이렇게 공리와 효용을 측정할 수 있다는 생각, 특히 가격으로 측정할 수 있다는 생각은 현대 경제학을 지배해왔다. 이성적 선택 이론에 따르면 누구나 자신의 이익을 추구하도록 놓아둘 때 최대 다수를 위한 최선의 결과가 도출된다. 이것이 '경제적 인간Homo Economicus'의 기원이다. 경제적 인간이란 "다소 암울한 인간관. 항상 계산적이고, 모든 것에 가격을 매기고, 매 순간 자신의 이익을 추구하는 식으로만 행동하도록 신경회로가 구성된 인간"이라는 관점이다.** 또 이는 벤담을

** 위의 책, p. 61.

'증거기반 정책evidence-based policymaking의 창시자'로 만들었다. 증거기반 정책이란 정부가 어떤 도덕적, 사상적인 원칙 없이 오직 팩트와 숫자들만 가지고 정책을 만들어야 한다는 개념이다. 어떤 정책을 측정할 수 있는 결과에 기반해서 검증할 때, 혹은 비용·편익분석을 통해 정책의 효율성을 측정할 때, 우리는 벤담의 영향력이 여전히 살아있음을 느낄 수 있다.*

이것은 또 경제성장을 측정하는 일, 즉 인간 활동의 총합에 단 하나의 숫자를 붙이려는 시도에 있어서도 벤담이 중대한 영향을 미쳤음을 보여준다. 약 150년 전 벤담의 사상을 경제학이 받아들임으로써 경제학은 궤도에서 이탈해버렸다. 벤담은 행복을 좁게 정의했다. 쾌락의 경험과 고통의 부재不在가 곧 행복이라고 봤다. 이런 사상은 경제학을 그래드그라인드와 같이 무게와 길이로 측정하려는 학문으로 몰고가버렸다. 이런 관점에 따르면, 아리스토텔레스가 에우다이모니아Eudaemonia라고 불렀던, 좀 더 넓고 좀 더 기분 좋아지는 측면의 행복은 설 자리가 없다. 에우다이모니아는 선한 가치와 우정, 성격 형성을 중요시한다. 이런 것들은 위대한 공리주의자들에게는 측정할 수도 없고 별로 쓸모도 없는 허구에 불과했다.**

이렇게 보면, 벤담은 인류를 차갑고 이익만을 추구하는 존재로 그리고 있는 경제학이라는 학문의 사상적 원조이다. 하지만 벤담의 글 속에는 보다 친절한 모습의 벤담이 숨어있다. 더 행복한 버전이라고

---

* 위의 책, p. 17.

** 이는 컬럼비아대 지구연구소의 디렉터인 제프리 삭스Jeffrey Sachs가 LSE에서 했던 강의에서 나온 얘기에 기초한 것이다. 2016년 12월.

해도 좋을 것이다. 그것이 무엇인지 알아보기 위해서 런던정경대를 찾아가보자. 이른바 '행복 경제학'의 위대한 선지자 한 명이 있는 곳이다.

기사 작위를 받은 사람치고 피터 리처드 그렌빌 레이어드Peter Richard Grenville Layard는 별로 눈에 띄지 않는 타입이다. 그는 대학 건물의 평범한 방 안에서 나를 맞아주었다. 머리는 은발이고 목소리는 조용조용했다. 성공한 사람들이 종종 보여주는 으스대는 태도는 전혀 없었고, 자기 스타일대로 사는 사람 특유의 편안함이 느껴졌다. 82세인데도 눈에서는 호기심이 반짝거렸고 발걸음은 부드럽게 통통 튀어 다녔다. 2000년 이래 영국 상원의회 귀족원의 종신 의원으로 있어왔지만 그는 머리부터 발끝까지 부스스한 학자의 모습을 유지해왔다. 캐주얼 바지와 편안한 신발을 신고서 말이다. 한 가지 작은 디테일만이 눈에 띄었다. 그의 재킷 옷깃에는 "행복을 위해 행동하라"라 적혀있는 하얀 색 둥근 배지가 붙어있었다.

40년 넘게 레이어드는 웰빙의 전도사로서 싸워왔다. 원래 그는 실업과 불평등을 연구하던 노동경제학자였으나 1970년대 행복이라는 주제에 관심을 갖게 됐다. 행복 그 자체뿐만 아니라 정신건강과 정신병에 대해서도 강한 흥미를 갖게 됐다. 그는 벤담의 추종자로서, 행복의 극대화라는 논리가 이기심을 더하는 것을 의미한다고 보지 않는다. 그와는 반대로, 행복의 극대화란 서로 아끼는 사회, 그러면서 진보하는 사회를 의미한다고 그는 말한다. 이미 만족하며 사는 사람들을 조금 더 행복하게 만들어주는 게 아니라 불행한 사람들의 고통을 덜어주는 것을 더 중요하게 여긴다는 뜻이다. 레이어드가 보기에, 벤담 사상을 제대로 해석하면 그것이 심오한 인본주의적인 메시지를 담고 있음을 알 수 있다. 경쟁뿐만 아니라 협동 역시 중요한 사회로 나아가자는 것이다. 사회의 목적은 "이 세계에서 최대한 많은 행복을 창조하는 것이며, 문명화된 사회의 조건은 사람들이 삶을 즐기고 있는지 여부입니다"라고 레이어드는 말한다.

레이어드는 우리가 같이 먹을 샌드위치 점심을 싸왔다. 손에 갈색 종이봉투를 들고 그는 저자를 자신의 작은 연구실로 안내했다. 대화하는 동안 종종 그는 자리에서 일어나 책꽂이에서 책을 꺼냈다. 국가별로 상대적인 행복의 정도를 비교한 표를 보여주거나, 하루 동안 한 개인의 행복도가 달라진다는 데이터를 보여주기 위해서였다. 그 중 어떤 표는 여러 활동에 점수를 매겨놓고 있었는데, 그 내용은 사람들은 섹스를 아주 많이 좋아하고 통근시간은 아주 많이 싫어한다는 것이었다. 저자는 속으로 생각했다. '저런 말은 나도 하겠다. 연구비 절반만 받을 수 있더라도.'

레이어드는 우리에게 잘 알려진 그리스 철학자들이 정의했던 것보다 훨씬 좁은 의미로 행복을 정의하고 있다. "아리스토텔레스는 제대로 이해하지 못했지만, 벤담은 꽤 정확히 이해하고 있었어요."라고 그는 말한다. 벤담처럼, 레이어드는 행복이 실질적인 것이며 측정 가능하다고 본다. 역시나 벤담처럼, 레이어드는 어떤 사회의 목적은 최대 다수의 최대 행복이어야 한다고 믿는다. "현재는 심각할 정도로 불행한 상황이에요." 그는 머리를 가로저었다. 가족의 붕괴, 질병으로 인한 고통, 장기적인 실업, 그리고 무의미한 부와 물질적 소유의 추구 등으로 인한 불행이 우리 주위에 가득하다는 것이다.

그는 '웰빙'과 '삶의 만족'이라는 용어도 동시에 사용했지만 "행복"이라는 보다 직관적인 단어를 더 좋아하는 것이 분명했다. 그러나 정책을 만드는 사람들은 행복이라는 개념을 불편하게 생각한다. 그것이 그들의 일상에서 매우 중요한 개념인데도 말이다. "아마도 그 정책결정자들 본인들도 개인적으로 중요한 결정들을 내릴 때는 그것이 자신을 행복하게 해주는지 여부로 판단할 것이에요. 누구와 결혼할 것이며 어떤 일을 할 것인가? 우리 애는 학교에서 행복한가? 이보다 더 중요한 질문은 없죠." 이 말을 할 때 레이어드의 얼굴은 같은 북을 수십 년 동안 두들긴 사람의 좌절감을 담고 있다. "하지만 그들에게 있어 정부가 나설 일은 아니라는 겁니다. '오, 말도 안 돼. 행복은 일시적인 거잖아'라며 말이죠."

그래서 레이어드는 사용하는 용어를 바꿨다. "정치인들이 나의 말을 심각하게 받아들이게 하려면 어떻게 해야 할까요? 저는 항상 그런 방법을 고민해왔어요. 대부분의 정치인들은 '삶의 만족도'라는 표현에는 거부감이 거의 없어요. 정치인들 스스로가 유권자들에게 비슷한 질문들을 하거든요. '여러분 동네의 쓰레기 수거 방식에 만족하시나요? 여러분 동네의 병원에 대해 만족하시나요?'와 같은 질문들이죠." 그런 다음 '여러분 삶에 만족하시나요?'와 같은 질문으로 넘어가는 것은 그다지 어려운 일이 아니다.

정치인들에게는 삶의 만족도에 대해 신경을 많이 써야할 나름의 이유가 있다. 빌 클린턴 전 미국 대통령은 나라의 경제상황이 항상 선거 결과를 좌우한다고 말했지만, 그의 말은 의심의 여지가 있는 것으로 판명됐다.* 실제로, 행복을 더 중요하게 생각하는 정치인이 선거에서 이길 확률도 높다. 런던정경대에서 펴낸 한 논문은 1973년부터 유럽 전역에서 조사기관 유로바로미터가 1년에 두 번씩 실시한 설문조사 결과와 당시의 선거 결과를 비교해봤다. 설문조사는 100만 명 이상을 무작위로 골라서 이런 질문을 했다. '전체적으로 봐서 당신은 당신의 현재 삶이 (1) 아주 만족스럽다 (2) 꽤나 만족스럽다 (3) 그다지 만족스럽지 않다 (4) 전혀 만족스럽지 않다.' 이 질문에 대한 응답을 보면 당시 선거 결과를 상당히 정확하게 예측할 수 있었으며, GDP를 비롯한 그 어떤 다른 지표들보다도 투표 참여 의지를 정확하게 반영했다는 것이 논문의 결론이었다.** 빌 클린턴에 대해서는, 레이어드는 "바보야, 문제는 행복이야"라고 말한다.

새롭게 '과학'의 한 영역으로 인정받게 된 행복학 연구에서, 연구자들은 '주관적인 행복'을 측정하는 여러 방법을 개발해냈다. 하나는 최근 빠르게 발전하고 있는 신경과학의 힘을 빌리는 것이다. 위스콘신 대학 리처드 데이비드슨Richard Davidson 교수는 두피에 전극을 부착해서 사람들의 기분을 측정하는 방법들을 개발했다. 사람들에게 즐거운 비디오 클립을 보여주면 행복과 연관된 좌뇌의 활동이 좀 더 활발해진다. 무서운 영상을 보여주면 정반대 현상이 나온다. 좌뇌의 활동이 원래부터 우뇌보다 활발한 사람들은 평균적으로 다른 사람들보다 더 행복하다고 느낀다. 반대로 우뇌의 활동이 활발한 사람들은

---

* 클린턴은 "바보야, 문제는 경제야! It's the economy, stupid!"라는 슬로건으로 대통령에 당선됐다.

** George Ward, "Is Happiness a Predictor of Election Results?", *Centre for Economic Performance*, 2015년 4월. cep.lse.ac.uk

더 적게 웃고, 주변인들이 보기에 덜 행복하게 보인다. 레이어드가 보기에 이런 과학적 발견은 행복이 실존하고 측정 가능한 가치라는 가설이 사실임을 확인시켜주는 증거다. "뇌의 활동과 기분 사이에는 직접적인 연관이 있다"는 것이다.

그러나 행복 경제학의 연구 대부분은 경제성장 관련 통계를 만들 때 사용하는 것과 똑같은 기법, 즉 설문조사에 의존하고 있다. 사람에게 얼마나 행복한지를 묻는 데에는 수많은 방법이 개발되어 왔다. 이때, 행복에도 여러 종류가 있음을 주의해야 한다. 어떤 설문들은 기분에 초점을 맞춘다. 응답자가 현재, 혹은 과거의 어느 시점에 어떻게 느꼈는지를 묻는다. 영국의 통계청 설문조사는 '전반적으로, 당신은 어제 얼마나 행복하다고 느꼈습니까?'라고 묻는다.

경제학자들이 국가의 웰빙을 측정하려 할 때 선호하는 행복 측정법은 삶의 만족도에 초점을 둔다. 150개국을 포괄하는 가장 광범위한 설문조사에서는 '캔트릴 사다리Cantril Ladder'라 불리는 10점 척도의 지표를 사용한다. 즉 사람들에게 가능한 최고의 삶을 10점, 가능한 최악의 삶을 0점이라 보았을 때 자신의 삶의 만족도가 몇 점에 해당하느냐고 묻는 것이다. 유럽 사회 조사European Social Survey가 실시하는 설문조사에서는 "모든 것을 고려했을 때, 자신이 얼마나 행복하다고 보십니까?"라고 묻고 0점에서 10점 사이로 답하도록 한다. 또 세계 가치관 조사World Values Survey라는 설문조사 역시 비슷한 질문을 하지만 0점에서 3점 사이의 척도로 응답하게 한다. "모든 것을 고려했을 때, 당신은 현재 어떤 상황에 있습니까? (1) 아주 행복하다 (2) 꽤 행복하다 (3) 별로 행복하지 않다 (4) 전혀 행복하지 않다. 레이어드는 이런 종류의 질문들이 가장 유용한 결과를 생산한다고 말한다.

행복 경제학에 있어서 좋은 소식은, 이런 다양한 설문조사의 결과들이 대체로 일관성이 있다는 것이다. 사람들에게 얼마나 행복한지 묻거나, 다른 실험을 통해 그들의 마음을 알아내거나 결과는 비슷하다. 질문을 다르게 하거나 척도를 다양하게 바꿔도 마찬가지다. 이렇게 행복의 지표들이 통계적으로 튼튼하기 때문에 레이어드는 이에 기반해서 사회정책을 결정해도 충분하다고 주장한다. 그는 저서(그가 쓴 책의 제목이 "행복"이라는 건 놀랍지 않다)에서 존경스러울 정도로 직설적인 화법으로 이렇게 말한다. "행복이 정책의 목표가 되어야 한다. 국가적 행복의 진척상황은 국가경제성장과 마찬가지로 치밀하게 측정되고 분석되어야 한다." 그는 나에게는 이렇게 말했다. "GDP는 국민 후생에 대해서 우리가 알아야 할 것들을 전혀 알려주지 못합니다."

나는 그가 스스로도 행복하다고 여기는지 물어보지 않을 수 없었다. 아마도 그는 자기가 하는 일에서 보람을 얻고 있을 것이고, 그것은 삶의 만족도를 높여주고 있을 것이다. 내가 당연히 그런 짓궂은 질문을 할 것이라고 예상했는지, 그의 눈이 반짝였다. "행복에 대해 너무 열심히 생각하면 비참해져요." 나는 그 말이 농담이라고 생각하지만, 확인하기 위해서는 그의 머리에 전극을 붙여보는 수밖엔 없을 것이다.

대체 북유럽에서는 수돗물에다가 무엇을 타는 건가? 여러분은 이렇게 물을지도 모른다. 2012년 세계행복보고서World Happiness Report가 발행된 이래 매년 북유럽(노르딕) 국가들이 지구상에서 가장 행복한 나라로 매년 이름을 올렸다.* 2016년 보고서도 예외는 아니었다. 북유럽 5개국이 모두 10위 안에 들었다. 보통 북유럽 하면 어두움이 떠오르는 걸 생각하면 나쁜 성적이 아니다. 실제로 북유럽에서는 겨울 동안 해를 거의 볼 수 없다. 아우구스트 스트린드베리August Strindberg** 가 쓴 '노르딕 느와르' 소설의 차디찬 드라마를 생각해보라. 에드바르드 뭉크Edvard Munch의 불안한 그림들을 생각해보라. 뭉크는 고함치는 사람의 얼굴을 오렌지색 하늘 배경 위에 그리지 않았던가. 게다가 북유럽은 지구상에서 가장 세율이 높은 지역이다. 전혀 행복과는 어울리지 않는 조합이라고 여러분은 생각할 것이다. 그러나 스칸디나비아 사람들은 여러분이 만날 수 있는 가장 행복한 사람들이다. 여기에 네덜란드와 스위스, 그리고 '미대륙의 스칸디나비아'라고 불리는 캐나다를 더하면 행복 랭킹 싹쓸이가 된다. 나머지 둘은 '지구 반대편의 노르딕'이라 알려진 호주와 뉴질랜드다.

아래 표는 최상위권 국가들과 최하위권 국가들이다. 0부터 10까지 점수를 매기는 캔트릴 사다리 척도에 따라 조사한 것이다.*** 최상위권 국가들과 최하위권 국가들 사이에는 약 4점의 격차가 있다. 최하위권 국가들은 주로 아프리카 사하라 이남 지역이다. 이런 격차는 다른 조사에서도 마찬가지로 나타난다. 덴마크는 지구에서 가장 행복한 나라이고 브룬디는 가장 슬픈 나라다.

---

* World Happiness Report, 2012, *World Happiness Report*.

** 1849-1912. 스웨덴의 소설가, 극작가.

*** World Happiness Report 2012, *World Happiness Report*.

상위 10개국 (0~10점 척도)	하위 10개국 (0~10점 척도)
1. 덴마크 (7.526)	148. 마다가스카르 (3.695)
2. 스위스 (7.509)	149. 탄자니아 (3.666)
3. 아이슬란드 (7.501)	150. 라이베리아 (3.622)
4. 노르웨이 (7.498)	151. 가이아나 (3.607)
5. 핀란드 (7.413)	152. 르완다 (3.515)
6. 캐나다 (7.404)	153. 베닌 (3.484)
7. 네덜란드 (7.339)	154. 아프가니스탄 (3.360)
8. 뉴질랜드 (7.334)	155. 토고 (3.03)
9. 호주 (7.313)	156. 시리아 (3.069)
10. 스웨덴 (7.291)	157. 브룬디 (2.905)

행복한 나라들은 모두 부유하고 불행한 나라들은 모두 가난하다. 소득이 높다는 것은, 최소한 어느 정도까지는 행복을 가져온다. 이 결과는 행복이라는 것이 무언가 실질적인 것의 척도가 된다는 주장을 뒷받침한다. 만일 행복이라는 것이 순전히 한 사람의 기분이나 성격에 대한 것이라면, 세계 어디든지 간에 사람들은 자신이 처한 상황에 적응을 하면서 비슷한 수준의 행복도를 보일 것이다. 현실은 절대 그렇지 않다. 객관적으로 봐서 생활환경이 좋지 않은 곳에서는 사람들이 불행함을 느낀다.

그런데 이런 차이는 소득 하나만으로는 설명이 되지 않는다. 실제로 GDP 기준 최상위 10개국 중에서는 오직 노르웨이와 스위스만이 행복 기준 최상위 10개국 안에도 이름을 올렸다.* 물질적인 편안함이

---

* 2015년 IMF 자료.

어느 정도의 행복을 가져오는 것도 사실이지만, 마찬가지로 행복은 소득 그 이상의 무언가라는 것을 증명한다. 세계에서 가장 행복한 국가 중 하나인 코스타리카(행복순위 14위)는 1인당 소득이 1만 5,000달러로, 부의 순위에서는 77위에 머물고 있다.**

중간 정도의 소득을 올리고 있는 다른 중남미 국가들 역시 행복도 기준으로는 그들보다 훨씬 부유한 국가들보다 앞서고 있다. 브라질은 17위, 멕시코는 21위, 칠레는 24위다. 영국은 23위로 사실상 칠레와 동순위인데, 평균 소득은 칠레보다 2배나 높다. 프랑스는 32위, 이탈리아는 50위로서 영국보다도 못하다. 이탈리아 사람들은 눈에 띌 정도로 소득에 비해 행복도가 낮았다. 알제리와 과테말라, 태국보다도 몇 순위 아래였다. '아름다운 인생la dolce vita'이 슬로건인 나라가 왜 이런 것일까.

미국은 행복 13위로 1인당 소득 순위와 비슷하다. 하지만 많은 미국인들의 기대에는 못 미치는 순위이기도 하다. 미국은 독립선언서 American Declaration of Independence부터 행복의 추구가 시민에게 주어진 불가침의 권리라고 말하고 있다. 팔레스타인과 늘 적대적인 상황에 놓여있는 이스라엘은 11위라는 높은 행복도를 보이고 있지만 팔레스타인의 순위는 보다 예측 가능한 108위다. 중국은 경제적으로 많은 발전을 이뤘지만 행복지수에서는 83위에 머물고 있다.

하위 10개국 중에서는 끔찍한 내전을 겪은 시리아와 아프가니스탄이 있다. 나머지는 모두 사하라사막 이남 아프리카 국가들이다. 그

** 같은 데이터.

중 특이한 나라로는 르완다가 있다. 르완다는 폴 카가메Paul Kagame 대통령의 강력한 지도 아래 발전해왔고, 그래서 각종 국제기구들이 좋아하는 나라다. 하지만 그렇다고 해도 르완다는 독재국가이며 사람들은 1994년 인종학살의 기억을 여전히 안고 살아가고 있다. 100여 일 만에 약 100만 명이 죽었던 사건이다. 르완다가 물질적으로는 발전을 이뤘지만 행복도 측면에서는 그만큼 개선되지 않았음은 충분히 이해할만하다.

세계행복보고서의 저자들에 따르면, 행복한 국가들과 불행한 국가들 사이의 격차 중 75%는 다음의 여섯 개 변수로 설명할 수 있다. 소득(1인당 GDP), 건강수명, 의지할 수 있는 사람의 존재, 타인에 대한 신뢰(청렴도와 비슷한 개념), 인생에 대한 결정을 스스로 내릴 수 있다고 믿는 정도(철학에서는 'agency'라고 부르는 개념), 너그러움(자선단체에 기부하는 경향) 등이다.

레이어드의 연구는 여러 나라를 비교하는 것보다는 한 나라 안에서 행복의 수준을 결정하는 것이 무엇인지에 더 초점을 맞추고 있다. 1981년부터 시행되어온 세계 가치관 조사World Values Survey의 데이터를 이용해서, 그는 행복을 결정하는 7대 요소를 뽑아냈다.* 7대 요소는 가족관계, 금전적 상황, 일, 친구, 건강, 개인적 자유, 그리고 개인의 가치다. 그런 다음 레이어드는 표를 하나 만들었다. 삶에서 일어나는 여러 사건이 행복에 미치는 영향을 10에서 100 사이로 표시한 것

---

* 46개국 9만 명을 조사했다. Richard Layard, *Happiness*, Penguin Books, 2005, p. 65.

이다. 100은 완벽한 행복 상태를 의미한다.[**]

사건	행복도 감소치
가족의 소득이 1/3 감소	2
이혼 (결혼상태에 대비했을 때)	5
별거 (결혼상태에 대비했을 때)	8
배우자의 사망 (결혼상태에 대비했을 때)	4
한 번도 결혼하지 않음	4.5
동거 (결혼상태에 대비했을 때)	2
실직상태	6
불안한 직업	3
실업률의 10% 포인트 상승	3
건강 (주관적인 건강상태가 20% 나빠졌을 때)	6
종교가 없음	3.5

　이 표는 몇 가지 패턴을 보인다. 같이 살 수 있는 안정적인 파트너가 있다면 행복도가 높아지고, 결혼상태가 가장 좋다. 결혼했던 커플이 갈라서면 행복도가 급격하게 하락한다. 별거 후 어느 정도 시간이 지난 상태에서 이혼하면 감소하는 행복도가 조금 낮아지지만 완전하게 줄어들지는 않는다. 최근 들어 가족의 와해 현상은 더 뚜렷해지고 있다. 1950년대만 해도 미국에서 이혼은 흔한 일이 아니었다. 하지만 오늘날 15세 미국인 중에서 절반만이 자신의 친아버지와 한 집에서 산다. 미국의 청소년 자살률에 가장 악영향을 미치는 요인이 부모의 이혼이다.[***]

　실업으로 인한 충격은 연속적으로 온다. 소득도 떨어지지만 자존

[**] 위의 책. p. 64.

[***] 위의 책. p. 79.

감과 목적의식에도 심각한 피해를 준다. 심지어 타인의 실직마저도 나의 행복도를 떨어뜨린다. 아마도 남이 직장을 잃은 것을 보면 내 직장 역시 안전하지 못하다고 느끼게 되고, 사회 분위기에도 악영향을 주기 때문일 것이다. 소득이 3분의 1 줄어들면 행복에도 부정적인 영향(-2)을 미쳤지만, 다른 요인들만큼 나쁘지는 않았다. 예를 들어 가족의 별거는 -8이다. 종교를 가지는 것은 행복을 가져다주는 것으로 보인다. 무신론자가 많은 유럽보다는 미국 쪽에 도움이 되는 얘기일 것이다. '내 인생에서 신은 중요하다'라는 문장에 대해 '아니오'라고 답한 사람은 '예'라고 답한 사람보다 행복도가 평균 3.5점 낮았다.

마지막으로, 건강도 중요하다. 사람은 어느 정도 건강 문제에 적응하기 마련이다. 그렇다고는 해도 만성적인 고통과 정신적인 병환은 행복도에 큰 악영향을 미친다. 레이어드는 이런 악영향은 어느 정도 예방이 가능하다고 주장한다. 그는 정신질환 치료를 위해서 프로이드 학파가 하는 것처럼 환자의 어린 시절 기억을 헤집어보고 다니는 것보다는 인지치료cognitive therapy를 받는 것이 낫다고 말한다. 어떤 상황에서는 프로작Prozac 같은 약물의 사용도 권장하고, 부작용이 더 적은 약품들을 찾아볼 것을 권한다. 정신적 고통을 겪는 사람들에게 약물 처방을 권하는 사람이 레이어드 혼자만은 아니다. 〈스타워즈〉 영화 시리즈에서 레아 공주 역할을 했던 배우 캐리 피셔Carrie Fisher는 정신질환자들의 대변인 역할을 수행해왔다. 그는 자신을 화장한 후 그 재를 프로작 알약 모양의 유골함에 담도록 했다.*

---

* "Carrie Fisher's Ashes Carried in Prozac-shaped Urn", *BBC*, 2017년 1월 7일. www.bbc.co.uk

레이어드는 자신의 데이터가 신뢰할만하다고 믿는다. 그는 정부의 정책이 경제성장의 극대화가 아니라 행복의 극대화를 목표로 해야 한다고 생각한다. "행복에 영향을 미치는 가장 큰 요소들은 정신적 건강, 가족 관계와 일자리와 커뮤니티의 질이라는 것을 우리 모두 알고 있습니다."라고 그는 말한다.

"우리는 부모들이 더 좋은 부모가 되도록 교육해야 합니다. 그리고 갈라서고 싶지 않은 커플이 갈라서지 않을 수 있게 하는 방법을 가르쳐야 합니다. 아이들의 문제 행동을 다루는 법 등도 가르쳐야 합니다. 국가는 예산을 집행할 때 이런 일에 우선 순위를 두어야 합니다. 런던에서 리버풀까지 고속열차를 놓는 것 같은 것은 그다지 중요하지 않습니다. 런던에서 리버풀까지 몇 시간이 걸리든, 그것은 국가의 행복도에 절대로 영향을 미치지 못할 것입니다."**

그는 저자와 대화하면서 흥미롭고 놀라운 정책을 몇 개 더 제안했다. 행복이 소득만큼이나 중요하다는 레이어드의 신념에서 나온 얘기들이다.*** 레이어드의 아이디어 중 몇 개는 그다지 환영받지 못할 것들도 있다. 학교에서 도덕 교육을 강화해야 한다는 등, 개인보다는 집단의 가치를 강조하는 것들이다. 그도 잘 알고 있다. 이런 얘기를 한다는 게 마치 'TV도 없고 인간미가 넘쳤던 시절로 돌아가자'라고 말하는 구닥다리 인간처럼 보일 수 있다는 걸. 동시에 그의 아이디어들은 직관을 거스른다. 우리를 행복하게 만들어주는 것들을 해야 한다고 주장하는 게 아니라, 우리 스스로를 파괴할 수 있는 욕구를 억제할

** 저자와의 인터뷰.

*** Richard Layard, *Happiness*, Penguin Books, 2005, p. 233.

수 있는 공공정책을 만들어야 한다고 주장하기 때문이다.

억제해야 할 인간의 욕구의 예로, 레이어드는 사회적 지위에 대한 열망을 든다. 연구에 따르면 인간의 유전자는 사회적 지위를 추구하도록 되어있다. 사회적 지위는 우리를 행복하게 만들지만 모두에게 돌아갈 만큼의 사회적 지위는 없다는 것이 문제다. 내가 이 구역의 왕이면, 다른 사람은 이 구역의 왕이 될 수 없다. 다른 사람이 승진하면 나의 상대적 지위는 떨어진다. 레이어드는 이를 축구장 관중에 비유한다. 축구장에서 앞에 앉은 사람이 경기장을 더 잘 보기 위해 자리에서 일어나면 곧 모두가 일어서게 된다. 그 결과 모든 사람의 시야는 일어나기 전과 동일해진다. 일어나 있어서 불편함만 늘었을 뿐이다. 이런 지위 높이기 경쟁은 제로섬 게임이다. 벤담이 말한 것처럼 사회의 최대 행복을 추구해야 한다는 명제에도 맞지 않는다. 사람들을 통제하지 않고 놓아두면 사람들은 상대적인 사회적 지위를 높이기 위한 무한경쟁에 돌입하게 되고 결국 사회 전체적인 행복도는 떨어진다.

인간이 갖고 있는 그런 본성을, 어떻게 공공정책으로 제어할 수 있을까. 레이어드는 세금을 사용하자고 제안한다. 인간이 서로의 사회적 지위를 확인하는 방법 중 하나는 연봉이다. 행복에 대한 연구에 따르면, 이미 충분히 부유한 사람이 더 많은 연봉을 받는다 해도 그 사람 본인의 행복도에는 별다른 변화가 없다. 그러나 그로 인해 상대적인 연봉가치가 줄어든 타인들의 행복도는 많은 악영향을 받는다. 레이어드의 해결책은 고소득에 대한 세율 인상이다. 부의 재분배 효과도 있지만, 더 많은 돈을 벌고자 하는 중독성 욕심을 줄여주는 효과가 있을 것이기 때문이다. 사람은 더 많은 돈을 벌게 되면 금방 그 수준에 적응한다. 그래서 행복도가 높아지지 않는다. 하지만 그런 과정에서 상대적으로 돈을 적게 받는 다른 모든 사람을 불행하게 만든다. 이렇게 사회적 지위를 추구하는 경쟁은 우리가 필요 이상으로 열심히 일하게 된다는 것을 의미한다. 이런 과정에서, 우리는 행복에 중요한 영향을 미치는 것으로 밝혀진 다른 요인들을 희생하게 된다. 친구와 보내는 시간, 가족과 보내는 시간이다. 사회적 지위와 소득에 대한 중독은 흡연과도 같다. "우리는 보통 시민들의 중독성 물질 사용을 억제하기 위해 세금을 매깁니다. 담배에 높은 세율을 매기는 데는 그럴 만한 이유가 있습니다. 담배 외에 다른 중독성 지출에 대해서도 세금을 매기는 데 주저해서는 안 됩니다."*

레이어드는 사회의 전반적인 행복도를 줄이는 모든 것에 대해 세금을 매기거나 규제를 해야 한다고 주장한다. 흡연, 환경오염 같은 것들이다. 예를 들어 스웨덴은 12세 미만에 대한 상품광고를 금지한다. 아직 어리고 주변 영향을 받기 쉬운 어린 아이들에게 물질적 욕구를 주입시킨다는 이유에서다. 프랑스에서는 '인터넷에 접속되지 않을 자유'를 정책으로 만들었다. 기업이 근무시간 외에, 사무실 밖에 있는 직원에게 이메일을 보내 답을 요구할 수 없도록 한 것이다. 이 역시 행복도를 높이기 위한 정책 철학에 대체로 부합한다.

일을 더 열심히 하는 것에 대해 세금을 매기면 경제성장에 영향이 가지 않을까? 그러나 레이어드는 "그래서 어쩌라고"라고 말한다. 인생의 목적은 행복이다. 국가경제의 확대 같은 추상적인 개념이 아니

---

* 위의 책. p. 154.

다. 행복의 총합이 줄어들지 않는 선에서라면, 경제 전체의 파이 크기가 줄어들더라도 부를 재분배해야 한다는 것이 레이어드의 입장이다.

그는 또 인간에게 있어 안정성이 중요하며, 경제학자들은 이런 점을 과소평가 해왔다고 말한다. 연구에 따르면 인간은 이익을 얻을 가능성보다 손해를 볼 가능성에 두 배 더 민감하다. 동전을 던져서 뒷면이 나오면 100파운드를 내야 한다면, 앞면이 나올 때에는 얼마를 받아야 이런 내기를 할 것인지 물어보자. 사람들은 보통 200파운드 정도가 적당하다고 말한다. 경제학자들은 이것을 비이성적인 손실회피 성향이라고 말할지 모르지만, 레이어드는 인간이 손해와 급격한 변화를 싫어할 뿐이라고 말한다. 그는 정책 역시 이에 따라 설계해야 한다고 말한다.

"정책의 목표는 역동성이 아니라 행복이 되어야 합니다." 그는 이렇게 말한다. 정부의 효율성을 높인다는 이유로 자꾸 조직을 구조조정 해봐야 생산적인 결과는 얻지 못하고 행복도만 낮출 것이다. 경제학자들은 노동이 자유롭게 이동할 수 있게 해야 효율성이 오른다는 생각에 도취되어 있지만, 그에 따르는 감춰진 비용은 제대로 보지 못하고 있다. 사회적 혼란, 외로움, 뜨내기 인구가 많은 곳의 범죄율 상승 등이다. "범죄율을 알아보는 좋은 지표가 있습니다. 그곳 사람들이 걸어서 15분 거리에 얼마나 많은 친구를 두고 있는지를 보면 됩니다."* 환경오염과 마찬가지로, 사회적 유동성 역시 감춰진 비용이 있다. 정부는 세금을 통해서, 혹은 지역 내 일자리 창출을 독려함으로써

---

* 레이어드는 다음의 연구를 인용했다. Robert Sampson and Byron Groves, "Community Structure and Crime", *Harvard DASH*, 1989.

이런 문제를 해결해나가야 한다.

행복 경제학자들은 부의 재분배 정책이나 사회주의적 정책으로 기우는 경향이 있지만, 가끔씩은 예상하기 어려운 방향의 의견을 개진하곤 한다. 건강, 특히 정신건강은 행복에 있어서 중요한 요인이다. 그래서 레이어드는 가난을 없애려고 노력하는 것보다 정신건강 문제를 해결하려고 노력하는 것이 더 중요하다고 말한다. 그가 증거로 드는 연구에 따르면, 같은 수준의 행복도 상승효과를 보기 위해서 정신건강 관련 서비스에 투자하는 것보다 빈곤 퇴치 정책에 투자하는 것이 16배 정도 비용이 더 든다. "빈곤보다 정신 건강이 더 큰 이슈라고 말하면 어떤 사람들은 매우 화를 냅니다. 하지만 증거가 너무 명확하기 때문에 이런 말을 하지 않을 수가 없어요."

레이어드가 말한 바는 어딘지 익숙한 느낌이 든다. 높은 세율, 사회적 신뢰에 대한 강조, 시민들의 삶에 적극 개입하는 국가. 이를 '유모국가nanny state'라고 불러도 좋고, 북유럽이라고 불러도 좋다. 어떤 쪽으로 불려도 레이어드는 상관하지 않는다. 더 건강하고, 더 행복에 관련된 가치들을 추구하는 나라를 만드는데 있어 북유럽이 실제로 누구보다도 앞서왔기 때문이다. 이런 북유럽적 가치들은 찰스 다윈의 '적자생존' 사상이나 애덤 스미스의 '보이지 않는 손' 사상에 기반을 두고 있지 않다. 앵글로색슨 사회는 다윈과 스미스의 사상에 기반하고 있고, 북유럽 사회는 공동체의 목적의식과 함께 하는 노력에 기반하고 있다.

레이어드는 한 연구를 예로 든다. 스웨덴에서는 어린이의 77%가 "우리 반 친구들 대부분이 친절하고 나에게 도움을 준다"라고 답했다. 미국에서는 겨우 53%가 그렇다고 답했다. 영국은 43%였다. 이런 결과를 보면, 영국은 아이들에게 남보다 앞서가는 법을 잘 가르친다. 스웨덴은 남들과 함께 가는 법을 잘 가르친다.

행복에 대해 반대할 사람이 있을까? 만일 행복을 측정함으로써 정부가 더 나은 정책을 만들 수 있다면, 우리는 당연히 그렇게 해야 한다. 행복도는 현재 우리가 표준적으로 쓰는 경제성장 지표에 대한 표준적인 보완 지표가 될 수도 있고, 아예 경제성장율을 대신할 수도 있다. 그러나 행복 경제학을 너무 가까이 끌어안기에 앞서, 비판적인 논지들도 살펴볼 필요가 있다.

한 가지 문제는 행복을 측정할 때 우리가 최저점과 최고점의 한계가 있는 척도를 사용한다는 것이다. 흔히 사용되는 행복도 설문조사에서 사람들은 전혀 행복하지 않은 상태를 0으로, 아주 행복한 상태를 3으로 평가해달라는 요청을 받는다. 반대로, 소득을 조사할 때는 상한선이 없다. 소득은 이론상 무한히 오를 수 있기 때문이다. 그러므로 이 두 지표를 비교하는 것은 별다른 의미가 없다. 1950년대 이후, "미국인들의 생활수준은 2배 이상 개선됐지만 그들은 더 행복해지지 않았다"고 레이어드는 말한다. 행복의 수준이라는 것은 그 측정방법의 특성 때문에 두 배 늘어날 수가 없기 때문이다.

행복은 그렇게 측정하는 게 논리적이다. 행복이라는 감정에는 한계가 있다. 무한정으로 행복을 더해나갈 수는 없다. 바로 그 사실이 정책적 도구로서 행복 지표의 유용성을 떨어뜨린다. 미국에서 0~3점 척도로 행복도를 조사하면 보통 2.2 정도의 결과가 나온다.

이 지표를 의미 있는 수준으로 상승시키려면, 수천만 명의 사람들이 단숨에 '별로 행복하지 않다'에서 '행복하다'로 마음을 바꾸거나 '행복하다'에서 '아주 행복하다'로 마음을 바꿔야 한다. 이런 일은 벌어지기가 쉽지 않다. 그래서 행복을 소득 등 다른 지표와 연계하기가 어렵다. 예를 들자. 미국의 공공부문 지출은 1973년과 2004년 사이 물가상승률을 고려해서도 두 배 가량 늘었다. 영국은 같은 기간 공공부문 지출이 60% 늘었다. "그런데 이 두 나라에서 행복도는 겨우 2% 증가했다." 행복 지표에 대한 비판론자로 알려진 폴 오머로드Paul Ormerod는 이렇게 지적한다.* "우리가 행복 데이터를 가지고 정책을 만들어야 한다면, 지금까지 우리가 만든 그 많은 학교와 병원들은 다 어떻게 된 것인가?" 데이터는 쉽게 해석할 수 있어야만 수집할만한 가치가 있다. 40년 동안 거의 변하지 않은 데이터 세트는 수집할 만한 가치도 없어 보인다. "행복의 가치를 인정하는 것은 좋은 일이다. 하지만 사회 전체의 행복을 측정할 수 있다고 믿는 것이나, 어떤 정책적 변화가 있을 때 그에 대해 사회의 행복도가 반응하리라고 믿는 것은 별개의 문제다."

레이어드는 이런 비판이 너무 단순하다고 되받아친다. 데이터를 잘게 쪼개보면 좀 더 미묘한 변화들을 볼 수 있다는 것이다. 소득의 증가와 사회적 지출의 증가는 행복을 어느 정도 증진시켰지만, 이는 다른 현상들에 의해 상쇄됐다. 무너지는 사회적 신뢰, 무의미한 경쟁의 강화, 범죄의 증가와 같은 요인들이다. 행복도는 불완전한 지표일

---

* Paul Ormerod, "Against Happiness", *Prospect Magazine*, 2007년 4월 29일. www.prospectmagazine.co.uk

지도 모른다. 그렇다고 해서 그것을 완전히 버리고 경제성장률(이것 역시 불완전한 지표다)만을 측정하는 것은 쉽지만 비논리적인 옵션이다. "가로등 불빛 아래서만 열쇠를 찾는 것과 같죠. 거기가 밝다고 해서요." 그 대신, "우리는 우리가 원하는 것을 찾아야 합니다. 그게 어디서 발견되든지 간에요."*

두 번째 문제는 사회공학social engineering적 요소가 행복 경제학에 쉽게 스며들 수 있다는 점이다. 소득의 장점은 그걸 가지고 내가 원하는 걸 마음대로 할 수 있다는 점이다. 그런데 우리가 사람들을 행복하게 만드는 것이 무언지에 집중하기 시작하면, 그때부터는 소설 『멋진 신세계』** 같은 세상을 그려보기가 어렵지 않다. 이 소설에서는 정부가 계속 사람들의 마음속을 들여다보면서 약물을 제공한다. 항상 행복하고, 항상 정부의 말을 잘 듣도록 하는 것이다. 이에 대해 레이어드는 이렇게 얘기한다. 『멋진 신세계』의 작가 올더스 헉슬리Aldous Huxley는 분명 자신이 그린 현대 디스토피아 사회가 역겹고 두렵게 느껴지기를 원했겠지만, "사실 부작용 없이 행복을 가져다줄 수 있는 약이라는 게 있다면, 누구나 그 약을 종종 사용하게 되지 않을까요?"

하지만, 정부의 지시에 따라 내면의 축복을 얻는 그런 사회를 우리가 진심으로 원하고 있을까? 정부가 눈에 보이지 않는 방법으로 우리를 '행복'하고 '더 이성적인' 행동을 하도록 만드는 것을 우리가 정말 원하고 있을까? 특정 광고를 금지한다든가, 일자리를 찾기 위해 다른 도시로 이주하는 사람에게 세금을 물린다든가 해서 말이다. 특별히

* Richard Layard, "Paul Ormerod is Splitting Hairs", *Prospect Magazine*, 2007년 6월.
** 올더스 헉슬리의 1931년 디스토피아 소설.

자유주의적인 시각에서 보지 않더라도, '빅 브라더' 같은 사회의 징조를 엿볼 수 있다.

더군다나 행복에 대한 연구들은 종종 보수적인 세계관으로 이어진다. 그것을 연구하는 학자들 본인들은 좌파적 경제학자인 경우가 많지만 말이다. 행복 연구에 따르면 웰빙에 중요한 두 요소는 안정적인 결혼생활과 종교적 신념이다. 그러면 우리는 이혼에 세금을 매기고 교회 활동에는 보조금을 지급해야 할까? 게다가 행복 경제학이 의미하는 바는 인간이 현재의 사회적 지위와 상황에 만족해야 한다고도 읽힐 수 있다. 좀 더 나은 삶을 위해 노력하는 것은 행복을 파괴하는 바보짓이라고 해석될 수 있다. 이것은 보수적이고, 인간의 야망을 무력하게 만드는 이야기다. 도널드 트럼프라면 이렇게 말했을 것이다. "행복이라고? 한심하다Happiness? Sad."

더 나아가, 행복을 추구한다는 것을 현대화와 경제발전에 대한 반발로 간주할 수도 있다. 이제 부탄의 이야기를 해보자. 부탄은 인도와 중국 사이에 끼어있는 인구 80만 명의 작은 나라다. 1972년 부탄의 4번째 왕이었던 지그메 싱예 왕추크Sigme Singye Wangchuck는 아직 십대의 군주였다. 그는 세계 최초로 부탄이 국민총생산 대신 국민총행복을 정책의 기본 방향으로 삼겠다고 선언했다. 그의 선언은 많은 개발 경제학자들의 찬사를 받았다. 이는 행복을 강조하는 부탄의 오랜 전통에 따른 것이기도 했다. 1629년 부탄이 통일되었을 때 만들어진 법전은 이렇게 적어놓고 있다. "만일 정부가 국민들을 위해 행복을 만들어내지 못한다면 그 정부는 존재할 이유가 없다."*

부탄의 GNH 개념은 서구 학자들이 연구하는 행복과는 다르다. 레이어드가 연구하는 것 같은 행복과는 달리, GNH는 주관적인 웰빙이나 국민 스스로가 얼마나 행복을 느끼는지와 같은 것에는 큰 비중을 두지 않는다. 대신, 불교적 관점에 따라 행복을 객관적으로 보려는 관점을 담고 있다. GNH 지표는 9개의 카테고리로 구성되어 있다. (아래 표). 이는 벤담이 얘기했던 행복의 개념과도 다르다. 벤담은 행복이 주로 개인이 얼마나 쾌락 혹은 고통을 느끼는가로 판단할 수 있다고 했었다.

2008년, 지그메 틴레이Jigme Thinley 부탄 수상은 이렇게 말했다. "일시적으로 기분이 좋은 것을 행복이라고 여기는 사람도 많지만, 우리는 GNH라는 지표를 통해서 그 둘을 분명하게 구분해냈습니다. 우리는 진정한 행복이 다른 사람의 고통과 공존할 수 없다는 것을 알고 있습니다. 진정한 행복은 남을 돕고, 자연과 조화를 이루며 살고, 우리 안에 들어있는 지혜를 깨닫고 우리 마음의 진실되고 아름다운 본성을 깨닫는 것에 있습니다."

부탄 정부가 만든 국가인간개발보고서National Human Development Report는 그 목적을 이렇게 설명한다. "부탄은 행복한 사회를 만들고자 합니다. 안전하고, 모두가 괜찮은 생활을 할 수 있고, 모두에게 좋은 교육과 의료가 제공되는 사회입니다. 환경오염과 환경파괴가 없고, 전쟁과 침략이 없고, 불평등이 존재하지 않고, 문화적 가치가 매

---

* World Happiness Report 2012, *World Happiness Report*, p. 111. 부탄 정부의 자료에 따르면 1729년이 아니라 1629년이다.

일 강화되는 사회입니다."

너무 이상적으로 들린다고? 이 지표는 아래와 같은 세부항목으로 구성되어 있다.

1. 정신적인 웰빙

2. 건강

3. 시간의 사용

4. 교육

5. 문화의 다양성과 회복성

6. 바른 지배구조

7. 지역사회의 활력

8. 자연환경의 다양성과 회복성

9. 생활수준

부탄이 위와 같은 부문들에 국가적 우선순위를 두게 된 것은, 가난한 나라들이 경제개발에만 몰두하다가 처하는 운명을 피하기 위해서다. 빠른 개발은 높은 성장률과 경제규모의 확대를 가져오기도 하지만, 대부분 부작용들도 따른다. 도시의 슬럼화, 공동체의 붕괴, 불평등의 확대, 삼림과 강의 파괴, 대기오염, 문화적 전통의 상실, 정체성의 상실 등이다. 부탄의 GNH는 뭔가 다른 나침반을 제공하려 한다. 좀 더 친절하고 부드러운 모습의 개발을 하자는 것이다. 부탄에서 댐을 짓는다든가 혹은 수도 팀푸Thimpu를 개발한다든가 할 때는 GNH 영향력 평가를 받아야 한다. 다른 나라에서 환경영향 평가를 받는 것과 마찬가지다.

개발은 확실히 지저분한 일이다. 1999년까지 부탄은 TV를 금지했었다. TV가 합법화되자 부탄 사람들은 다른 나라 사람들과 마찬가지로 축구, 폭력물, 치정극, 소비광고, 레슬링과 같은 소재에 노출되기 시작했다. 그 다음엔 인터넷이 도달했다. 순진했던 부탄 사람들이 새로운 미디어를 받아들인 결과는 쉽게 예측할 수 있다. 가족이 갈라지고, 범죄와 약물사용과 학교폭력이 증가했다. 하지만 이런 정보를 가지고 무엇을 해야 할지는 알기 어렵다. 물론 우리가 종종 전근대사회를 너무 장밋빛 필터를 통해 보는 것도 사실이다. 높은 문맹률, 남성 우위 구조, 나쁜 건강과 같은 문제들은 과소평가하는 경향이 우리에게 있다. 동시에, 무지無智가 가끔은 축복일 수도 있다는 것 역시 인정할 필요가 있다. 하지만 이를 공공정책의 수준으로 끌어올리면, 그때부터는 정말로 정부 의존성이 너무 높아지거나 독재주의로 이어질 가능성이 있다.

부탄의 시도는 성공하고 있을까? 사실 부탄은 너무 드라마틱하다 싶을 정도의 변화를 겪고 있다. 인도와 중국처럼 부를 급격하게 축적한 나라의 시각에서 봐도 그렇다. 1953년만 해도 부탄은 봉건사회였다. 최초의 포장도로는 1962년에 깔렸다. 현재는 입헌군주와 선거로 선출된 수상을 둔, 일종의 입법 민주주의 국가가 됐다. 다른 나라와 마찬가지로 급격한 발전은 부작용도 가져왔다. 도로와 댐이 원시 자연의 아름다움을 더럽혔고, 그전까지 먹고 사는데 만족했던 사람들이, 이제는 현대적인 라이프스타일을 꿈꾸는 도시인이 됐다.

"새벽 4시에 일어나서 물을 기르고 농사지어야 하는 삶을 누가 원하겠어요? 그렇게 살지 않아도 되는데?" 왕족의 일원이자 선대 왕의 고문이었던 팔조르 도르지Paljor Dorji는 이렇게 말했다. "일단 한 번 교육을 받은 사람들은, 아무도 부모 세대처럼 가난하게 살고 싶어 하지 않아요."*

부탄의 수도 팀푸의 개발은 엄격하게 제한되어 있다. 부탄 정부는 도로와 하수시스템, 학교를 적절히 유지하기 위해 애쓰고 있다. 팀푸 같은 작은 도시를 뭄바이 같은 거대도시와 비교할 수는 없다. 뭄바이에는 부탄 인구의 20배가 살고 있다. 인도나 인도네시아, 필리핀에는 도시계획이 잘 되지 않은 도시들이 많다. 그런 도시를 방문해보면, 통제되지 않는 인구의 유입이 얼마나 심각한 도시화 문제를 가져오는지 알 것이다. 비위생적인 환경, 오염, 교통체증, 질병 같은 것 말이다.

이에 비해 부탄의 현대화는 계획에 따라 절제된 형태로 진행되고 있다. 팀푸에서 집을 지을 때는 아무렇게나 양철지붕을 올리고 근처 전봇대에서 전기를 끌어올 수는 없다. 건축물은 반드시 부탄의 전통 건축양식 요소를 반영해 설계되어야 한다. 경사진 지붕과 독특한 창문 등이다. 또 시민들이 공공장소에서 전통의상을 입도록 권장한다. 부탄은 해외에서 오는 관광객의 수를 제한하고, 최소 지출 제한을 두어서 부유한 관광객들만 들어올 수 있도록 한다. "팀푸는 걸어 다니기 즐거운 도시입니다. 인도의 많은 도시처럼 복잡한 골목들은 없습니다. 사람들은 생기 넘치고, 상인들은 동남아시아 상인들처럼 손님을 압박하지 않습니다. 심지어 길거리의 개들도 순해 보입니다. 슬럼

---

* Gardiner Harris, "Index of Happiness? Bhutan's New Leader Prefers More Concrete Goals", *New York Times*, 2013년 10월 4일.

가는 없습니다." 한 기자는 이렇게 묘사했다.[*]

그러나 부탄이 전설 속의 샹그리라 같은 낙원은 아니다. 현지 물가 기준 1인당 소득이 겨우 8,000달러를 넘기는 중하위 소득 국가다.[**] 부탄 정부는 행복에 좋은 교육이 중요하다고 믿고 있지만 문해율은 여전히 낮다. 부탄 여성 중 55%만이 읽고 글을 쓸 줄 안다. 방글라데시는 부탄보다 가난하지만 문해율은 58%다. 부탄과 소득 수준이 비슷한 필리핀은 여성 문해율이 97%다.[***] 부탄 사람들의 건강 상황이 특별히 좋은 것도 아니다. 이 나라의 '국가인간개발보고서'에서 건강에 대해 특별히 강조하고 있지만, 평균수명은 70세보다 약간 낮다. 세계 114위에 해당한다. 이는 79세의 평균 수명을 가진 쿠바(32위)와 비교된다. 쿠바는 인민의 행복이 아니라 공산주의를 국가의 목적으로 하는 나라다. 칠레는 81세(28위)다. 칠레는 시카고학파 경제학자들의 조언을 받은 독재정권이 기반을 닦은 나라다. 쿠바의 피델 카스트로 Fidel Castro나 시카고 대학교의 밀튼 프리드먼Milton Friedman이나, 행복을 딱히 강조한 적 없는 사람들이다.

전통문화를 보호하려는 부탄의 노력은 종종 칭찬을 받는다. 전통문화는 정체성의 근원이자, 현대화의 침식 효과를 막아주는 방파제 역할을 한다. '문화의 다양성과 회복성' 카테고리에서, GNH는 다음과 같은 사항을 측정한다. 십 수 개의 방언 구사 여부, 13개의 전통공예 기술(대장간 기술, 자수 등)에 대한 지식과 관심, '조화의 길Driglam

---

[*] 위의 기사.

[**] 2016년 IMF 자료에 따르면 현지 구매력기준(PPP) 1인당 GDP는 8,227달러를 조금 넘긴다.

[***] 모든 수치는 유네스코에서 가져왔다. http://uis.unesco.org

^{Namzha}'이라 불리는 생활방식을 따르는지 여부 등이다. 부탄 사람들은 매년 6일에서 12일 정도의 '사회문화적' 행사에 참여할 것을 권장받는다. 2010년의 경우 전체 인구의 3분의 1만이 6일의 권고치를 채웠다. (약 15%는 13일 이상을 참가했다. 이것이 지나친 수준인지는 따로 언급되어 있지 않다.)

하지만 이렇게 전통문화를 보존하자는 생각 아래에는 다양한 윤리적 문제가 감춰져 있다. 모든 문화가 매력적인 것은 아니다. 어떤 문화란, 여성이 자신의 자리를 지켜야 하고 글자 읽는 법을 배우는 것보다 자수 놓는 법을 배워야 한다고 강요하는 것일 수도 있다. 전통문화를 강조하는 지수를 만들면, 아프리카의 일부 지역에서는 여성의 할례 관습에 대해 높은 점수를 줄 수도 있다. 부탄에서 전통문화란 종종 인종적 순수성을 의미하기도 한다. 1990년대, 부탄 정부는 네팔계 사람 수천 명을 국외로 추방했다. 몇몇 인도주의 단체들은 이를 두고 '인종청소'라고 말하기도 했다.****

부탄의 자체적인 조사에 따르면, 2015년 기준 인구의 91.2%가 행복했다. 2010년 조사결과보다 1.8% 개선된 것이다.***** 자세히 보면, 8.4%는 "깊이 행복하다"라고 답했고 35%는 "광범위하게 행복하다", 47.9%는 "조금 행복하다"라고 답했다. 약 9%만이 "불행하다"에 속했다. 이런 결과와 개선상황은 부탄 정부의 승리인 것처럼 보인다. 하지만 이 결과를 어떻게 해석할지는 무엇을 조사했는지에 동의

**** Bill Frelick, "Bhutan's Ethnic Cleansing", *New Statesman*, 2008년 2월 1일. www.newstatesman.com

***** www.bhutanstudies.org.bt

하느냐 여부에 달려있다. 부탄 정부는 국민들의 의견을 물은 게 아니고, 관료주의적으로 수집한 이런 저런 지표들을 모아놓은 것이다. 잠시 멈춰 생각할 필요가 있는 대목이다.

흥미롭게도, 2016년 세계행복보고서가 만들어낸 주관적 행복지수 공식에 따르면 부탄은 10점 만점에서 5.196점에 머문다. 세계 84위에 해당하며, 중국 바로 뒤, 키르기스스탄 바로 앞이다. 내가 너무 까칠하다고 느낄 수도 있겠지만, 행복을 만들어내는 데 공공정책의 초점을 맞추는 나라의 성적치고는 깔끔한 성공이라 말하기 어려워 보인다. 부탄은 행복 관련 논의에 있어서 어떤 상징적 존재가 되긴 했지만, 실제로는 행복론자들이 쓸 만한 선전 도구가 되기에는 그다지 유용할 것 같지 않다. 그보다는 논의의 방향을 흐트러뜨리는 방해물인지도 모른다.

부탄이 조심스럽고 책임감 있게 국가 개발을 추진하는 것은 분명 사려 깊은 행동이다. 발전의 단계에 있는 가난한 나라들이 순전히 시장의 힘과 세계화의 변덕에만 의지한다면 파괴적인 혼란을 겪을 수도 있다. 그러나 우리는 부탄이 추구하는 방식의 한계도 인정해야 한다.

행복 경제학은 부유한 나라들에서 더 큰 역할을 할 수 있을 것이다. 소득의 무한 상승이 더 이상 해답이 되지 않는 나라들 말이다. 레이어드의 지적은 옳았다. 행복을 측정함으로써 우리는 사회적 지위와 돈을 끝없이 추구한다는 것이 얼마나 무의미한 짓인지, 사회 공동체가 얼마나 중요한 것인지, 안정성이 얼마나 필요한 것인지 등을 깨달을 수 있다. 우울증이나 과잉노동과 같은 문제를 수면 위로 꺼내주는 효과도 있다. 행복 지표를 숭배할 필요까지는 없지만 이런 장점들은 인정해야 한다.

사람이 스스로의 행복을 측정하는데 있어서 한 가지만은 확실하다. 북유럽 사람들은 무언가 제대로 하고 있다. 만일 우리가 주관적인 웰빙을 추구해야 한다면, 솔직히 말해서, 팀푸보다는 트롬소 쪽이 더 낫지 않을까.

CHAPTER 13.
GDP 2.0

만일 사이먼 쿠즈네츠에게 어디서 다시 태어나고 싶냐 묻는다면, 그는 미국 메릴랜드Maryland를 택할 것 같다. GDP의 창시자 쿠즈네츠는 자신이 만들어낸 이 경제 지수에 대한 확신이 없었다. GDP는 많은 '나쁜' 활동들을 포함했고 인생에서 가치 있는 다른 많은 것을 무시했다. 쿠즈네츠는 공해, 출퇴근, 군사비 같은 것을 GDP의 플러스 요인으로 집계하는 건 미친 짓이라고 생각했다. 마찬가지로 그는 웰빙에 도움이 되는 보이지 않는 가치들을 좀 더 잘 보여줄 수 있는 인덱스를 선호했다. 하지만 대공황과 전쟁의 시대에 태어난 GDP라는 지수는, 자신만의 생명력을 갖고 있었다. 1985년 쿠즈네츠가 사망할 무렵, GDP는 쿠즈네츠가 경고했던 모습 바로 그대로가 되어 있었다. GDP는 웰빙을 나타내는 지수이며, 우리가 소비자, 생산자, 정치인,

유권자, 시민으로서 추구해야 하는 모든 것들이 응축된 숫자라는 생각이 자리를 잡았다.

우리는 GDP 그래프로 대변되는 경제성장 집착증을 갖고 있다. 이것은 쿠즈네츠의 작업에서 우연히 파생된 결과물이다. 이에 비해 메릴랜드 주의 대안 경제 지수인 참진보지수Genuine Progress Index, GPI는 위대한 경제학자 쿠즈네츠가 원했던 바에 더 가깝다. 여러분은 이것을 GDP 2.0이라 불러도 좋다. 메릴랜드 주는 2010년 GPI를 채택했다. 메릴랜드에서 처음 만들어진 지수는 아니다. GPI의 기원은 1970년대, 윌리엄 노드하우스William Nordhaus와 제임스 토빈James Tobin이라는 경제학자가 '경제적 후생의 측정measure of economic welfare'에 대해 생각했던 것에서 시작한다.* 이들은 GDP를 기본으로 깔고, 그 위에다가 눈에 보이지 않는 '좋은 것들', 즉 여가시간과 무급 가사노동 등을 더했다. 그리고 그들이 '후회할만한 것들'이라고 부른 항목을 뺐다. 출퇴근에 들어가는 시간, 공해, 범죄 예방에 들어가는 비용 등이다.

이후 많은 학자들과 전문가들이 같은 주제를 놓고 여러 가지 변형 지수들을 만들었다. GPI는 허먼 데일리Herman Daly라는 환경경제학자의 연구에서 나온 것이다. GDP보다 나은 지수라고 나온 여러 가지 알파벳 조합 중에서는 가장 생명력이 길다. 이런 측정법들에 대한 생각 중 한 가지 방법은 국내순생산Net Domestic Product, NDP 측면을 보는 것이다. 원래 GDP에서 G는 '총합gross'이라는 뜻이다. 이는 자산, 특

---

* 조셉 스티글리츠의 인터뷰. 2017년 4월.

히 자연자원의 가치 하락은 고려하지 않으며 생산 활동의 부작용도 고려하지 않는다. 그러므로 새로운 지수를 만들려는 사람들은 우선 GDP를 시작점으로 잡은 다음 거기서부터 나쁜 요소들을 하나씩 빼나가면서 뭔가 더 이성적인 '순' 생산량을 남기려고 한다. 중국 '그린 GDP'의 아버지인 니우 웬위안 같은 사람들은 20세기에 가장 선호됐던 경제 지수인 GDP의 겉껍질을 벗겨내고 그 안에 있는 무언가 좀 더 중요한 것들을 끄집어 보여주고 싶어 하는 것이다.

마틴 오말리Martin O'Malley는 8년 동안 볼티모어 시의 시장으로 재임하다가 2007년 메릴랜드 주의 61번째 주지사로 당선됐다. 오말리는 메릴랜드가 나아가는 모습을 측정하는 방법을 개선하기 위해 숀 맥과이어Sean McGuire를 고용했다. 맥과이어는 오말리가 "데이터를 아주 좋아하는 사람"이라고 말한다. "그는 정말로 데이터가 의사결정을 이끌어야한다고 생각합니다. 우리가 무언가에 대해 어떻게 생각하느냐가 중요한 게 아니고 우리가 그 무언가에 대해 어떤 지수, 어떤 데이터 세트를 가지고 있는지, 그리고 그 데이터 세트가 현실에서 일어나는 일을 잘 반영하고 있는지가 진짜 중요합니다."

맥과이어 본인은 메릴랜드 대학 학생 시절부터 대안적인 경제 인덱스들에 관심이 있었다. 그는 허먼 데일리 아래서 환경경제학을 공부했다. 주지사 오말리가 맥과이어에게 새로운 인덱스를 만들어달라고 했을 때 맥과이어는 이미 몇 년째 그 생각을 하고 있던 중이었다. 맥과이어의 첫 번째 생각은 그가 제일 좋아하는 인덱스를 보여주는 것이었다. 이른바 지구행복지수Happy Planet Index, HPI라는 것이다. "아주 우아하고, 아주 깨끗한 인덱스에요"라고 맥과이어는 흥분해 말한다. "당신이 느끼는 행복에다가, 당신이 지구에서 살아온 년 수를 곱한 다음, 당신이 남긴 생태발자국Ecological Footprint*으로 나눈 수치입니다."

HPI에는 두 가지 큰 문제가 있었다. 첫째, 메릴랜드 주는 행복을 측정하지도 않았고 생태발자국을 측정하지도 않았다. 맥과이어로서는 너무나 데이터가 부족한 상황이었다. 두 번째 문제는 보다 근본적인 것이었다. "선출직 정치인이 'HPI'라는 말을 하면서 웃지 않는 걸 본 적이 없어요."라고 맥과이어는 말한다. 현실 세계에서는 이런 게 문제가 된다. 정치적으로 또 일반대중에게 있어서 신뢰를 얻지 못하면 그 어떤 인덱스도 쓸모가 없다. 무언가를 측정한다는 것은 심각한 일로 받아들여져야 한다. 'HPI'가 내려가면, TV 저녁뉴스에서 암울한 뉴스로 다뤄져야 하고 트위터 같은 SNS 피드에서도 알람이 떠야 한다. 누군가 그 책임을 지고 잘리는 사람이 있어야 하고 유권자는 그들이 뽑은 리더의 해임을 고려해야 한다. 그런데 HPI는 그렇게 될 수가 없었다. 그래서 맥과이어는 5분 정도 생각해보다가 생각을 접었다.

그 다음 그는 GPI를 떠올렸다. 이것은 40년이나 일본부터 핀란드까지 많은 나라에서 사용된 바가 있는 인덱스였다. 맥과이어에 따르면 GPI는 그렇게 급진적이지 않다. 좀 더 정제된 버전의 GDP 같은 것이다. 메릴랜드에서는 자연환경부Department of Natural Resources가 이 제표를 취합한다. 이들은 GPI가 세 가지 기본 원칙에 의해 만들어진다고 말한다. 먼저 GPI는 소득 불평등을 나쁜 것으로 간주해 이에 맞

---

* 공해, 폐기물 등 인간활동이 환경에 남기는 자취.

게 보정된다. 또 습지와 같은 자연환경이나 자원봉사 같은 사회활동에서 오는 비非시장적인 편익(이로움)을 포함시킨다. 마지막으로 환경의 파괴, 범죄 예방 예산, 건강보험, 여가시간의 감소 등은 GPI에서 제한다. 이렇게 GPI는 총 26개의 항목을 갖고 있으며 각각 달러로 표시된다. 이를 합치면 GDP와 비슷한 하나의 숫자가 나오게 된다. 이 26개 항목은 경제, 환경, 사회 카테고리로 분류된다. 아래와 같다.

경제 관련 항목	환경 관련 항목	사회 관련 항목
개인 소비지출	수질오염의 비용	가사노동의 가치
소득 불평등	대기오염의 비용	가족변화의 비용
보정된 개인 소비	소음공해의 비용	범죄의 비용
내구소모재의 서비스	순 습지 변화의 비용	공해 완화에 들어가는 개인 비용
내구소모재의 비용	순 농지 변화의 비용	자원봉사 활동의 가치
불완전 고용의 비용	순 삼림 변화의 비용	여가시간 감소의 비용
순 자본 투자	기후변화의 비용	고등 교육의 가치
	오존층 파괴의 비용	고속도로와 도로의 서비스
	재생가능하지 않은 에너지 자원의 고갈비용	통근시간의 비용
		자동차 사고의 비용

맥과이어는 GPI의 한 가지 장점으로 메릴랜드 주가 별도로 새로운 정보를 수집할 필요가 없음을 꼽았다. "연방정부나 우리 주정부가 이미 수집하고 있는 데이터에서 다 뽑아낼 수 있는 정보에요"라고 그는 말한다. "삼림의 전체 면적, 습지의 전체 면적, 채무, 도로 등등 26개 항목의 모든 것들을 이미 다 기록해놓고 있어요. 그러니 사람들을 설득하기에 좋았죠. '여러분, 추가적으로 해야 할 일이 없어요. 이미 우리가 수집하고 있는 정보를 가지고 약간 모양만 바꿔놓으면 됩니다.'

라고 말할 수 있었죠."

맥과이어는 약간의 펀딩을 받고, 메릴랜드 대학에서 인턴을 한 명 고용한 다음 미국 최초의 주 단위 GPI 산출에 착수했다. 이 두 명은 2009년 2월에 일을 시작했다. 그 해 10월이 되자 이미 모든 숫자들을 다 집어넣어서 발표할 준비가 되었고 심지어 멋진 새 웹사이트까지 완비됐다. 데이터 수집에 시차가 있었으므로 이들이 발표할 최신 GPI는 2008년 기준이었다. 그렇다면 이렇게 열심히 일해 얻은 자료에서, 2008년에 대해 어떤 것을 알 수 있었을까? 내가 맥과이어에게 이렇게 묻자 그는 답했다. "훌륭한 질문이네요. 알게 된 게 아무것도 없어요."

GDP와 마찬가지로 GPI 역시 하나의 숫자다. 그러므로 그 자체만 놓고 보면 별다르게 얻을 것이 없다고 그는 말한다. GPI의 핵심은 숫자를 연간으로 비교하는 것이다. 다행스럽게도 맥과이어는 메릴랜드의 GPI를 1960년도 수치까지 그려볼 수 있었다. 그러자 좀 더 많은 사실들이 드러났다. 이 50년 치의 데이터가 밝힌 사실 중 하나는, GDP는 꾸준히 증가했지만 GPI는 멈춰 섰다는 것이었다. 다른 말로 하자면, 소득이 어느 정도 증가한 다음부터는 경제활동을 증가시켜 봐야 거기서 오는 이익이 줄어들던가 아니면 아예 이익이 발생하지 않았다는 얘기다. 그럴만한 이유가 있었다. 비어있는 땅에 건물을 올리거나 사람들에게 초과근무를 시켜서 GDP를 증가시킬 수는 있다. 그러나 GPI의 측면에서 보면, 늘어난 경제생산량에서 나오는 플러스 요인은 자연환경 파괴와 여가시간의 감소에서 나오는 마이너스 요인에 상쇄되고 만다.

GPI의 논리를 설명하면서, 메릴랜드 자연환경부의 웹사이트는 '도시의 폭발적인 성장세'로 인한 경제 확장의 사례를 든다. 건설사업과 새로운 하수처리시스템, 새로운 도로, 새로운 자동차 등은 경제성장에 플러스 요인이 된다. 하지만 동시에 도시의 확장은 여러 비용으로 연결된다. 더 길어진 통근시간, 지역공동체의 와해, 자연지형의 파괴, 물과 공기의 오염 등이다. "우리가 하나의 경제 안에서 화폐를 교환한다고 해서 그 자체만으로 우리가 더 부유해지거나 지속가능해지는 것은 아닙니다." 이것은 쿠즈네츠의 사상 그대로다.

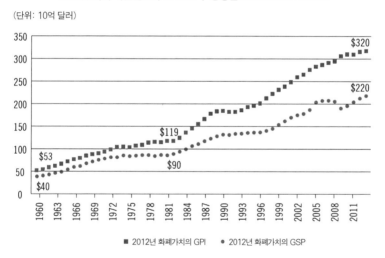

1960년 이래 메릴랜드의 GPI vs. 주 총생산(Gross State Product)

(단위: 10억 달러)

이후 맥과이어는 오리건 주로 이동해 비슷한 작업을 하고 있다. 그래서 나는 맥과이어의 뒤를 이어받아 메릴랜드의 GPI 담당자가 된 엘리엇 캠벨Elliott Campbell에게 전화를 걸었다. 나는 GPI가 실제로 어떻게 취합되는지 몇 가지 세부사항을 물었다. 엘리엇은 먼저 소비 측면부터 시작한다고 말했다. GPI는 우리가 실제로 원해서 구매하는 모든 것들을 플러스 요인으로 계산한다. 우리가 먹는 음식, 우리가 거주하는 집, 우리의 휴가와 여가활동 등이다. "당신의 만족도를 높이고 당신의 경제적 효용을 높이는 데 당신의 돈을 쓰고 싶다면, 우리는 그것을 GPI 계산 장부 위에 플러스 요인으로 포함시킵니다." 그의 말은 제러미 벤담을 떠올리게 한다.

그러나 "당신이 무언가에 쓰고 싶지 않은 돈을 썼다면, 우리는 그것을 방어적 지출이라고 부르고 GPI 장부에 마이너스 요인으로 기록을 합니다." 그러니까 건강보험, 대문에 설치하는 자물쇠, 법률 서비스, 이혼 위자료와 자녀 양육비(별거와 이혼이 행복 점수에 가져오는 악영향을 기억하라), 음식물 쓰레기, 낭비되는 에너지와 담배 등은 모두 GPI에서 제한다. '공해 완화' 역시 마찬가지다. 이것은 각 가정에서 그리고 정부에서 공해를 완화하기 위해 쓰는 돈을 의미한다. 예를 들어 소음에 대한 대응으로 이중창을 쓴다든가, 오염된 물을 정수하는 필터 시스템을 설치한다든가 등이다. 반면에 일반적인 경제성장 지수를 집계할 때는 누가 영화를 보러 가는데 돈을 쓰든, 콜레스테롤을 낮추는 약을 사는데 돈을 쓰든, 집에 경보장치를 설치하는데 돈을 쓰든 지간에 차이를 두지 않는다. 모두가 플러스 요인으로 계상된다.

메릴랜드 주가 GPI를 집계하기 시작한 그 짧은 몇 년 동안에도 GPI의 진화가 있었다. 요즘 메릴랜드는 주 단위의 실제 소비패턴을 반영하기 위해 빅데이터를 사용한다. 예전에는 전국 단위의 데이터에서 비례적으로 뽑아낸 추정치를 사용했었다. 또 메릴랜드 주 안에 삼림과 습지의 범위를 정확히 알아보기 위해서 인공위성 사진도 사용한다. 지난 수십 년 동안 우리는 경제성장률이라는 것이 웰빙이나 시장 활동에 대한 부정확한 지수라고 생각해왔지만, 새로운 기술과 빅데이터는 이런 지수들을 개선할 수 있는 기회를 가져다주고 있다. "쿠즈네츠는 GDP의 한계를 잘 알고 있었어요. 만일 그가 오늘날 우리가 가지고 있는 것 같은 데이터를 가지고 있었다면, GPI를 발명했을 것이라고 저는 생각합니다." 캠벨의 말이다.

메릴랜드 주가 GPI를 계산하기 위해 별도의 특별한 조사를 시행하지 않아도 됐다는 것은 뭔가 중요한 시사점을 준다. 무엇이 우리 사회를 개선시키고 무엇이 우리 사회를 병들게 하는지에 대한 가치 있는 정보들이 기존에 없었던 것이 아니다. 문제는 우리가 그런 정보들에 주의를 기울이지 않기로 결정했었다는 것이다. 그렇게 된 이유 중 하나는, GDP가 경제성장에 있어서 필수불가결한 요소로 인정받게 되면서 위계질서 상 GDP 아래에 있는 다른 숫자들은 무시당하게 된 것이다. 중요한 데이터의 많은 부분이 공공기관 보고서에 담긴 채로 사라지거나, 컴퓨터 스프레드시트에 뒤죽박죽으로 적힌 숫자들 사이에 묻힌 채로 잊혀진다.

맥과이어는 말한다. 만일 우리 사회의 목적이 경제성장을 극대화하는 것이라면, 그 목적을 달성하기 위해 무엇을 희생해야 할 것인지가 관건이라고. 자유시간? 녹지? 직업 안정성? 화재예방 규제나 환경 규제? 공공 서비스? "기본적으로 우리는 항상 이런 질문을 합니다. '경제적 이득을 위해 얼마나 이런 것들을 희생할 수 있을까?' 라고요. 하지만 '우리의 환경과 건강이 최적의 상태에 놓이기 위해서 우리가 얼마나 경제적 이익을 희생할 수 있을까?'라는 질문은 한 번도 던진 적이 없습니다."

맥과이어는 그가 처음 메릴랜드 주의 GPI를 뽑아보자고 했을 때 그 주의 어떤 인사가 했던 얘기를 기억한다. 어떤 "우파 꼴통"였다고 맥과이어는 쾌활하게 묘사한다. 그 인사는 GPI라는 게 그저 맥과이어 자신이 좋아하는 측정값들을 마구 던져 넣은 항아리 같은 것 아니냐고 비난했다. "그 분은 GPI를 '위자Ouija 점판과 야찌Yahtzee 주사위'*라고 부르더군요. 그러니까 그냥 무작위로 숫자를 모아놓은 것 아니냐는 비난이었죠. 그 말이 잊히지 않네요." 맥과이어는 그의 GPI 수치는 발견한 모습 그대로이며, 단지 메릴랜드 주의 상황에 맞게 아주 미세한 보정만 했을 뿐이라고 말한다. 그에게 있어 GPI는 유서 깊은 역사를 가진, 이미 형태가 완성되어 있던 지수이다. 하지만 그 우파 꼴통이라는 사람 역시 일리 있는 지적을 했다. 어떤 지수를 만들 때 들어가는 플러스 요인들과 마이너스 요인들에 얼마나 큰 가중치를 부여하는지에 관한 것이다. 지수를 만들 때, 만드는 사람이 좋아하는 것을 거의 아무것이나 다 집어넣을 수가 있는 게 사실이다. 그래서 스웨덴의 통계학자 한스 로슬링은 이를 '엑셀 시대의 GDP'라고 말한다.

GPI에 들어가는 거의 모든 것은 가치 판단에 달려있다. 술의 경우를 보자. 적당히 섭취하는 알코올은 플러스적인 지출이다. 일과를

* 위자는 심령술을 할 때 쓰는 도구로 판 위에 알파벳을 적어놓은 것. 야찌는 인기 있는 주사위 보드게임.

마치고 마시는 한 잔의 와인이나 맥주를 싫어할 사람이 어디 있겠는가? 하지만 합리적인 수준을 넘어서는 알코올 소비는 GPI에서 제해져야 한다. 폭음, 즉 '빈지 드링킹binge drinking'에 쓰는 돈은 뺀다는 뜻이다. 학술연구들을 보면 전체 알코올 소비의 25%가 빈지 드링킹이라고 한다. 그러니 이 비율에 해당하는 만큼은 GPI에 더하는 게 아니라 GPI에서 빼야 한다. 결국 결정하는 사람의 정치적 성향에 따라 GPI 계산에 깔려 있는 기본적인 가치판단들이 옳고 그른지가 달라진다. 예를 들어 담배와 습지 파괴는 나쁜 것이고 거주 용도의 주택 구매, 일과 삶의 균형, 깨끗한 공기는 좋은 것이다. 하지만 이런 판단들이 주관적이라는 것을 우리는 인정해야 한다. 예를 들어 GPI는 자동차 안에서 보내는 시간을 낭비라고 규정한다. 집에서 아이들과 놀아줄 수도 있는 시간을 대신 차 안에서 쓰는 것이기 때문이다. 하지만 나의 경우는 차를 운전하는 시간을 사랑하고, 코를 찔찔 짜는 어린이들과 시간을 보내는 것을 싫어한다. 심지어 그 애들이 내 자식이라 해도 말이다.

GPI는 또한 이성을 잃을 정도로 술을 마실 경우 사회의 웰빙에서 그만큼을 빼서 계산해야 한다고 규정한다. 하지만 나는 술병에서 하루의 위안을 찾으며, 내가 술에 돈을 얼마나 쓰든 정부가 상관할 바가 아니라고 생각할 수도 있다. 내가 보드카를 얼마나 많이 마시든 말이다. GPI는 부의 불평등이 나쁘다고 규정한다. 불평등한 사회일수록 덜 행복하다는 연구결과 때문이다. 하지만 반대로 불평등을 옹호하는 사람들도 많다. 게으른 사람에게는 벌칙이 되고, 열심히 일하는 사람들과 새로운 아이디어를 내는 사람들에게는 보상이 되기 때문이다.

GPI가 환경보호를 강조하는 것이 완벽하게 논리적이라고 볼 수도 있다. 하지만 어떤 사람들에게 있어서는, 거의 알려지지 않은 딱정벌레나 평소 보기 어려운 휘파람새 같은 것이 멸종한다고 해도 그 대가로 더 큰 스크린의 TV를 볼 수 있거나 자기 자식이 다니는 대학의 기부금 펀드의 규모가 커진다면 그 정도는 희생할 수 있다고 생각할 수도 있다.

이 말의 요지는, 지수들은 자기 참조적self-referential이라는 것이다. 지수는 만드는 사람이 보내고 싶은 신호를 보낸다. 사람들은 자신이 중요하다고 생각하는 요소들로 지수를 채워 넣고, 그 지수는 다시 그 사람들이 그런 요소들에 대해 어떻게 행동하고 있는지를 보여준다. 예를 들어 북유럽 국가들은 인간개발지수Human Development Index, HDI에서 늘 상위권에 포진하고 있다. 한 비판론자에 따르면, 이것은 "HDI가 기본적으로 북유럽 국가들이 어떤지를 측정하는 지수이기 때문"이다.

GDP의 대안이나 GDP의 유용한 보완책이 될 종합적인 지수를 찾을 때는, 바로 이런 기본적인 문제점을 이해하고 있어야 한다.

북유럽 중심 인덱스들의 문제점을 지적한 사람은 브라이언 캐플란Bryan Caplan이다. 그는 미국 버지니아 주 조지메이슨 대학 경제학과 교수다. 그가 비난하는 대상은 26개의 항목으로 구성된 GPI가 아니라, 훨씬 단순하게 3개 항목으로 구성된 HDI였다. HDI는 GDP의 대안으로 나온 최초의 진지한 시도들 중 하나였다. 이것을 만든 사람은 파키스탄 개발경제학자인 마흐붑 울 하크Mahbub ul Haq이다. 그는 언젠가 이렇게 쓴 적이 있다. "만일 어떤 인덱스가 우유 한 병보다 총

한 자루의 가치를 수백 배 이상으로 평가하고 있을 경우, 그 인덱스와
인류 진보의 상관관계에 대해 심각한 의문들이 나올 수밖에 없다."
하크는 1990년 아마르티아 센과 함께 이 지수를 만들었다. 단순 그
자체였다. 소득, 문해율, 수명의 3개 요소만 들어있을 뿐이다. 처음
만들어진 이후 불평등을 측정하기 위해 약간 수정되긴 했지만, HDI
의 기본 철학은 동일하게 남아있다. 소득은 물가에 맞게 보정된 인당
GDP로 측정한다. 수명은 출생 시점에서의 기대수명으로 측정한다.
교육은 문해율과 학교나 대학 진학률의 조합으로 측정한다.

다음은 HDI 기준으로의 상위권 국가를 인당 GDP 기준의 상위권
국가와 비교해놓은 표다. 이는 2015년 기준임을 밝힌다. 국가나 순위
는 매년 크게 달라질 수 있다. 특히 1인당 GDP의 경우는 그렇다.

전통적인 GDP 기준 10위권에 있는 국가 중에는 오직 노르웨이,
아일랜드, 스위스 등 3개국만이 HDI 기준 10위 안에도 들어있다.
GDP 상위권 나머지 7개국은 소득을 국민의 건강과 교육수준으로 바
꾸는 데는 그렇게 능하지가 않다. 반면에 미국은 1인당 GDP 기준으
로는 10위에 들지 않지만, HDI 10위권에는 든다.

순위	HDI 기준	1인당 GDP 기준
1	노르웨이	카타르
2	호주	룩셈부르크
3	스위스	싱가포르
4	덴마크	브루나이
5	네덜란드	쿠웨이트
6	독일	노르웨이
7	아일랜드	UAE
8	미국	아일랜드
9	캐나다	산마리노
10	뉴질랜드	스위스

겉으로 보기에는, HDI에 반대할 이유는 별로 없어 보인다. HDI 는, 전통적으로 우리가 경제성장을 측정해왔던 방식에 비해 더 다양 한 측면을 다루고 있다. 그래서 저자는 이를 꽤나 좋아한다. 하지만 캐플런의 비판은 꽤나 깊이가 있고 날카롭다. HDI의 세 항목, 즉 소 득, 수명, 교육은 각각 최하 0점에서 최고 1점으로 매겨진다. "이 얘 기는 곧 어떤 나라 국민들이 전부 불사신이고 1인당 GDP도 무한정 으로 높다고 하더라도, 이 사람들이 글자를 모르고 학교에 간 적도 없 다면 총점은 0.666점(남아프리카공화국과 타지키스탄보다 낮은 점수)라 는 얘기죠." 그는 건조하게 말했다. 게다가, 교육 항목에서 1점을 받 으려면 그 나라 국민 모두는 영원히 학생으로 남아있어야 한다. 이는 별로 권장할만한 모습은 아니다. 반면에 소득은 이론적으로 끝없이 올라갈 수도 있다. 하지만 부유한 국가들의 점수는 이미 거의 최고치 엔 1에 가까운 상황으로, 더 이상 점수를 올릴만한 여지가 거의 없다. 이렇게 된 이유는, 후크와 그의 동료 연구자들이 HDI를 만들 때 소득 은 어느 수준 이상이 되면 별로 중요하지 않다고 봤기 때문이다. 결국 HDI도 다른 지수들과 마찬가지로, 만든 사람이 듣고 싶은 것만 말해 주는 인덱스다. 캐플런은 이렇게 썼다. "HDI의 궁극적인 문제는 야 심이 없다는 것이다. 이 인덱스는 실질적으로 북유럽이 인간 문명의 정점이며 역사의 종착점이라고 선언하고 있는 것이다."* 그래도 지수 들은 각각의 자리가 있다. 측정은 강력한 도구다. 우리가 긍정적이라 고 생각하는 무언가를 측정한다면, 정치인들이 곧 그 변수를 극대화

* Bryan Caplan, "Against the Human Development Index", *The Library of Economics and Liberty*, 2009.

할 수 있는 정책들을 설계할 것이다. 그게 무엇이든지 말이다. 더 높은 소득, 더 깨끗한 공기, 더 많은 도넛 소비량 등. 정말로 강력한 힘이다. 이는 곧 더 나은 측정이 더 나은 사회를 만들 수 있는 힘이 있다는 뜻이다. 만일 여러분이 북유럽처럼 되고 싶다면, 먼저 북유럽이 어떻게 하고 있는지에 대한 인덱스를 만드는 것이 가장 좋은 출발점이다.

물론 모든 나라가 노르웨이나 스웨덴처럼 되고 싶지는 않을 것이다. 만일 중앙아메리카의 섬나라인 바베이도스에서 스키를 탄 시간을 측정한다면 기준보다 많이 부족할 것이다. 하지만 모든 나라는 각각의 상황에서 더 나아지고자 하는 욕망을 가지고 있다. 여기서 우리는 GDP 역시 가치판단 시스템을 숨기고 있음을 잊어서는 안 된다. GDP는 하나의 경제가 경제활동을 극대화하기 위한 능력을 측정하며 그 대가로 어떤 환경파괴나 사회적 혼란이 일어나도 상관하지 않는다. 다시 말하자면 GDP는 한 나라가 얼마나 '중국스러운지'를 말하는 인덱스라고 할 수 있겠다.

마찬가지로, GPI라는 것은 한 나라가 얼마나 환경경제학자 허먼 데일리가 "안정 상태의 국가steady state economy"라고 부른 이상적인 모습에 가까워지도록 모양을 잡아가려는 시도다. 데일리가 말한 '안정 상태의 국가'는 전통적인 방법으로 측정하는 경제성장을 별로 중요하게 생각하지 않거나 심지어 전혀 고려하지 않는다. 맥과이어는 GPI가 이런 트레이드오프trade-off 관계를 잘 설명해주는 도구라고 본다. "슈퍼마켓을 만들기 위해 습지를 파괴하면 그에 따르는 비용이 있습니다. 저는 GPI 자체가 완벽하다고 생각하지는 않아요. 그래도 그것은 우리가 가치 있다고 생각하는 무언가를 위해 얼마나 노력할지를 물어보는 하나의 방법입니다. 만일 우리가 아끼는 모든 것을 보존하기 위해 GDP 성장은 1.5%만 할 수 있다면, 우리는 그것을 받아들이겠느냐 하는 거죠. 이 세상의 어떤 시스템도 매년 3%씩 무한정 성장할 수는 없습니다."

GPI에서는 부정적인 외부효과들을 제한다. 대기오염, 수질오염, 삼림과 농지와 습지의 손실 등이다. 마찬가지로 GPI는 긍정적인 외부효과들을 더한다. 공공 수영장을 설치함으로써 지역주민들의 정신건강과 신체건강이 좋아지는 것 같은, 투자에서 오는 보이지 않는 혜택들이다. 한때 메릴랜드 주지사 오말리는 대중교통 이용자의 수를 두 배로 늘리려는 정책을 추진했었다. 맥과이어는 이렇게 회상한다. "제가 계산을 해봤죠. GPI 공식을 돌려서요. 실제로 숫자를 가지고 정책의 효과를 분석해서 보여줄 수 있었어요. 그랬더니 정말로 납세자들이 이익을 보는 것으로 나오더군요. 공공 버스와 같은 것들에 세금은 좀 더 들어가지만, 통근시간과 여가시간과 자동차 매연과 비재생 자원의 사용과 같은 비용들을 따져보면……. 유권자들을 설득하기가 쉬웠어요."

GPI는 정책을 만들 때도 유용한 도구로 사용할 수 있지만, 실질 경제 상황에도 GDP보다 더 민감한 지수라는 것을 보여주었다고 맥과이어는 말한다. 그는 2009년의 예를 든다. 금융위기의 충격이 미국경제에 파괴적인 물결을 남겼던 시기다. 하지만 그 해 메릴랜드 주의 주총생산gross state product. 주 단위로 측정한 GDP에 해당은 오히려 3.8% 상승했다. 자신의 상사 주지사에게 쓴 메모에서 맥과이어는 이것이 거의 불가능한 일이라고 썼다. 주민들이 겪고 있는 경제적 어려움과는 동떨어져있기 때문이다. 반대로 그 해의 GPI는 6.3% 하락한 것으로 나왔다. 이는 GDP와 무려 10% 포인트의 차이다. GPI가 현실을 "좀 더 정확하게" 반영할 수 있었던 이유는 GPI가 순 자본투자의 감소를 포함했기 때문이라고 맥과이어는 말한다. 메릴랜드 주는 당시 예산 집행을 대폭 축소시켰고, 그 결과 순 자본투자액은 2008년 90억 달러에서 2009년 마이너스 10억 달러로 떨어졌다.* GPI는 실업과 불완전취업**에 대해서도 좀 더 민감했다. 파트타임 일자리를 갖고 있지만 풀타임 일자리를 원했던 사람들, 그리고 경기기가 너무 안 좋아서 구직 활동 자체를 포기한 사람들까지 반영했기 때문이다.

가중치를 정하고 가치 판단을 내리는 것 이외에도 GPI가 가진 문제들이 더 있다. GPI 역시 달러로 표시되기 때문에, 우리가 자연 자본에 대해서 살펴봤던 것과 같은 문제들에 직면한다. "저는 우리가 대기오염 때문에 석양이나 산의 모습을 볼 수 없다고 해서 거기에 화폐적 가치를 부여하는 것을 싫어합니다." 맥과이어는 말한다. "영혼을 파괴하는 것 같아요." 그가 처음 메릴랜드 주의 습지와 삼림과 녹지에 값을 매기기 시작했을 때, 그는 "이건 '쿨'하지 않다"고 느꼈다고 말한다. 그래도 그는 결론을 내렸다. 정치적 현실 속에서는 "숫자가 중요하고, 돈은 더 중요합니다. 사람들은 '어떻게 값을 매길 수 없는 것에 값을 매기냐?'고 말하죠. 하지만 값을 매기지 않으면 어떻게 될까요. 지금 우리가 하는 것처럼 됩니다. 경제적 이익을 위해서 우리의 건강과 우리의 환경을 희생하고 있잖아요."

---

* 순 자본투자액이 마이너스이면 새로운 투자의 가치가 기존 투자의 감가상각 가치보다 적다는 얘기다.

** 원하는 직업보다 불만족스러운 직업을 가진 경우.

맥과이어는 GPI를 일종의 예산 심사처럼 생각한다. 이 경우 예산은 돈뿐만 아니라 맑은 공기, 맑은 물, 여가시간 등을 의미한다. 그는 이 예산의 한계를 설명하기 위해 이렇게 비유한다. "저는 공무원입니다. 제가 가진 예산으로 매일 페라리를 한 대씩 구매할 수는 없어요. 그만한 돈을 벌고 있지 않으니까요. 마찬가지로 우리가 만일 경제성장을 하고 싶다면 그건 좋은 일이지만, 단지 우리가 그만한 예산을 갖고 있는지를 체크해봐야 합니다."

지수를 만들면서 만드는 사람이 원하는 것 아무거나 다 집어넣을 수 있다는 사실은 단점이자 장점이다. 캐나다는 이런 측면을 극단까지 몰고 간 사례다. 캐나다 시민들 본인들에게 무엇을 측정하고 싶은지를 물어본 것이다. 캐나다 웰빙지수Canadian Index of Well-being, CIW라 불리는 이 인덱스는 캐나다에서 2000년대 초반 시행된 포커스 그룹 인터뷰*에서 시작했다. 이 CIW의 디렉터이자 온타리오 주 워털루대의 교수인 브라이언 스메일Bryan Smale은 이렇게 말한다. "포커스 그룹에게 던진 질문들은 간단했습니다. '당신에겐 무엇이 중요합니까? 무엇이 당신에게 좋은 삶을 만들어줍니까?'였습니다."** 이 인덱스의 목적은 캐나다를 북유럽처럼 만들자는 게 아니었다. 캐나다의 가치를 알아보고, 캐나다가 이미 가지고 있는 것을 개선하자는 것이었다. 요약하자면, 캐나다를 더 캐나다스럽게 만들자는 것이었다.

포커스 그룹들은 사회의 여러 세대와 정치적 성향을 고려해서 뽑

---

* 전체 인구를 대변할 수 있도록 다양한 배경을 가진 사람들을 몇 명 모아놓고 진행하는 인터뷰.

** 저자와의 인터뷰. 2017년 2월.

혔다. 이들은 자신들이 가치 있게 생각하는 것들에 대해 놀라운 일관성을 보였다. 초등교육과 중등교육, 사용할 수 있는 의료 서비스, 건강한 환경, 깨끗한 공기와 물, 지역사회 프로그램, 책임감 있는 징세(그것이 무얼 의미하든지 간에……), 공공 안전과 보안, 일자리의 안정성, 취업의 기회, 생활 가능한 임금, 일과 삶의 조화, 시민사회 활동 참여 등이다. 이런 대답들에 기반해서 CIW 지수의 다음과 같은 8개 측정 '도메인domain, 영역'이 설정됐다.

(1) 지역사회의 활력 (2) 민주주의 참여 (3) 교육 (4) 환경

(5) 건강 (6) 여가와 문화 (7) 생활수준 (8) 시간 사용.

CIW 인덱스를 관리하는 사람들은 이 여덟 가지 도메인에서부터 튼튼한 데이터 세트를 확립해나갔다. 스메일은 이를 각 도메인에 들어있는 "탄광 안의 카나리아"라고 부른다. 총 64개의 지표가 이런 목적으로 만들어졌다. 이 지표들은 각 영역이 삶의 질이 얼마나 개선됐는지 알려주고 삶의 질이 떨어지기 시작하면 경고음을 내는 역할을 한다. "진짜 이슈는, 충분히 정확하고 믿을만한 데이터를 찾을 수 있는 지였습니다. 시간이 가도 꾸준히 수집할 수 있고, 우리가 개선되고 있는지 아닌지를 확인할 수 있는 그런 데이터를요." 그는 말한다. "예를 들어, 우리는 건강 도메인 안에서 당뇨병의 발생횟수를 모니터링합니다. 그렇게 하는 이유는, 당뇨병 발병이 얼마나 광범위하고 또 심각한지에 따라서 심장병이나 비만 등 다른 건강 위험의 신호가 되기 때문입니다."

64개의 지표에 가중치를 설정하는 것은 "힘겨운 일"이었다고 스메일은 인정한다. 예를 들어 공공부문 부채 수준이라는 지표와 어린이

들의 TV 시청 시간이라는 지표에 어떤 상대적 가중치를 두어야 하겠는가.* 즉 어떤 지표를 봤을 때 "사람들이 집중해서 들여다 보고나서 '이것이 지구온난화 가스로부터 생겨난 결과로구나, 이것이 사람들이 친구와 보내는 시간에서 생겨난 결과로구나'라고 말할 수 있게 해주는 것입니다"라고 그는 말한다.

CIW 인덱스는 튼튼한 데이터를 제공해주기도 하지만, 좋은 대화의 주제가 되기도 한다. "사람들이 만나서 이런 얘기를 하게 해줍니다. '우리의 웰빙 상태는 어때? 왜 우리가 이것밖에 못하고 있지? 경제성장에 비해서는 어때?'라고요." 스메일에 따르면, 캐나다 사람들은 경기침체 이후 경제가 훌륭하게 회복되고 있지만 웰빙은 그렇지 못하다는 얘기를 듣고 있다. 그러다보면 사람들은 질문하게 된다. "대체 무슨 일이 벌어지고 있는 거지?"

2016년 CIW 조사에 따르면, 웰빙과 GDP의 격차는 이전에도 상당히 컸지만 2008년 금융위기 이후 더 넓어졌다. "2007년 GDP와 CIW의 격차는 22%였습니다. 2010년에는 24.5%로 올랐고, 2014년에는 28.1로 뛰었습니다." 왜 그럴까? 한 가지 이유는, 메릴랜드 주에서와 마찬가지로 캐나다에서도 2008년의 경기침체 이후의 경기회복이 경제성장은 가져왔지만 좋은 일자리들은 가져오지 못했다는 점이다. 그래서 직업 안정성 측면의 측정치가 악화됐다. 불평등 수치는 올라갔다. '여가와 문화'의 질도 급격하게 떨어졌다. 캐나다 국민들이 생활비를 벌기 위해 더 열심히 일하고 덜 쉴 수밖에 없었으며 자원

---

* 행동을 유발할 수 있는 지표를 선택하는 것이다.

봉사 활동과 예술 활동에도 덜 참여하고 휴가도 더 적게 가야했기 때문이다. 밝은 측면도 있다. 교육의 질은 경제활동의 증가와 발을 맞추어 상승했다. 지역사회도 여전히 튼튼했다. 공식적인 경제성장 지수에서는 이런 디테일들은 '경기 회복'이라는 단순한 표현 아래 다 묻혀 있지만 말이다.[**]

이런 모든 활동들은 공공정책에 대한 사람들의 관심을 높였다고 스메일은 말한다. GDP는 자동차의 백미러와 같다. 지난 해 어떤 일이 벌어졌는지를 말해준다. 반면 CIW 같은 웰빙 인덱스는 캐나다가 어떤 사회가 되고 싶어 하는지를 측정한다. "CIW는 사람들이 자신들에게 중요하다고 말한 것들을 살펴봅니다. 만일 우리가 하나의 사회로서, 하나의 국가로서 무엇이 되고자 하는 열망이 있다면, CIW는 이를 위해 우리가 어디에 중점을 둬야할지, 수많은 영역 중에서 어떤 측면의 웰빙을 증가시켜야할지를 물어봅니다."

스메일은 이 CIW 지수가 인기는 있지만 국가 정책 측면에서 당장 눈에 띄는 변화를 가져오지는 않았다고 말한다. "몇 년 전에는 순진하게도 이렇게 생각했었습니다. '이봐, 이 지수를 발표하면 우리도 국가 변화에 어느 정도 영향을 미치게 될 거야.' 하지만 이제는 깨달았습니다. 그건 아주 먼 일이라는 걸요. 어떤 사람들은 우리가 GDP를 대체하려 한다고 말하지만, 그런 건 아닙니다. 우리는 단지 대화의 폭을 넓히려고 할뿐입니다."

[**] "Canadian Index of Well-being, Executive Summary", *Canadian Index of Wellbeing University of Waterloo*, 2016.

CHAPTER 14.

경제성장의 결론
The Growth Conclusion

모든 인간 활동을 다 쥐어짜내서 어떻게든 숫자 하나로 표현한다는 점에서 GDP는 천재적이다 할 수 있다. 마치 커다란 개구리 한 마리를 조그마한 성냥갑에 구겨 넣는 것과 같다. 어쨌든, 제대로 활용된다면 GDP는 뛰어나고 실용적인 통찰을 준다. 현실의 한 버전을 스냅샷으로 찍어서, 정책 결정자들이 그에 기반해 행동을 취할 수 있게 해준다. 그러나 이렇게 모든 것을 축약하는 것이 GDP의 힘인 동시에, 바로 거기에 가장 큰 결점이 있기도 하다. 숫자 하나에 인생에 가치 있는 것 모두를 담을 수 있다는 것은 불가능하다. 당신이 경제학자라도 그것은 불가능하다.

자동차의 대시보드 계기판을 생각해보자. 연료계는 연료탱크에 휘발유가 얼마나 남아있는지 보여주고 속도계는 차가 얼마나 빨리 달리고 있는지를 보여준다. 스피커에서 어떤 음악이 나오고 있는지 알려주는 디스플레이도 있을 것이다. 이 세 가지는 모두 운전자에게 가치 있는 정보 조각들을 전달한다. 하지만 이런 정보 모두를 하나의 숫자로 합쳐버릴 수는 없다. 각각의 정보는 다른 차원에 존재하기 때문이다.[*]

무언가를 숫자 하나로 표현하기 위해서는 그 모든 것을 하나의 단위를 사용해 측정해야 한다. 경제학자들에게 있어서 그것은 모든 것을 달러와 센트 단위로 변환함을 의미한다. 만일 돈으로 계산하기 힘든 것 자원봉사 활동, 기대수명, 깨끗한 공기, 지역사회의 유대감 등이 나오면 두 가지 방법이 있다. 어떻게든 달러로 표시할 수 있는 방법을 찾아내든가, 아니면 그냥 무시해버리든가. 모든 것들에 가격을 매길 수 있다는 아이디어는 일부분 제러미 벤담의 발상에서 나온 것이다. 벤담의 머리가 10파운드라는 사실은 독자 여러분도 기억하고 있을 것이다. '한계효용의 이론theory of marginal utility'는 현대 경제학의 기초인데, 이 이론에 따르면 어떤 제품이나 서비스의 가격은 그것을 1 추가단위만큼 사용함으로써 얻을 수 있는 만족감을 반영한다. 경제학자들은 이런 환원주의reductionism[**]에 입각해 모든 것을 복잡한 수학 모델로 바꿔버리고, 그것은 대개 굉장히 지루하다.

하지만 가격이 모든 가치를 대변할 수는 없다. 우리가 인간으로서 중요하게 생각하는 것 중 상당부분은 경제학적 계산에서 빠져버리거나, 아니면 어떤 속임수 같은 과정을 거쳐서 달러로 표시된 후 계산에

---

[*] 조셉 스티글리츠와의 또 다른 인터뷰. 2017년 4월.

[**] 복잡하고 추상적인 사상이나 개념을 단일 레벨의 더 기본적인 요소로 설명하려는 입장. (두산백과)

포함된다. 하지만 돈 이외의 다른 차원은 어떻게 한단 말인가? 한 가지 해결책은, 하나의 숫자로 모든 것을 압축시키는 대신, 정반대로 분해시키는 것이다.*** 이 얘기를 들으면 마치 인류 역사상 바퀴의 발명을 없었던 일로 하자는 식의 반동적인 발상이라고 느껴질지도 모르겠다. "GDP가 그렇게 대단한 발명품이라면서, 왜 그것을 없애려고 하는가?"라고 말이다. 만일 GDP을 해체하는 것이 바퀴의 발명을 되돌리는 것처럼 불편하게 느껴진다면 이렇게 생각해보자. 성냥갑 속에 갇힌 개구리를 해방시키는 일이라고 말이다.

GDP로 측정되는 경제성장의 문제는 이것이 모든 측정치들의 왕이 되어버렸다는 것이다. GDP는 성공의 척도 그 자체다. 물론 경제학자들과 정치인들이 바라보는 데이터 지표들은 수십 가지다. 실업률, 물가상승률, 순 수출액, 소매 판매, 부동산 가격, 임금 등을 놓고 자신들의 모델과 예측을 만든다. 미국 연방은행의 전 의장이었던 앨런 그린스팬은 남성 속옷 판매를 통해 경제활동이 얼마나 활발한지를 가늠했다. 그러나 일반적으로 우리가 얘기할 때는 GDP가 왕이다. 경제성장이라는 말 자체가 GDP 성장과 동의어라는 사실을 기억하라. GDP가 우리의 마음을 지배한다는 것을 인정하기 힘들다면, 다음과 같은 말을 하는 정치인이 있을 수 있는지 생각해보라. "저는 X를 위해서 우리의 경제를 축소시키자고 제안합니다." 선거에서 당선되고 싶은 사람이라면 이런 말을 못 한다. 그 X에 해당하는 것이 무엇이

*** 자그디시 바그와티와의 대화. 2017년 3월.

든지 간에 말이다. 불에 잘 타지 않는 공공주택*이라든가, 좀 더 공정한 사회라든가, 주2회 노동이라든가, 공짜 피자라든가 등등. 경제성장을 극대화하지 않는다는 생각은 현대 정치의 흐름에서 거의 불가능한 것이 되었다. 우리가 인식하지 못하는 상태에서 '성장'이 우리 가치의 전부가 되었기 때문이다.

GDP가 폐기되어야 한다고 주장하는 책들도 있지만 이 책은 아니다. 결점이 많다고는 해도, GDP는 여전히 강력한 측정치이며 유용한 정책 도구이다. 많은 사람이 지적하듯이, 경제성장은 우리가 중요하게 생각하는 것들과 종종 상관관계를 보인다. 교육, 건강, 주거 이동의 자유 같은 것들은 소득이 높고 세금도 많이 낼 수 있어야 얻을 수 있는 가치다. 부유한 나라들은 가난한 나라들보다 일반적으로 시민들에게 더 나은 서비스를 제공한다. 정부기관이 제대로 조직되고, 법보다 공정성과 평등을 우선시하는 강력한 민주주의 시스템을 갖추고 있다면 말이다.**

하지만 저자는 이 책에서 두 가지를 강력하게 주장한다. 첫 번째 주장은 상당히 쉽고 어느 독자라도 이해할 수 있는 것이다. 이를 회의주의scepticism라고 하자. 이 책을 읽은 사람이라면 누구나 다음과 같은 것을 더 잘 알게 되었을 것이다. 우리가 쓰는 경제성장 통계가 제대로

---

* 2017년 6월 14일 런던에 있는 24층짜리 공공주택 그렌펠 타워Grenfell Tower에서 불이 나 72명이 죽고 건물이 전소됐다. 공사비를 아끼기 위해 불에 잘 타는 외벽 패널을 썼던 것으로 드러났다.

** 저자와의 인터뷰에서 래리 서머스는 GDP가 환경보호, 건강 등 우리가 관심을 가지는 다른 것들도 측정하고 있다고 말했다. 그러므로 다른 측정치들을 사용할 필요가 줄어든다는 뜻이다. 다른 말로 하자면, 그는 GDP가 웰빙의 나쁜 대리지표라고 생각하지는 않는다. 다음은 그의 말이다. "어떤 복지 관련 지표가 빠르게 개선될 때를 보면 GDP 역시 빠르게 성장하고 있습니다. 그 반대도 마찬가지입니다. 여러 나라에 대해 살펴보면, 제 생각에 GDP 성장과 대안 복지 지표들의 성장에는 비교적 높은 상관관계가 있습니다. 비교적 낮은 상관관계가 아닙니다. 그래서 저는 이런 대안 지표들의 효용성에 대해 덜 감탄하는 편입니다."

보여주는 요소들이 무엇이고 제대로 보여주지 못하는 요소들이 무엇인지. 그 안에 들어있으면 안 되지만 들어있는 것이 무엇인지. 예를 들어 공해, 범죄, 긴 통근시간, 미사일, 긴 노동시간 같은 것들이 그렇다. 또 그 안에 들어있어야 하지만 들어있지 않은 것들도 있다. 좋은 일자리, 녹지, 괜찮은 헬스케어, 그리고 환경적 지속가능성을 보여주는 여러 지표들이 그렇다. 그러니 이 책을 읽은 독자 여러분이 어디서 "경제가 이렇게 저렇게 성장했다"라는 이야기를 듣게 된다면 킥킥 웃게 될 지도 모른다. 그 말에 들어있는 정보가 얼마나 제한적인지, 그리고 그 '경제'라는 것이 얼마나 추상적인 개념인지를 떠올리면서.

무언가에 회의적인 시각을 갖는 것은 분명히 가치가 있다. 저널리스트로서 나는 평생 회의주의에 기반해 내 커리어를 만들어왔다. 그러나 회의주의의 역할은 거기까지다. 그저 "나는 이 숫자를 신뢰하지 않아"라고 말하는 건 세상을 허무주의적으로 바라보는 것일 뿐이다. 그래서 여기서 이 책의 두 번째 주장이 나온다. 경제성장과 GDP를 주제로 한 대화에서 항상 등장하는 질문이기도 하다. "그래서 무엇으로 GDP를 대체할 것인가?" 그 어떤 대안도 GDP를 완전히 대체할 만큼 튼튼하지 않고 광범위하지도 않다. 그래서 나의 대답은 이것이다. GDP를 대체하기보다는 GDP에 무언가를 더해야 한다. 우리가 세상을 보는 시각을 좀 더 풍부하게 만들어주어야 한다.

TV 세대로서, 나는 이런 식으로 생각하기를 좋아한다. 저녁뉴스를 보기 위해 TV를 켠다. 아나운서가 아주 진지한 목소리로 뉴스를 전하면서 대여섯 가지의 숫자를 부른다. 그렇다면 그 숫자들은 어떤 숫자들이 되어야 할까? 혹은 이렇게도 생각해볼 수 있다. 핸드폰으로 경제 뉴스 알람을 받는다고 하자. 그렇다면 그 중 어떤 숫자들이 가장 중요하게 여겨져야 할까? 이런 숫자들은 우리에게 무언가 중요한 정보를 전달해주어야 한다는 뜻이다. 우리 대중은 GDP로 측정되는 경제성장에 쏟는 관심만큼 다른 숫자들에도 관심을 투자할 필요가 있다. 여기 그 다른 숫자들이 될 몇 가지 후보들을 소개한다.

1인당 GDP GDP per capita

너무나 당연해서 이 얘기를 너무 늦게 꺼낸 것 아닌가 하는 부끄러움이 들 정도다. GDP를 좀 더 유용하게 바꾸기 위한 쉬운 방법 중 하나는 GDP를 해당 국가의 인구수로 나눠서 1인당 GDP를 사용하는 것이다. 하지만 이것은 의외로 많이 사용되지 않는 방법이다. 적어도 일반적인 담론에서는 그렇다. 경제성장은 국가 전체 기준으로 표현된다. 인구의 증가는 고려되지 않는다.

만일 경제성장률이 2%이지만 인구증가율도 2%라면, 1인당 성장 기준으로는 그대로 멈춰있는 것이다. 투자자들은 몇몇 개발도상국들의 높은 성장률을 보고 흥분할 때가 있다. 그것이 단순히 높은 출산율의 결과임은 망각한 채로. 경제의 규모를 키우는 가장 쉬운 길은 사람 수를 늘리는 것이다. 만일 미국 대통령 도널드 트럼프가 3% 성장을 원한다면, 아주 쉽게 달성할 수 있다. 그가 해야 할 일은 간단하다. 아직 짓지 않은 그 '장벽'을 취소하고, 매년 1,000만 명의 새 이민자를 받아들이는 것이다. 하지만 그가 진짜로 원하는 것은 '1인당' 3%의 경제성장이다. 이것은 달성하기가 상당히 어렵다.

1인당 GDP (구매력 기준) 국가 순위*

상위 10위

국가	1인당 GDP
카타르	132,870
룩셈부르크	99,506
싱가포르	85,382
브루나이	79,508
쿠웨이트	70,542
노르웨이	68,591
UAE	67,217
아일랜드	65,806
산마리노	62,938
스위스	58,647

(단위: 달러)

하위 10위

국가	1인당 GDP
에리트레아	1,300
가이아나	1,238
모잠비크	1,192
말라위	1,126
니제르	1,077
라이베리아	1875
부룬디	831
콩고민주공화국	767
중앙아프리카공화국	628

(단위: 달러)

경제학자들은 인구가 증가하지 않는 상황이라도 경제는 성장할 수 있다는 상상을 잘 하지 못한다. 그래서 일본에 대해 이야기하는 사람

---

* 2015년 IMF 자료

이 그렇게 많은 것이다. '인구감소의 늪'에 빠졌다는 일본은 인구가 부드럽게 줄어들고 있는 동시에 1인당 경제규모는 늘어나고 있다.* 경제학자들은 항상 경제가 확장해야 한다는 고정관념에 너무 꼭 붙들려있어서, 인구만 늘리면 된다는 생각을 버리지 못한다. 토머스 맬서스는 지구상에 사람들의 수가 계속 늘어나다가 인류 문명이 종말을 맞을 것이라 생각했었다. 현대 경제학자들은 정반대로 생각한다.

세계의 인구가 진짜로 무한정 증가할 것이라고 믿는 사람이 아니라면, 경제도 언젠가는 확장을 멈추게 될 것이라는 생각도 해야 한다. 적어도 충분히 부유하고 성숙한 경제는 성장을 멈추는 날이 오게 된다.** 그렇다고 해서 1인당 소득의 성장이 멈춰야 한다는 뜻은 아니다. 그리고 우리에게 있어서 진짜로 중요한 것은 1인당 소득이다. 우리가 성장을 얘기할 때 '경제'라는 추상적인 개념을 사용하는 것보다 1인당 지표를 사용하는 것이야말로, 사람들을 앞에 두고 생각하기 위해 필요한 작지만 위대한 한 걸음이다. 이런 기준이 정책 결정의 중심에 놓여있어야 한다.

중위 소득(소득 중간값) Median income

이것은 1인당 GDP보다 한 단계 발전한 개념으로 커다란 장점과 작은 장점이 하나씩 있다. 큰 장점은, 평균mean이 아니라 중간값

---

* Jonathan Soble, "Japan, Short on Babies, Reaches a Worrisome Milestone", *New York Times*, 2017년 6월 2일.

** 한스 로슬링은 지구의 인구가 2100년에 약 110억 명으로 최고점을 찍을 것으로 예상했다. 10억 명은 미대륙에, 10억 명은 유럽에, 40억 명은 아프리카에, 50억 명은 아시아에. 2014년 1월 스위스 다보스에서 한 강연.

median을 측정한다는 것이다. 평균이라는 말에 대해 잘못 이해하고 있는 사람들이 있다. 만일 어떤 사회의 전체 소득이 100이고 인구는 넷이라고 해보자. 그 중 한 명이 소득 모두를 가져가고 나머지 세 명은 전혀 돈을 벌지 못한다. 그런 경우 평균 소득은 25이다. 파이낸셜 타임스의 수석 통계담당자인 키스 프레이Keith Fray는 부하직원들에게 이런 농담을 하곤 한다. "빌 게이츠가 술집에 들어선다. 그 순간 술집에 있는 사람들은 평균적으로 억만장자가 된다." 이 말을 들었을 때 나는 크게 웃었지만, 웃는 사람은 나뿐이었다. 이 '유머'는 평균소득이라는 것이 전체소득을 사람 수로 나눈 것이라는 의미다. 이 경우는 술집 안의 사람들이다. 이렇게 나온 소득의 평균값은 우리가 일반적으로 보는 사회의 모습을 왜곡시킨다. 그 소득이 사회 안에서 어떻게 분배되고 있는지는 보여주지 않기 때문이다. 사회가 더 불평등해질수록 이런 괴리는 더 큰 문제가 된다.***

평균값과는 다르게, 중간값은 모든 사람을 한 줄로 세우는 것부터 시작한다. 나도 안다. 좀 섬뜩하게 들린다는 것을. 어쨌든 한 줄로 세운 다음 한가운데 있는 사람을 뽑는다. 중간값은 그 사회에서 일반적인 사람이 어떻게 사는지를 쉽게 다소 부정확하더라도 알아볼 수 있는 방법이다. '위기의 중산층'을 대표하는 숫자라고 봐도 좋다. 요즘처럼 중산층이 잊혀지고 정치적으로 중산층을 대변해주는 이가 아무도 없는 시대에 이는 중간값이 갖는 큰 장점이다.

소득 중간값 지표가 갖는 또 다른, 작은 장점은 이것이 생산보다

***전부는 아니지만 대부분의 경제학자들이 부유한 국가 대부분에서 불평등이 증가하는 분명한 경향을 보고 있다.

소득을 다룬다는 점이다. 대부분의 사람에게 있어 소득이 생산보다 좀 더 직관적인 개념이다. 내가 쓸 수 있는 돈이 얼마인지를 아는 것과, 올해 지게차가 몇 대 생산되었는지를 아는 것의 차이다. 국민소득의 이론에 따르면 생산과 소득 수치는 어차피 똑같아야 한다. 우리가 생산한 것을 우리가 소비하는 것이고, 우리가 소비할 수 있는 것을 우리가 생산하기 때문이다. 하지만 실제로 그렇게 느끼기는 쉽지가 않다.

미국의 GDP 집계를 20년 째 담당하고 있는 스티브 랜드펠드 역시 중간값의 팬이다. 하지만 랜드펠드는 중간값이 몇몇 정치인들을 불편하게 만들 만한 이야기를 보여줄 수도 있다고 말한다. "중간값들은 정치적으로 민감한 영역이기 때문에, 통계당국이 이를 다룰 때 겁을 내는 측면이 있습니다." 그가 내게 말했다. "하지만 이것이 우리가 해야 할 일이라는 데에 미국 등 여러 국가들에서 공감대가 커지고 있습니다."

불평등 Inequality

소득 중앙값이라는 개념도 한계는 있다. 어떤 특정 사람이나 특정 가구가 얼마나 잘 사는지를 보는 것도 좋지만, 뒤처진 사람들에게도 눈길을 주는 것이 필요하다. 여러 방법이 있다. 실제로, 똑똑한 학자들이 탐정처럼 자료를 분석한 결과 중산층 백인 미국인들의 평균수명이 짧아지고 있음이 발견됐다. 한 가지 개략적이지만 사용하기 쉬운 불평등 측정법은 지니 계수이다. 지니 계수는 일반적으로 0부터

100의 척도로 표현된다.* 1912년 이탈리아의 통계학자 코라도 지니 Corrado Gini가 발명한 이 지수는, 완벽하게 평등해서 모두의 소득이 같은 사회를 0이라 본다. 반대로 한 사람이 그 사회의 모든 소득을 가져가는 사회는 100이다. 북유럽처럼 상대적으로 평등한 사회는 지니 계수가 30 이하다. 세계에서 가장 불평등이 심한 나라인 남아프리카공화국은 63이다.** 미국의 지니 계수는 41, 영국은 33, 독일은 30이다.*** 이런 조사는 소득이 아닌 '부' 혹은 자산에 대해서도 실시할 수 있다. 대체로 그렇게 나온 불평등의 정도는 소득의 불평등보다 더 심각하다.

또 다른 방법으로는 소득을 인구의 백분위로 나눠보는 것이다. 이렇게 하면 소득이 얼마나 분배되고 있는지, 중위 소득과 고소득, 저소득이 어떻게 비교되는지를 볼 수 있다. 아래 표는 1980년부터 미국의 소득에서 상위계층과 중간계층, 하위계층의 임금이 어떻게 변했는지를 보여준다. 또한 이들의 통상적인 임금이 평균으로부터 얼마나 멀리 떨어져있는지도 보여준다.

---

* 가끔은 0에서 1의 척도를 쓴다.

** www.indexmundi.com

*** 이 계수는 세금과 보조금 등 정부의 분배정책을 고려하기 전과 후로 각각 다르게 계산할 수 있다.

백분위 별 실질가구소득, 1967-2012*

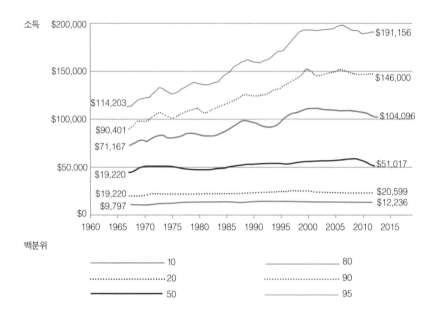

소득

$200,000

$191,156

$150,000

$146,000

$114,203

$100,000

$104,096

$90,401

$71,167

$50,000

$51,017

$19,220

$19,220

$20,599

$9,797

$12,236

$0

1960 1965 1970 1975 1980 1985 1990 1995 2000 2005 2010 2015

백분위

————— 10   ————— 80

······················· 20   ······················· 90

————— 50   ————— 95

불평등을 하나의 숫자로 압축할 수 있는 또 다른 방법도 있다. 인구의 한 집단을 다른 집단과 비교하는 것이다. 예를 들어 상위 10% 집단과 하위 10% 집단을 비교해볼 수 있다. 아래 표는 몇몇 부유한 국가들에서 이런 비율이 얼마나 되는지를 가장 평등한 나라부터 정리한 것이다. 예를 들어, 상대적으로 평등한 나라인 아이슬란드에서는 상위 10%의 국민이 총 소득의 20.6%를 벌고 하위 10%의 국민은 총 소득의 4.1%를 가져간다. 그래서 상위 소득과 하위 소득의 비율은 5대

* 달러의 가치는 모두 2012년 기준으로 변환했다. Carmen DeNavas-Walt, Bernadette D. Proctor, Jessica C. Smith, "Income, Poverty, and Health Insurance Coverage in the United States: 2012", *US Census Bureau*, September 2013, P60-45, Table A-2.

1이다. 한편 멕시코에서는, 상위 10%가 무려 36.5%의 소득을 가져가고 하위 10%는 고작 1.7%를 가져간다. 그 비율은 21.4대 1이다.

국가별 상위 10%의 소득과 하위 10%의 소득의 비율[**]

아이슬란드	5.0
독일	6.7
프랑스	6.9
캐나다	9.3
일본	10.4
영국	10.6
터키	13.1
미국	18.3
칠레	20.6
멕시코	21.4

국내순생산 Net domestic product

GDP는 소득의 '흐름'을 측정하지만, 우리는 나라가 가진 '부'의 양에 대해서도 알아야 할 필요가 있다. 그렇지 않으면 우리는 은행가 빌과 정원사 벤에 대해 혼동하게 된다. 미국에서는 상무부 경제분석국이 수년 간 NDP 수치를 집계해왔다. 그러나 GDP가 가져가는 관심의 일부 밖에는 받지 못했다. 좋게 말해서 그렇다. NDP는 GDP에서부터 각종 자본재의 감가상각을 빼고 남는 수치다. 여기서 자본재 capital stock란 도로, 공항, 주택 같은 것들을 말한다. 만일 한 국가의 자본재가 증가한다면 NDP 역시 증가할 것이다. 자본재가 감소한다면,

---

[**] Table 1, "Key indicators on the distribution of household disposable income and poverty, 2007, 2012 and 2014 or most recent year", *OECD*.

NDP도 감소할 것이다. NDP와 GDP의 차이는 그 나라가 현재의 생산을 늘리기 위해 지속가능하지 않은 방법으로 자본재를 써버리고 있는지를 알 수 있게 해준다는 것이다.

브렌트 몰튼Brent Boulton은 미국 경제분석국의 '넘버 투'로 오랜 기간 일한 사람이다. 그는 NDP에 좀 더 많은 무게를 실어줘야 한다고 생각한다. "국가에게 있어서 가장 근본적인 질문 중 하나는 이것입니다. 국부가 늘어나고 있는가, 줄어들고 있는가?" 그가 이렇게 말한 것은 우리가 워싱턴 D.C.의 'G스트리트푸드'라는 샌드위치 가게에서 만났을 때다. 이상하게도 그 가게는 그 도시의 G스트리트와 가까이 있는 것도 아니었다.* (경제 측정 지표만큼이나 길거리의 이름 역시 사람을 잘못된 길로 인도하기 쉽다.) 몰튼에 따르면, 자연자원에 의존하는 나라일수록 부를 측정하는 것이 특히 중요하다.

하지만 미국 같은 나라도 번영하기 위해서는 자산의 양을 늘려야 한다. 그 자산은 인프라일수도 있고, 대학일수도, 자연자원일수도 있다. 나라가 가진 부를 증가시키고 있는지? 이것이 국민계정의 핵심 질문이어야 한다.** 오직 강력한 국내 순생산을 보이는 나라들만이 장기적으로 삶의 질을 높일 수 있다.

---

* 저자와의 인터뷰. 2017년 3월. 워싱턴 D.C.

** 국내순생산을 계산하려면 여러 가지 가정이 필요하다. 가장 중요한 것은 몇 년에 걸쳐 자산을 감가상각시킬 것인가이다. 예를 들어 어떤 건물의 가치가 지은 지 20년 후면 0이 된다고 생각할 수 있다. 그렇게 하면 20년 후 건물이 여전히 그 자리에 서 있다고 하더라도 국민계정 국가 통계에서는 0으로 평가된다. 만일 국가마다 다른 자산에 대해 다른 가정을 사용한다면 국가 간 비교가 어렵게 된다. 그렇다고는 해도 국내순생산은 각각의 국가가 얼마나 자산을 잘 유지하고 있고 따라서 앞으로 얼마나 지속가능한 성장을 할 수 있는지에 대해 대체적인 가이드라인 역할은 할 수 있다.

웰빙 Well-being

아무리 GDP를 진지하게 옹호하는 사람이라도 GDP가 웰빙을 측정하는 지수라고 말하지는 못할 것이다. 그러나 일반적인 대화에서 GDP가 웰빙 수준을 나타내주는 대리지표처럼 쓰인다는 현실을 부정할 사람도 없다. 과연 어떤 요소들이 웰빙을 만드느냐는 매우 주관적인 판단의 영역이고, 따라서 객관적으로 측정하기는 불가능하다. 하지만 시도해볼만한 가치는 있다. 왜냐하면, 웰빙이 무엇인지 정의하고 그것을 측정하려는 시도들을 통해서 우리 사회가 어디에 우선순위를 둬야하는지를 정할 수 있기 때문이다. 행복, 혹은 좀 더 넓은 의미의 사회적 웰빙처럼 측정할 수 없는 것을 측정하려고 노력하다 보면 마음을 집중할 수 있다.

만일 메릴랜드 주의 GPI가 대중들의 환호를 받고 그래서 정치적인 힘을 얻는다면, GPI를 둘러싸고 사회적 논란이 시끄럽게 벌어질 것이다. GPI가 떨어졌기 때문에 몇몇 정책을 드라마틱하게 바꾸겠다고 메릴랜드 주지사가 선언하는 경우를 생각해보자. 어떤 사람들은 GPI의 가치들을 칭찬하면서 GPI가 올라가면 환호하고 떨어지면 걱정할 것이다. 반대로 어떤 사람들은 GPI가 잘못된 것들을 측정하고 있으며 좀 더 나은 인덱스로 교체되어야 한다고 주장할 것이다. 어떤 쪽이든, 웰빙을 측정하려고 노력하다보면 우리 사회가 어떤 가치들을 추구하고 있는지에 대한 토론이 일어날 것이며 그 지수는 그런 여러 가치들의 벤치마크 역할도 하게 될 것이다.

이산화탄소 배출량 CO2 emissions

가장 많은 논란을 가져올 이야기를 가장 마지막에 남겨두었다. 이산화탄소의 양을 측정하는 것은 자연 자본을 모니터링하는 방법으로 가장 쉽다고 할 수 있다. 삼림이나 강 둔치 같은 것에 가격을 매기는 일은 무지하게 어렵지만, 탄소를 측정하는 건 그렇지 않다. 이산화탄소는 오염의 지표 역할을 한다. 조셉 스티글리츠 Joseph Stiglitz는 이렇게 말했다. "우리가 지구를 기름에 튀기는 중이라면, 우리가 진짜 지구를 튀기고 있는지를 알고 싶지 않겠는가."[*]

스티글리츠의 말은, 이 책 전체에 걸쳐서 너무도 명백해진 무언가를 조명해주고 있다. 통계는 중립적이지 않다. 통계는 지루하지도 않다. 통계는 엄청나게 정치적이다. 우리가 구태여 무언가를 측정하려고 하는 것은, 그 무언가가 매우 중요하며 그것에 영향을 주고 싶다고 우리가 생각하기 때문이다. 이산화탄소 배출량이 높은 것이 나쁘다고 받아들이는 사람이 품은 목적은 그것을 제어하거나 줄이는 것이다. 하지만 인간의 활동과 기후변화 간에 상관관계가 있다는 걸 받아들이지 않는 사람에게는, 이산화탄소 배출을 제한하기 위한 노력은 시간과 돈의 낭비로 여겨질 뿐이다. 더군다나, 그런 활동은 진짜로 중요한 것, 즉 경제성장을 파괴한다고 여길 것이다. 미국이 파리기후협정에서 탈퇴했을 때 도널드 트럼프가 했던 생각이 기본적으로 이런 것이다.

과반수의 과학자들은 트럼프의 생각에 동의하지 않는다. 그들은

---

[*] 저자와의 전화 인터뷰. 2017년 4월.

인간의 활동이 전 지구적 기온에 분명한 영향을 주고 있다고 말한다. 내 입장은 이렇다. 나는 기후변화의 과학에 대해서는 깊은 지식이 없다. 내가 항공공학에 대해 깊은 지식이 없는 것과 마찬가지다. 하지만 나는 비행기에 탑승할 때마다, 그 비행기가 하늘에 뜨도록 만든 엔지니어들의 기술과 경험을 신뢰한다. 기후변화의 위험성에 대해 경고하는 압도적인 수의 과학자들에 대해서도 나는 그런 신뢰를 갖고 있다. 내가 잘 모르는 분야지만, 나는 그들을 신뢰한다. 그리고 만일 그들이 옳다면, 이산화탄소 배출량을 추적하고 그에 대해 어떤 행동을 하는 것도 매우 이성적이라 할 수 있다.** 그렇게 했을 때 벌어질 수 있는 최악의 상황이라 해봐야 뭐가 있겠는가. 공기가 더 깨끗해지는 것뿐이다.

지금까지 말한 것은 저자의 의견이다. 그러나 그것은 여러분의 의견일수도 있다. 여러분은 행복을 측정하고 싶어 할 수도 있고, 소득의 지역별 분배상황을 측정하고 싶어 할 수도 있다. 아니면 실업자들의 상황을 광범위하게 측정할 수 있는 지표 즉 광의廣義의 실업률을 강조하고 싶을 수도 있다.*** 어쩌면 앨런 그린스펀처럼 남성 속옷 지수를 선호할지도 모르겠다.

여러분이 무엇을 선호하든, 거기에는 항상 너무 많은 정보와 너무

** 스티글리츠가 지적하듯이, 이산화탄소가 가장 좋은 지표는 아닐 수도 있다. 예를 들어 중국에서는 만성적인 대기오염과 관련된 보건 문제가 훨씬 더 위급하다고 말할 수 있다. 이런 경우 중국 정부는 미세먼지 배출을 측정하는 것이 더 나을 것이다.

*** 미국에서 이런 '광의의 실업률'은 U6라고 불린다. 여기엔 구직 포기자도 들어간다. 일을 하고는 싶지만 취업의 전망이 너무 나빠서 구직을 포기한 사람들이다. 또 풀타임으로 일하고 싶어 하는 파트타임 노동자도 포함된다. Bureau of Labor Statistics, Table A- 15: www.bls.gov/news.release

적은 정보 사이의 상충관계가 있다. 숫자들을 합치거나 혹은 새롭게 측정해야 할 무언가를 만들면, 그것들의 가중치를 정해야 한다. 우리가 원하는 결과 중 상당수는 깨끗한 환경, 건강한 삶, 안전한 도시, 더 높은 소득, 안정적인 직장처럼 서로 다른 차원에서 측정되어야 한다. 이런 것들을 하나로 통합하려 하면 그 순간 정보는 손실된다. 반면, 이들을 하나로 통합하지 않는다면 우리가 가지고 있는 그 많은 정보를 처리하거나 다룰 수 없게 된다.*

　한 가지 해법은 대시보드 계기판을 이용하는 것이다. 자동차의 계기판처럼 혹은 비행기 조종석에서처럼, 다양한 것들을 동시에 모니터링하는 것이다. 아마도 이 계기판 모델의 끝판왕은 OECD의 '더 나은 삶 지수Better Life Index, BLI'일 것이다. BLI는 10년간의 개발 끝에 2011년 발표됐다. 이것은 주택, 환경, 보안, 소득 등 11개의 '주제'에 걸쳐서 38개 국가를 비교했다. 이 인덱스의 장점은 각자가 원하는 대로 가중치를 조정해가며 자신만의 지표를 만들 수 있다는 점이다. 음악 레코딩 스튜디오에서처럼 웰빙을 이리저리 조정해볼 수 있다. 예를 들어 여러분이 일과 삶의 조화가 무엇보다 중요하다고 생각한다면, 그 부분의 다이얼을 최대로 올려놓고 어떤 나라가 가장 위에 오는지를 보면 된다.** 이 인덱스는 정책을 만드는 도구라기보다는 여러 가지 바람직한 결과들 사이의 상충관계를 보여주는 도구라고 볼 수 있다.

---

* 2017년 4월 조셉 스티글리츠와의 대화에 일부 기초한 내용.

** 정답은 네덜란드다. 스티글리츠는 미국의 시간당 임금이 60년 넘게 정체상태라고 말한다. 사람들이 자신의 생활수준을 유지하기 위해서 일해야 하는 시간이 가구당으로 따지면 더 늘어났다. 유럽에서는 같은 기간에 가구당 노동시간이 줄어들었다. 만일 이티글리츠의 계산이 맞다면, 유럽인들은 여가를 위해 소득의 일부를 희생했고 미국인들은 돈에 우선순위를 둔 것이다. 그렇게 번 돈을 즐길 시간이 없더라도 말이다.

내가 또 이 책에서 강력하게 주장하는 바는, 우리가 공공 서비스를 측정하는 방식을 개선해야 한다는 것이다. 우리는 국가가 제공하는 교육, 헬스케어, 도로와 같은 것들을 너무 낮게 평가하는 경향이 있다. 왜냐하면 이런 것들은 공짜로 제공되기 때문이다. 영국의 딜리버리 유닛은 기차의 연착 횟수, 학교 시험성적 같은 것들에 표준을 정립했다. 불완전하긴 하지만, 옳은 방향으로 첫걸음을 뗀 것이다. 우리는 여기서 더 나아가야 한다. 만일 공공부문이 사회에 기여하는 공헌을 측정하지 않는다면, 아마도 이런 서비스들은 결국 민영화되어 사라져버릴 것이다. 실제로 많은 나라에서 이런 일들이 벌어지고 있다. 경제성장이라는 보이지 않는 인센티브에 의해 좌지우지되는 것이다.

가난한 나라들에서는, 삶의 질을 괜찮은 수준으로 끌어올리기 위해서 오랜 기간 빠른 경제성장이 필요할 수 있다. 하지만 경제성장은 수단이지, 목적이 아니다. 부유한 국가들에서는 아예 경제성장이라는 개념 자체가, 적어도 전통적인 방법으로 측정되는 경제성장이라는 개념은 완전히 바뀌어야 할 수도 있다. 서비스 생산이 중심인 선진 경제에서는 각 개인의 필요에 맞춰진 제품과 서비스들이 사회의 발전을 결정짓는다. 유전적으로 개인화되어 조제된 약물, 개인 돌봄 서비스, 맞춤 양복 같은 것들이다. 이는 단순히 더 많은 것을 생산하는 것, 즉 냉전시대 군비 경쟁 같은 것이 아니다. 이것은 품질의 향상을 의미하며 GDP라는 지수는 그 품질의 향상을 제대로 측정할 수 없다. 약 50년 전, 한 미국 경제학자는 '카우보이 경제'와 '우주인 경제'라는 개념을 소개했다. 카우보이 경제는 생산이 중심이며 자원의 남용과 환경오염이 특징이다. 이에 비해 우주인 경제는 생산량이 아니라 제품과 서비스의 질이 성공의 척도다. 제조에서 서비스로, 아날로 그에서 디지털로의 이동이 카우보이에서 우주인으로의 전환이다. 하지만 우리는 여전히 카우보이 밧줄의 길이만 재고 있다.[*]

이렇게 '질'에 대해 생각해보는 것은, 개인의 삶이나 환경에 악영향을 주면서까지 항상 더 많은 물질적 소유를 원했던 우리의 강박관념에 대한 해답이 될 수 있다. 유로스타 기차 안에서 샤토 페트루스 샴페인을 공짜로 나눠주는 이야기를 상기해보라. 이는 부유한 사회들이 경험의 질을 높임으로써 미래에도 '성장'을 계속할 수 있는 방법을 제시한다. 우리 동네에서 재배된 농축산물, 개인의 필요에 맞춰진 의료 서비스, 더 많은 문화적 활동과 야외활동, 개인 맞춤화된 제품, 더 나은 디자인의 제품 등에서 찾을 수 있는 '질'은 '양'보다 탄소 배출도 적다. 이에 비해서 전통적인 경제성장 집계 방법은 "더 많이!"라고 쓰여 있는 외통수의 길로 우리를 내몰고 있다.

순국내생산이나 광범위한 실업률 통계 등 우리가 더 많은 관심을 주고자 하는 지표 중 일부는 이미 존재한다. 다른 지표들, 예를 들어 자연 자본, 품질, 웰빙 같은 것의 지표들은 현재 만들어지고 있는 경우가 많다. 좀 더 많은 돈과, 좀 더 많은 수의 똑똑한 사람들을 이런 일에 투입해야 한다. 그래야만 GDP의 천재성에 필적할 수 있는 '킬러' 지표를 개발할 수 있다. 통계담당자들은 단지 메신저일 뿐이다. 통계를 만드는 이들은 도움이 필요하다. 그래야만 그들이 유용한 메시지를 우리에게 가져다줄 수 있다. 이 책에서 주장하는 바에 더 많은

---

[*] Lorenzo Fioramonti, *Gross Domestic Problem*, Zed Books, 2013, pp.145-6

전문가들을 끌어들이기 위해, 저자는 부끄럼 없이 이렇게 말한다. 통계를 만드는 사람들에게 더 많은 돈과 더 많은 권력을 주자.

영국은 제네바에 있는 유럽입자물리연구소CERN의 입자가속기에 매년 약 1억 2,700만 파운드를 낸다. "그 대가로, 우리는 힉스 입자 Higgs boson의 질량 측정에 일정부분 참여할 수 있죠. 그게 소수점 몇 자리인지는 몰라도요." 런던정경대의 닉 올튼Nick Oulton의 말이다. 힉스 입자는 우주의 기본 입자로 알려져있다. "모두 아주 흥미로운 주제들이죠. 그런데 영국 통계청의 올해 전체 예산이 1억 7,300만 파운드에요. GDP 계산에 들어가는 돈만 얘기하는 게 아니에요. GDP 의 구성요소들을 수집하는 건 물론이고 출생, 결혼, 사망, 이민, 취업, 실업 등 통계청의 모든 업무에 배정된 돈이 그 정도에요. 자연과학 분야에서는 많은 돈을 써야 답을 찾을 수 있다는 공감대가 이미 형성되어 있는데 말이죠."** 이 책이 제기한 문제들을 해결하는데 있어서도 같은 논리가 적용되어야 한다. GDP가 경제학의 맨해튼 프로젝트에 해당한다면, 이제는 달 착륙과 화성 탐험 미션으로 넘어가야 할 때가 왔다.

국가 통계를 작성하는 사람들에게는 돈도 필요하지만 정치적인 보호도 필요하다. 통계는 논란을 불러일으킬 여지가 많다. 항상 모두에게 즐거운 소식을 전해주지는 않는다. 미국에서 빌 클린턴 대통령 시절에 정기적으로 '녹색 회계'를 도입하려는 시도가 있었다. 하지만 하원의회가 방해했다. 석탄 업계를 비롯한 대기업들의 이익을 보호

** 2017년 2월 저자와의 인터뷰. 우연히, 올튼은 GDP에 대한 뛰어나게 날카로운 옹호론도 썼다. Nicholas Oulton, "Hooray For GDP! GDP as a Measure of Well-being", *Vox*.

해주기 위해서였다.* 클린턴은 이렇게 말했다. "깨끗한 공기로 숨 쉬는 것과, 안정적으로 집에 월급봉투를 가져오는 것 중에서 꼭 하나만을 골라야 할 필요는 없습니다. 사실, 우리가 겪고 있는 환경 문제들은 튼튼한 성장에서 비롯되는 것이 아니라 무모한 성장에서 비롯되는 것입니다." 의회는 다르게 생각했다. 의회는 경제분석국이 녹색회계를 계속 추진할 경우 예산을 20% 삭감하겠다고 위협했다. 녹색회계 계획은 조용히 치워졌다. "통계를 하는 사람들에게는 그만한 배짱을 요구할 수 없어요." 경제분석국의 한 내부자가 이렇게 말했다. 20년이 지났지만 여전히 그 때의 상처를 간직하고 있는 사람이었다. "이런 것은 사회 전체의 결정으로 추진해야 합니다. 통계담당 기관은 미리 연구를 할 수 있고, 그에 따라 어떤 제안을 할 수는 있어요. 하지만 민주주의가 그걸 거부하면, 그걸로 끝입니다."**

경제학자들이 우리에게 말하는 것과 우리가 실제로 겪는 경험 사이에는 간극이 있다. 전 프랑스 대통령 니콜라스 사르코지가 위험하다고 말한 간극이다. 여기엔 두 가지 상충적인 측면이 있다. 먼저, GDP는 우리가 현재 얼마나 잘 살고 있는지를 과소평가한다. GDP는 혁신을 제대로 측정하지 못하고 소득이나 생산량에 대한 거친 측정치만을 내놓기 때문에 건강과 기술, 안락함, 그리고 지식의 접근성 측면에서 우리가 이뤄온 거대한 진보를 반영하지 못하고 있다. 우리가 이미 갖고 있는 것들을 과소평가함으로써 우리 스스로에 대해 지나치게 비참하게 여기도록 하고 있는지도 모른다. 그리고 다른 측면에

---

* 경제통계국 담당자들의 말에 따르면 그렇다.

** 이 담당자는 그렇게 오랜 시간이 지난 지금에도 보복이 두려워 익명으로 남기를 원했다.

서 보면, GDP는 우리 삶의 어떤 부분들을 과대평가한다. 경제가 계속 진보하고 있어야 하는데도 불구하고 많은 사람들은 뒤로 쳐진 것 같고, 변두리로 밀려난 것 같고, 버려진 것 같고, 물질적인 소비 경쟁이라는 함정에 빠진 것 같은 느낌을 받는다. 이런 상황에서, 단순히 경제의 파이 크기를 키우고 각자가 괜찮은 크기의 조각을 가져갈 것이라고 기대하는 것은 만족스러운 정책이 아니고 지속가능한 정책도 아니다.

우리에겐 이보다 더 나은 숫자들이 필요하다. 그런데 여기에 반대되는, 그리고 똑같이 중요한 진실이 있다. 숫자만으로는 이 사회를 꾸려나갈 수 없다. 나라를 지배하는 세력들은 항상 모든 걸 측정하려 하지만, 세상에는 가격을 매기거나 수량화하기 어려운 것들도 있다. 달러로 표시한다고 해서 모든 것이 더 좋아 보이는 건 아니다. 최근 여러 나라에서 일어난 대중의 정치적 저항이 주는 교훈도 바로 그것이다. 유권자들은 이전과 같은 정치를 거부하고 있다.

GDP라는 지수의 발명 덕분에 테크노크라트 기술관료와 경제학자들이 하나의 사회적 계급으로 떠오를 수 있었다. 그들은 경제를 위한 정책들을 집행했지만, 그런 정책들은 우리 삶에서 경제 이외의 것들에 대해서는 항상 좋은 결과를 가져오지는 않았다.*** 그들은 뉴턴과 같은 시각으로 경제를 바라봤다. 세상이 이성적이고 예측 가능한 시스템이라고 본 것이다. 뉴턴이 이 세상을 "여러 움직이는 부품들이 파이프와 톱니바퀴와 레버들로 연결되어있고 잘 정의된 기계적 관계에

*** Joe Earle, Cahal Moran and Zach Ward-Perkins, *The Econocracy: The Perils of Leaving Economics to the Experts*, Manchester University Press, 2016.

따라 움직이는 하나의 개체"라고 은유적으로 본 것과 마찬가지다.*
경제가 인간 경험에 속하지 않는 무언가라고 생각되는 경우가 너무
많다. 한 비주류 사상가는 이렇게 말했다. "수학은 경제학에 엄격함
rigor을 주었다. 불행하게도, 죽음mortis도 가져왔다"**

　GDP가 발명되기 전에는, 정치적인 담론에서 세계경제라는 말이
등장하는 적이 전혀 없었다. 요즘에는 그런 말이 등장하지 않는 걸 상
상하기 어렵다. 과거에는 아무도 경제가 독자적인 개념이라고 생각
하지 않았다. 1950년까지만 해도 영국의 정치 언어에서 "economy"
라는 말이 오늘날과 같은 뜻으로 쓰인 적이 한 번도 없다. 이 모든 것
은 GDP의 발명으로 인해 바뀌었다. GDP는 경제학자들이 사용하는
뒷문과 같은 것이다. 그 뒷문을 통해 경제학자들은 공공 영역의 무대
위로, 그리고 정부와 관료주의의 울타리 안으로 슬그머니 들어갔다.

　경제학자들은 정책 형성 과정에 도움이 되는 규율을 세울 수 있다.
하지만 그들의 시각이 전부가 되어서는 안 된다. 사회를 운영하는 데
에는 다른 방법들도 있다. 영국국립도서관은 자신들의 존재가치를
증명하기 위해 예산 1파운드마다 4.4파운드의 경제적 가치를 내고 있
음을 보여줘야 했다. 그렇게까지 할 필요는 없다.*** 또 어떤 유명한 어
린이 자선단체는 문해율을 높이면 2020년까지 GDP가 1.5% 올라간
다는 근거를 가지고 아빠들이 아이들에게 책을 읽어줘야 한다고 권

---

* 위의 책

** Kenneth Boulding, "An A-Z of Business Quotations", *The Economist*, 20 July 2012. 영어 rigor
는 규율, 라틴어 mortis는 죽음이라는 뜻이며, 'rigor mortis'는 사후경직 현상을 의미한다.

*** Joe Earle, Cahal Moran and Zach Ward-Perkins, *The Econocracy: The Perils of Leaving
Economics to the Experts*, Manchester University Press, 2016.

했다. 그렇게까지 할 필요는 없다. 안전한 길거리, 좋은 일자리, 맑은 공기, 확 열린 공간, 공동체 정신, 안정성과 웰빙 같은 것들은 그 자체로 좋은 것이다. 독서에 대한 사랑도 마찬가지다. 더 많은 소득이 우리가 원하는 바를 이루도록 도와줄 수도 있지만, 그렇지 않은 경우도 있다. 더 많은 소득, 더 높은 GDP 그 자체가 목적이 되어서는 안 된다. 그것들은 우리가 원하는 바를 달성하기 위한 도구여야 한다. 사이먼 쿠즈네츠 본인도 이렇게 물었다. "우리는 무엇을 성장시키는가? 그리고 왜?"

종교집단의 지도자들처럼 행동하는 경제학자들은, "자연법칙을 부정할 수 없듯이 경제학에도 부정할 수 없는 법칙이 있다. 아무리 원해도, '경제'라는 논리를 거스를 수는 없다"라는 명제에 의존한다.**** 하지만, 어떤 경우 우리는 그런 논리를 거부할 수 있다. 그리고 어떤 경우 우리는 반드시 그런 논리를 거부해야 한다. 경제는 실체가 아니다. 우리의 세상을 상상하는 한 가지 방법일 뿐이다. 국내총생산, GDP라는 것도 실체가 아니다. 우리 인류가 하는 행위들을 측정하는 영리한 방법 중 하나일 뿐이다. 경제성장은 위대한 발명품이었다. 이제는 그것을 넘어설 때다.

**** Earle과 저자의 인터뷰. 2016년 7월.

감사의 말

이름을 일일이 말하기엔 너무 많은 이들이 이 책의 집필을 도와주었다. 친구들, 가족, 동료들과 전문가들이 이 책에 담긴 아이디어들을 지난 수년 동안 나와 함께 토론해주었다. 두 아들 딜런과 트래비스도 물론 포함이다.

거기에 더해, 나는 유럽과 미대륙과 아프리카와 아시아의 전문가들, 학자들, 경제학자들, 사상가들을 직접 혹은 전화로 인터뷰했다. 이들 중 많은 수는 본문이나 주석에 등장한다. 나에게 나눠준 친절함과 지혜에 대한 깊은 감사를 드린다. 몇몇 이들은 특별히 언급해야겠다. 영국 통계청의 직원들은 GDP의 원리와 계산 방법을 풀어나가는데 성실히 도와주었다. 이 책에 많으면 많았지 절대 적지 않은 수의 통계 자료들은 루크 크로이딘Luke Croydon, 대런 모건, 산지프 마하잔, 가레스 파웰 등의 모든 노력과 헌신이 있었기에 가능했다. 또한 과거와 현재에 이르러 미국 경제분석국의 모든 사람들을 포함해 책에서 언급한 케냐, 나이지리아, 라이베리아 및 탄자니아의 전담 통계학자들뿐만 아니라 아프리카 다른 지역의 학자들에게도 감사의 말을 전한다. 이들은 다양한 방식으로 자국의 경제를 설명하려고 애쓰고 있다.

파이낸셜타임즈에서 항상 친구이자 후원자였던 라이오넬 바버 Lionel Barber 편집장에게도 감사의 말을 전한다. 파이낸셜타임즈는 세계 최고의 대학과 마찬가지로 자신이 원하는 곳 어디에서나 자신의 관심사를 추구 할 수 있도록 해주었다.

파이낸셜타임즈는 생활과 예술 섹션 및 사설란 등에 이 책의 실습격이라 할 수 있는 GDP에 관한 몇 가지 기사를 게시해주었다. 파이낸셜타임즈의 소중한 안식년 제도는 초안을 쓸 시간을 주기도 했다. 라이오넬 말고도 훌륭한 동료 기디온 라크만Gideon Rachman과 초안을 읽고 유용한 제안을 한 토마스 헤일Thomas Hale, 윌리엄 월리스William Wallis 그리고 앤드루 잉글랜드Andrew England는 가장 필요한 순간에 훌륭한 친구가 되어주었다.

독자 아카쉬 카푸르Akash Kapur와 지오프 틸리Geoff Tily 역시 초안과 목차를 읽어주었다. 영리한 젊은 경제학자이자 포스트 크래시 경제학회Post-Crash Economics Society의 창립자 중 한 사람인 조 얼Joe Earle도 초안을 읽고 내가 올바른 길을 가고 있음을 확인하는 데 도움을 주었다. 이 책을 저술하는 동안 프렌즈 프로비던트 파운데이션Friends Provident

Foundation의 다니엘 워커 팔무르Danielle Walker Palmour는 끝없는 격려를 보내주었다. 초안을 읽은 엘리슨 벤저민Ellison Benjamin도 응원과 훌륭한 제안을 해주었다. 그들의 자극이 없었다면, 이 책은 결코 쓰이지 못했을 것이다.

마찬가지로, 일본에서 첫 책으로 만난 에이전트 펠리시티 브라이언Felicity Bryan과 조 파나멘타Zoe Pagnamenta는 내가 익숙하지 않은 주제를 다루더라도 처음부터 믿어주었다. 블룸즈버리Bloomsbury, 알렉시스 키시바움Alexis Kirschbaum 그리고 팀 더간북스Tim Duggan Books의 팀 더간Tim Duggan은 이 책의 잠재력을 높이 평가해주었다.

영국의 전담 홍보 및 마케팅 팀 나탈리 람Natalie Ramm, 엠마 발Emma Bal, 제니스타 테이트-알렌산더Genista Tate-Alexander, 재스민 호시Jasmine Horsey 그리고 사라 루딕Sarah Ruddick에게도 감사의 말을 전한다. 미국에서는 아직 만나지 못했지만 윌리엄 울프슬라우William Wolfslau, 오브리 마틴슨Aubrey Martinson, 다이아나 메시나Dyana Messina, 리사 에릭슨Lisa Erickson 그리고 베카 풋맨Becca Putman의 진정한 전문성에 감사한다.

또한 개념화 단계에서 이 책을 논의하고 이것이 내가 할 수 있는 일이라고 믿을 수 있도록 격려해준 장하준에게도 감사의 말을 전한다.

이 책은 인생의 어려운 시기에 쓰였다. 어머니 도리아 필링Doria Pilling은 가장 필요한 순간에 나를 찾아주셨다. 감사합니다. 이 책을 제작하는 동안 어머니는 전 세계 사회 복지에 관한 훨씬 더 야심찬 책을 편집하시기도 했다.

마지막으로 키미코Kimiko에게 감사의 말을 전한다. 모호하게 형성되는 주장들을 들으며, 인터넷에서 귀중한 발췌문들을 찾아내어 나를 격려해주었다. 당신과 우리를 위해 이 책을 헌정한다.

찾아보기

만들어진 성장

초판 인쇄   2019년 12월 12일
초판 발행   2019년 12월 20일

지은이   데이비드 필링
옮긴이   조진서
펴낸이   김승욱
편집   김승욱 심재헌
디자인   김선미
마케팅   최향모 송승헌 이지민
홍보   김희숙 김상만 오혜림 지문희 우상희
제작   강신은 김동욱 임현식
관리   윤영지

펴낸곳   이콘출판(주)
출판등록   2003년 3월 12일 제406-2003-059호

주소   413-120 경기도 파주시 회동길 455-3
전자우편   book@econbook.com
전화   031-8071-8677
팩스   031-8071-8672

ISBN 979-11-89318-16-1   03320

＊이 도서의 국립중앙도서관 출판시도서목록(CIP)은 e-CIP 홈페이지(http://www.nl.go.
  kr/ecip)와 국가자료공동목록시스템(http://www.nl.go.kr/kolisnet)에서 이용하실 수
  있습니다. (CIP제어번호: CIP2019050066)